储能关键技术及商业运营模式

主　编　华志刚
副主编　李璟涛　张晓辉　周正道　吴水木

中国电力出版社
CHINA ELECTRIC POWER PRESS

内 容 提 要

《储能关键技术及商业运营模式》一书针对适用于电力系统的规模化储能技术的关键问题和商业运营模式进行了系统分析，旨在借鉴国外储能应用现状和产业政策环境，顺应我国能源变革和电力发展的实际需要，探索提出适用于我国当前电力市场政策和能源供需特点的储能产业规划、业务布局、发展方向和运营模式建议。

本书既可作为高等院校能源与动力类、电气类、电子信息类、材料类等专业师生的教学用书，也可作为能源领域工程技术人员的参考用书。

图书在版编目（CIP）数据

储能关键技术及商业运营模式 / 华志刚主编 . —北京：中国电力出版社，2019.3（2025.4 重印）
ISBN 978-7-5198-2915-5

Ⅰ . ①储… Ⅱ . ①华… Ⅲ . ①储能—产业发展—经营方式—研究—中国 ②储能—技术—研究
Ⅳ . ① F426.2 ② TK02

中国版本图书馆 CIP 数据核字（2019）第 011398 号

出版发行：中国电力出版社
地　　址：北京市东城区北京站西街 19 号（邮政编码 100005）
网　　址：http：//www.cepp.sgcc.com.cn
责任编辑：宋红梅
责任校对：黄　蓓　郝军燕
装帧设计：王红柳
责任印制：吴　迪

印　　刷：北京锦鸿盛世印刷科技有限公司
版　　次：2019 年 3 月第一版
印　　次：2025 年 4 月北京第七次印刷
开　　本：787 毫米 ×1092 毫米　16 开本
印　　张：13.5
字　　数：258 千字
印　　数：7001—7500 册
定　　价：75.00 元

编委会

序

当前，我国乃至世界均处在能源变革的关键时期，信息化、数字化、智能化技术与能源、电力技术深度融合，未来世界能源结构体系必将是清洁低碳、绿色高效的。我国政府高度重视并致力于推动能源转型变革。党的十九大报告把能源发展放在加快生态文明体制改革、建设美丽中国的重要位置，强调推进绿色发展、推进能源生产和消费革命，对新时代能源发展提出了更高的要求。

2017年10月11日，国家发改委、财政部、科技部、工信部、能源局发布的《关于促进储能技术与产业发展的指导意见》明确提出：加快储能技术与产业发展，对于构建清洁低碳、安全高效的现代能源产业体系，推进我国能源行业供给侧改革、推动能源生产和利用方式变革具有重要战略意义，同时还将带动从材料制备到系统集成全产业链发展，成为提升产业发展水平、推动经济社会发展的新动能。伴随着新时代能源绿色发展和能源生产消费革命的不断推进，创新储能技术、发展储能产业势在必行。

《储能关键技术及商业运营模式》一书针对适用于电力系统的规模化储能技术的关键问题和商业运营模式进行了系统分析，旨在借鉴国外储能应用现状和产业政策环境，顺应我国能源变革和电力发展的实际需要，探索提出适用于我国当前电力市场政策和能源供需特点的储能产业规划、业务布局、发展方向和运营模式建议。

该书在以下三个方面值得肯定：

（1）研究内容全面。该书系统阐述了包括电化学储能、物理储能、储热、储氢等在内的传统及前沿的储能技术路线，重点分析了规模化储能在电力系统发、输、配、用等各个环节的应用场景和典型案例，有助于读者对于储能技术发展及其应用价值有一个清晰认识。

（2）市场政策发展脉络清晰。该书全面梳理了美国、德国、日本、澳大利亚、英国和中国等国内外主要储能市场的发展特点和政策环境的历史沿革，分析储能发展背后的政策驱动因素，可为后续研究制定储能发展战略和扶持政策提供依据和指导。

（3）储能产业发展建议针对性强。该书从储能产业面临的机遇和挑战出发，结合储能技术发展现状和我国能源政策趋势，有针对性地提出储能产业发展方向和技术路线建议，在储能业务布局和商业运营模式方面有所创新。

储能技术创新和应用示范协同推进，着力建立有效的商业运营模式，是我国储能产业未来发展的主要方向。本书研究成果对推动我国储能产业的政策制定、技术研发和发展规划具有参考价值，对促进我国规模化储能产业的技术进步和产业化发展具有指导作用，对推进新时代能源供给侧结构性改革、打赢能源改革攻坚战具有重要意义，市场空间广阔。

向此书的作者们致敬。

前　言

随着新一轮电力体制改革的不断推进，我国能源发展模式和能源体系构建方式正在发生重大变革。发电和售电企业的多元化发展、可再生能源的快速增长、分布式发电和综合能源的大力推广、电力市场化交易机制的不断革新，都对电力系统的安全性、稳定性、灵活性和经济性提出了更高要求。

储能技术在电力系统发－输－配－用各个环节的应用价值已经得到国内外业界的广泛认可和高度关注，当前储能技术的研究和应用正从试验示范向规模化、商业化推广快速迈进，掀起新一轮全球性科技与市场竞争。我国多项能源规划政策已经将储能作为重点研究和创新发展领域之一，储能技术在我国能源产业发展中的战略定位不断清晰。

根据中关村储能产业技术联盟不完全统计，截至 2017 年底，中国已投运储能项目累计装机规模达 28.9GW，同比增长 19%。我国储能产业发展进入了快速发展的新阶段，初步具备了产业化的基础。但同时我国储能产业发展仍面临着诸多问题需要克服和解决，突出表现在：①储能政策体系有待进一步完善；②储能产业的商业运营模式在当前电力市场尚不明晰，储能多重应用价值尚无法体现；③储能技术路线不明确，关键技术创新有待突破；④相关技术标准和市场管理体系缺乏规范性指导。

开发和推进储能技术应用作为新时代能源供给侧结构性改革的战略举措和未来能源生产和消费方式革命的战略性支撑，对其关键技术路线和商业运营模式的梳理，既是对习近平总书记"四个革命"和"一个合作"能源战略思想的贯彻落实，同时也是探索在新时期提升核心竞争力、挖掘新动能、保证可持续发展的能源发展路线需求。

本书共 9 章。第 1 章提出规模化储能技术的定义，并基于能源和电力发展状况阐述储能技术发展的必要性。第 2 章围绕全球主要储能国家的市场发展现状，对各国储能市场特点、发展趋势和政策环境进行全面解析。第 3~6 章系统梳理了电化学储能、物理储能、储热、储氢等四类规模化储能技术的原理、性能特点及其技术关键点。第 7 章结合典型项目案例，重点分析储能技术在发电侧、电力辅助服务、输配侧、工商业用户侧、分布式发电与微电网、大规模可再生能源并网等电力系统应用场景的应用价值和商业运营模式。第 8 章从规模化储能技术评价指标出发，评估了四类储能技术在电力系统中的技术成本和经济性发展趋势，并预测其应用前景和实施路径。第 9 章剖析了我国储能产业发展面临的机遇和挑战，凝练出了我国储能产业发展规划、项目布局、业务发展模式及适用于不同区域的储能技术路线和运营模式实施建议。本书注重理论研究和典型案例分析相结合，以期为广大读者提供借鉴和参考。

在此要特别感谢原华北电力大学校长、中国工程院院士刘吉臻对本书编写给予的悉心指导和关心。感谢国家发改委能源研究所安琪、国家电力投资集团有限公司火电部黄宝德、中科院工程热物理研究所陈海生和徐玉杰、清华大学电机系胡泽春、中科院金属研究所严川伟、电力规划设计总院孙湧、北京睿能世纪科技有限公司俞振华、北京科技大学能源与环境工程学院玄伟伟，他们对本书内容提供了许多宝贵建议，在此深表谢意。

在本书编写过程中，得到了国家电力投资集团有限公司、国家电投集团科学技术研究院、国家电投集团电站运营技术（北京）有限公司和中关村储能产业技术联盟等单位领导、专家以及同事们的指导和帮助，在此表示感谢。

本书的写作，还得到了国家发改委、能源局、兄弟集团、科研院校、研究机构、设计单位和储能厂商等有关部门的大力支持，参考了他们的许多研究成果，在此一并表示感谢。

本书的出版得益于全体编委会成员的辛勤付出和努力工作。

本书既可作为高等院校能源动力类、电气类、电子信息类、材料类等专业师生的教学用书，也可作为能源领域工程技术人员的参考用书。

鉴于编委会成员的水平和掌握的资料有限，本书难免存在疏漏及论述不当之处，恳请各位专家和读者批评指正。

编委会
2018 年 11 月于北京

目　录

1.1　储能技术的概念

储能即能量存储（Energy Storage），是通过某种介质或者设备，将一种能量形式用同一种或者转换成另一种能量形式储存起来，以备在需要时以特定能量形式释放出来的循环过程。目前我们所认识的能量形式包括机械能、热能、电能、化学能、辐射能、核能等。储能过程往往同时伴随着能量的传递和形态的转化。我们常说的储能系统是为研究某个对象而划出的部分物体和空间范围，包括能量、物质的输入和输出设备、能量转换及存储设备等。

由于储能系统的物理结构、化学组成、电压、电流输出特性以及能量转换接口均不相同，导致储能机理也不尽相同。用以评价储能系统基本特性的指标因素主要包括存储容量、能量转换效率、能量密度和功率密度、自放电率、放电时间、循环寿命、系统成本、环境影响等。

（1）存储容量。存储容量（E_s）指储能系统充电后所具有的有效能量，通常比实际使用能量（E_u）大。由于实际使用能量通常受放电深度（DOD）限制，在快速充放电时，储能系统效率下降，加上系统自放电因素影响，其实际使用能量比存储容量要小。

（2）能量转换效率。能量转换效率即储能效率，指储能系统放电后释放出的能量与初始存储能量之间的比值，即 $\eta = E_u / E_s$。能量转换效率是储能系统能否高效运行的关键因素。

（3）能量密度与功率密度。能量密度指单位质量或体积储能系统中所具有的有效储存能量，又称比能量，包括质量能量密度（质量比能量）与体积能量密度（体积比能量），常用单位分别为 Wh/kg 或 Wh/L。

功率密度指单位质量或体积储能系统中所能输出的最大功率，又称比功率，包括质量功率密度（质量比功率）与体积功率密度（体积比功率），常用单位分别为 W/kg 或 W/L。

一般来说，能量密度高的储能系统（能量型储能）其功率密度不会太高；同样，当储能系统的功率密度较高时（功率型储能），其能量密度不一定会很高，许多蓄电池储能就是如此。

（4）自放电率。储能系统原材料中会存在少量杂质，所以储能系统闲置不用时，不可避免存在自放电现象，其初始存储能量会自动耗散。常用自放电率（常以 %/日、%/月等表示）来反映储能系统所存储能量在一定条件下的保持能力，它是衡量储能系统性能的重要参数，主要受制造工艺、材料、存储条件等因素影响。如蓄电池自放电率与正极材料在电解液中的溶解性和其受热后的不稳定性（易自我分解）有关，可充电电池的自放电率远比一次性电池高，电池类型不同其自放电率也不一样。

（5）放电时间。放电时间即储能系统最大功率运行时的持续放电时间，取决于系统放电深度、运行条件以及是否为恒功率放电等。

（6）循环寿命。储能系统经历一次充电和放电，称为一次循环或一个周期。在一定放电条件下，储能系统工作至某一容量规定值之前，系统所能承受的循环次数或年限，称为循环寿命。影响循环寿命的因素主要是储能系统的性能和技术维护工作的质量。后者由于工作过程（如使用模式、充放电模式、失效模式和环境情况等）不能达到理想的状况，会导致装置寿命进一步缩短。好的循环性能是储能系统长期经济运行的重要保障。

（7）其他指标。除此之外，储能系统还有成熟度、成本、系统维护量、放电频率、环境影响、与现有基础设施的兼容性、可移植性、安全性和可靠性等评价指标。

1.2 储能技术的分类

广义的储能技术，根据不同能量类型，可分为四大类别：

（1）一次能源的存储，如煤、石油、天然气等；

（2）二次能源的存储，如氢、煤气、合成天然气等；

（3）电能存储，如电化学储能、机械储能、电磁储能等；

（4）后消费能量存储，如蓄热、蓄冷等。

从狭义上讲，我们通常所说的与电力系统相关的储能主要是电能存储、热能存储和氢能存储。根据不同能量形式及技术原理，电力储能技术可分为：

（1）电能存储：电化学储能（铅酸电池、钠硫电池、液流电池、锂离子电池等）、机械储能（抽水蓄能、压缩空气储能、飞轮储能等）、电磁储能（超导磁储能、超级电容器储能等），机械储能和电磁储能统称为物理储能，各类型电能存储技术特点如表1-1所示。

表 1-1　　　　　　　　　　　　　电能存储技术特点及应用场合

储能类型		额定功率等级	持续充/放电时间	优点	缺点	应用场合
电化学储能	铅酸电池	1kW~50MW	1~4h	成本低廉，安全稳定性较好	回收处理，循环次数较少	备用电源，UPS*，电能质量，调频等
	钠硫电池	1kW~100MW	4~8h	结构紧凑，容量大，效率高	运维费用高	平滑负荷，稳定功率等中小容量应用
	全钒液流电池	10kW~10MW	4~8h	充放电次数多，容量大，效率高	能量密度较低	调峰调频，可靠性，能量调节等
	锂离子电池	1kW~100MW	1~4h	能量密度高，高效率，寿命长	成本较高	备用电源，UPS等中小容量应用场合
机械储能	抽水蓄能	100MW~2GW	8~10h	容量大，寿命长，运行费用低	选址受限，建设周期长	削峰填谷，调峰调相，事故备用，黑启动
	压缩空气储能	10~300MW	4~20h	容量功率范围灵活，寿命长	选址受限，化石燃料	削峰填谷，系统备用，分布式电网微网
	飞轮储能	5kW~10MW	1s~30min	效率高，响应速度快，寿命较长	自放电率高，用于短期储能	调峰调频，桥接电力，电能质量保证，UPS
电磁储能	超导磁储能	10kW~50MW	1ms~15min	效率高，响应速度快，功率密度大	成本高，自放电率较高	动态稳定，功率补偿，电压支撑，调频
	超级电容器储能	1kW~1MW	1s~1min	寿命长，效率高，充放电速度快	能量密度较低，成本高	大功率负载平衡，电能质量，脉冲功率

*UPS：不间断电源。

（2）热能存储：显热储热、相变储热、热化学储热。

（3）氢能存储：高压气态储氢、低温液态储氢、固态储氢。

除了按照能量类型和技术原理外，还可以从规模等级、存储时间及功能、输入输出接口方式、布局方式等多种角度对储能技术进行分类。

按照规模和容量等级，储能技术可分为：

（1）大规模储能，功率等级达 10MW 到数百兆瓦，存储时间达数小时，包括抽水蓄能、大型地下压缩空气储能、大容量化学电池储能、氢能存储、热能存储等；

（2）中等规模储能，功率等级达兆瓦级，存储时间达小时级，如化学储能、小型地上压缩空气储能；

（3）小规模储能，功率等级多在兆瓦级以下，包括小容量的化学电池储能、超级电容器储能等。

按照存储时间及功能，储能技术可分为：

（1）能量型储能（energy-usage energy storage，EES）：以高能量密度为特点，主要应用于需要长时间、高能量存储和释放能量的场合，能量型储能系统放电时间相对较慢且存储时间较长（如数十分钟到数小时）。如抽水蓄能、压缩空气储能、电化学储能等。

（2）功率型储能（power-usage energy storage，PES）：以高功率密度为特点，主要应用于需要储能系统提供短时间快速高功率输入和输出的场合，功率型储能系统存储时间基本在分钟及以下。如飞轮储能、超导磁储能、超级电容器储能等。

按照储能载体的电压、电流输出特性，储能技术可分为：

（1）直流电流形式：如超导磁储能；

（2）直流电压形式：如各类化学储能、超级电容器储能等；

（3）交流电压形式：如抽水蓄能、压缩空气储能、飞轮储能等。

按照储能系统能量转换的接口方式，储能技术可分为：

（1）电力电子接口方式：如超导磁储能、超级电容器储能、化学电池储能、飞轮储能等；

（2）电动机/发电机接口方式：如抽水蓄能、压缩空气储能及飞轮储能（若直接采用电机接入）等。

我们将能够应用于电力系统领域，可达到兆瓦级/兆瓦时级的规模化水平并且具备实现统一调度与控制管理可能的储能技术统称为规模化储能技术。规模化储能技术有两种实现方式：一种是单个储能系统的存储容量达到规模化水平，即通常所说的大容量集中式储能，如抽水蓄能、压缩空气储能、熔盐蓄热和高压气态储氢等；另一种是虽然单个储能装置容量较小，但可通过成组及系统集成技术将数量众多的分散或分布布置的小容量储能装置组合形成所需容量的规模化储能系统，即所谓的规模化分布式储能，如用于大型风电场接入的电池储能系统。

1.3　储能技术发展的必要性

进入 21 世纪以来，大规模开发利用化石能源所带来的能源安全、环境保护和气候变化已成为全球性的问题。为了应对这些危机，新一轮以电为中心、以新能源大规模开发利用为特征的能源变革正在世界范围内蓬勃兴起。储能作为未来能源结构转变和电力生产消费方式变革的战略性支撑技术，伴随着能源利用模式的变化以及对可再生能源依赖程度的提升，加快推进储能技术和产业的发展成为必然。

1. 储能在新能源领域潜力巨大

统计过去 20 年全球太阳能、风能装机容量，太阳能装机容量每两年翻一番、风能装机容量每四年翻一番，全球太阳能装机容量从 2005 年的 5.1GW 增长到 2015 年的 227GW，风能装机容量从 2005 年的 59GW 增长到 2015 年的 433GW。预计 2025 年、

2030 年太阳能装机容量将分别达到 1500GW、2400GW，同期风能装机容量将分别达到 1200GW、2000GW。储能技术作为支撑大规模可再生能源并网的关键技术，市场潜力巨大。晶体硅光伏电池价格持续降低，价格从 1977 年的 76 美元大幅下降至现今的 0.3 美元。过去 5 年，太阳能、风能发电成本下降了 50%~60%。当前太阳能光伏发电、陆上风电在有些国家已具有市场竞争力。按照目前的发展趋势，预计到 2025 年，风电、光伏发电将在很多国家成为最便宜的发电方式，储能将在新能源发电领域发挥巨大的作用。

我国风能和太阳能资源丰富，风能和太阳能装机规模持续迅速增长。截至 2017 年底，我国风电装机容量达 1.64 亿 kW，太阳能发电装机容量达 1.30 亿 kW，均居世界第一位。新能源在我国 19 个省（区）成为第一、二大电源，其中新能源在甘肃成为第一大电源类型，甘肃、青海、宁夏、新疆、河北新能源发电装机占比均超过 30%。《能源生产和消费革命战略（2016—2030）》指出到 2020 年、2030 年和 2050 年，我国非化石能源占能源消费总量比重将分别达到 15%、20% 和 50%。随着可再生能源发电比例的不断提高，电网的可调节性和稳定性将受到影响，电力系统调峰能力不足、调度运行和调峰成本补偿机制不健全等问题日益突出，难以适应可再生能源大规模并网消纳的需要。提升电力系统调峰能力和消纳可再生能源能力已被列为我国"十三五"期间补齐电力发展短板的重要任务，储能成为实现这一目标的关键技术手段。储能技术可以在电力系统中增加存储环节，特别是平抑大规模可再生能源发电接入电网带来的波动性，提高电网运行安全性、经济性和灵活性。

2. 推动辅助服务领域储能走向大规模应用和商业化发展

纵观全球，多个国家通过修改电力市场规则帮助储能等灵活性资源进入电力市场。一是通过修改市场规则减少储能并网或参与电力市场的障碍。如，美国联邦能源管理委员会（Federal Energy Regulatory Commission，FERC）要求区域输电组织（Regional Transmission Organization，RTO）和独立系统运营商（Independent System Operator，ISO）修改现行规则，允许任何技术通过分布式能源集成商参与批发电力市场，消除储能和分布式能源参与批发电力市场的障碍。英国政府鼓励相关机构制定储能并网技术要求及储能系统行业准则等措施，积极为储能并网扫清障碍。2016 年 11 月，澳大利亚能源市场委员会（Australian Energy Market Commision，AEMC）又发布"国家电力修改（需求响应机制和辅助服务解绑）规则 2016"，对辅助服务进行解绑，允许新的市场参与者利用储能提供辅助服务。二是通过修改市场规则拓展储能的收益渠道。上面提到的美国、英国和澳大利亚等国通过修改电力市场规则，允许储能和分布式能源集合起来开展需求响应或参与电力市场交易，本质上也是帮助储能拓展收益渠道、增加收益的一种方式。此外，美国 FERC 通过制定 755 法令和 784 法令，奠定"基于效果付费"的辅助服务结算机制，使得储能获得合理的补偿。澳大利亚也打算效仿这一做法。目前，澳大利亚正在开展的"5分钟批发电力结算机制规则修改"，构建类似于美国的"基于性能付费"的调频辅助结算机制，增加储能等短时灵活性资源的收益。

国外经验已经表明，储能可以参与到辅助服务、日前交易、实时交易和备用容量等电力市场中，获取多重应用回报。继2016年6月国家能源局下发《关于促进电储能参与"三北"地区电力辅助服务补偿（市场）机制试点工作的通知》，首次给予电储能独立身份参与调峰调频辅助服务之后，东北能监局于2016年底先后出台《东北电力辅助服务市场专项改革试点方案》和《东北电力辅助服务市场运营规则（试行）》，特别提出了电储能参与辅助服务市场调峰应用的价值，即蓄电设施通过在低谷或弃风弃核时段吸收电力，在其他时段释放电力，从而提供调峰辅助服务。

2017年以来，山东、福建、新疆、山西先后发布辅助服务市场化建设试点方案和市场交易规则，各地结合自身的电源结构特点，以市场化交易为主要手段，对AGC调频和有偿调峰交易制定了明确的市场运营规则。目前，电力辅助服务补偿机制除西藏尚未建立外，在全国范围内基本建成，运行效果普遍较好，为进一步推进电力市场建设奠定了基础。为进一步应对我国电力供应能力总体富余，煤电机组利用小时数呈逐步下降趋势，局部地区弃风、弃光、弃水、限核和系统调峰、供暖季电热矛盾的现状。2017年11月，国家能源局下发《完善电力辅助服务补偿（市场）机制工作方案》，构建有效竞争的市场结构和市场体系，在更大范围内优化资源配置，进一步完善和深化电力辅助服务补偿（市场）机制。储能技术应用在电力辅助服务市场的地位得到广泛重视，迎来了新的发展机遇。受到储能在国外调频辅助服务领域商业化应用的激励，国内储能厂商也开始在辅助服务领域寻找大规模储能应用的市场机遇。未来，将构建类似于"按效果付费"的市场机制，促进价格机制在电力市场中发挥主体作用，以保证项目获取合理的投资回报、建立起稳定的商业模式，以推动电力辅助服务领域储能的大规模应用和商业化发展。

3. 储能在用户侧前景看好

近年来，家庭储能在德国、美国、澳大利亚、日本等国家获得快速发展，据HIS、REN最新发布的数据显示，到2020年，全球家庭光伏发电电池储能装机容量有望达到1000MW。2020年后，储能系统将成为电力生产运营的必备部分，而工业、商业，尤其是居民家庭储能的增长速度会明显高过电网储能，2025年储能技术应用有望进入大规模发展期。

2017年我国的储能市场增长很快，新增投运电化学储能项目主要集中在用户侧、集中式可再生能源并网和电力辅助服务领域。尤其是用户侧发展最快，用户侧新增电化学储能装机规模占全部新增电化学储能的59%。在工商业用户侧领域，储能技术在促进分布式发电就地消纳、降低用户用电成本、提高用能质量和可靠性等方面的应用价值已经得到市场验证。结合我国配售电改革和能源互联网发展机遇，为工商业用户提供以储能为核心的综合能源服务正成为我国储能发展的重要推动力。近两年，以工商业用户侧储能为起点，以南都电源、科陆电子、欣旺达、上能电力等为代表的储能企业已经迈出了探索构建能源互联网、整合配售电业务的第一步。2018 年 5 月，国网江苏能源、南都电源与江苏镇江新区材料产业园等 6 家重点企业，集中签订了分布式储能项目合同，总投资超过 5 亿元，标志着全国最大规模用户侧分布式储能项目正式在镇江落地。未来，储能将实现与配售电增值业务和能源互联网智能管控运营技术的有机结合，储能更多的应用价值获得认可，以及储能市场机制和商业模式的不断完善，将有望真正推动我国用户侧储能实现商业化发展。

4. 储能技术是涉及多个新兴产业的战略性技术

储能技术作为学科交叉性强、技术环节多、产业链较长的具有战略意义的前沿技术和战略性新兴产业，是有可能改变能源和电力生产与消费方式乃至人们未来生活方式的革命性技术，从某种意义上来说储能就是"储存未来"。发展储能这一战略性前沿技术已成为各国关注和支持的焦点，从欧美日实施的储能项目和发展规划来看，多个国家都将支持开发合适本国能源特点的储能技术上升到战略层面。通过支持技术创新、布局示范项目、政府直接投资、调整税收等手段累计实际经验，推动储能产业的技术创新、研发和应用，并以此为基础开展储能经济性研究，促进储能商业化和市场化发展，抢占这一新兴产业的科技制高点。

作为目前全球最大的储能市场，美国已将大规模储能技术定位为振兴经济、实现能源新政的重要支撑性技术，于 2012 年成立了先进电池与储能能源创新中心，目标是支持储能革命性新技术研究，培育新储能体系设计和研发工作，突破电化学储能技术瓶颈，并将这些新技术应用于市场。加州依然占据美国各州储能领头羊的地位，从加速部署公共事业级项目应对储气库泄漏带来的高峰电力运行压力，到批准了一系列市场规则提升分布式能源和储能技术在电力市场中的参与度。加州在多年储能市场发展经验的基础上，正全方位地推动储能发展，并调整发展的步伐与方向。在加州的带动下，2017 年，美国其他州也开始活跃起来。俄勒冈州、马萨诸塞州和纽约州均通过设立储能采购目标或提出采购需求，启动公用事业规模的储能项目部署，并依据各自能源结构及供需特点调整储能的应用重点。

欧盟各国也大力支持储能技术和产业发展，包括资金支持储能技术研发和示范，以及两部制电价[①]、峰谷电价和季节性电价等政策支持储能应用。2013 年底，欧盟电网计划

---

① 将与容量对应的基本电价和与用电量对应的电量电价结合起来决定电价的电力市场定价制度。

（EEGI）发布的《欧洲储能创新图谱》报告，对欧洲 14 个国家储能研究、开发与示范项目进行了统计分析。结果显示在过去 5 年，这些国家公共投资和受到欧盟委员会直接资助的项目总数达到 391 个，总投资额 9.86 亿欧元。大部分经费投资于电化学储能、储热和储氢技术。近两年以来，在欧洲各国的储能补贴政策刺激下，欧洲储能市场呈现出户用光储、电网侧储能、海岛微网储能全面发展的态势。

2017 年，英国储能市场规模迎来爆发式增长，其累计投运储能项目规模达到 2016 年同期规模的 10 倍。这一增长主要得益于先进调频、其他电网平衡服务等高价值电网服务合同的推动。大部分电网规模的储能项目均采取与可再生能源发电站或大工业用户共享站址的方式，积极寻求调频辅助服务合同、容量市场合同等实现多重应用效益叠加。英国的用户侧储能市场尚处于发展初期阶段，除了政府部门和 Innovate UK 资助的一些将用户侧储能聚合起来提供电网服务的试验性项目外，分散的用户侧储能项目规模和数量都较小。

日本经济产业省下属的新能源产业技术开发机构（NEDO）对电池研发工作进行了详细的规划，并制定了路线图和行动计划，提出了 Li-EAD（下一代高性能电池系统开发）和 RISING（下一代革新性电池尖端科学基础研究）两个重大项目。福岛核泄漏事故之后，日本政府大力发展可再生能源，并将储能视为实现可再生能源大规模并网优先选用的技术手段之一。2016 年日本新能源促进会共拨款 2.57 亿美元，开展了两个"利用大规模储能电池系统提升电网供需平衡示范项目"。此外，日本政府制定了到 2020 年日本厂商生产的储能电池产量占据全球 50% 市场份额的发展目标。

韩国贸易、工业和能源部（MOTIE）制定的《韩国能源总体规划 2035》中提到，到 2020 年储能系统的成本降低一半，推动锂离子电池以外的液流电池、钠硫电池等技术在 2020 年前实现初步商业化，开展中、大型储能系统（50~100MW）的示范项目等目标。

我国储能行业起步比较晚，随着我国能源清洁化发展、可再生能源消纳及智能电网建设，规模化储能技术及产业的发展已经引起我国高度重视。发展储能产业、推进储能技术应用已成为国家宏观能源布局、能源革命实施的重要举措，国家多个能源政策将储能技术研究和行业发展纳入能源革命总体布局中加以推动。《能源发展"十三五"规划》《电力发展"十三五"规划（2016—2020 年）》《可再生能源发展"十三五"规划》《太阳能发展"十三五"规划》《风电发展"十三五"规划》《能源技术创新"十三五"规划》《关于推进"互联网+"智慧能源发展的指导意见》等一系列能源政策从不同角度对储能的推广应用做出部署，储能技术应用成为未来电力、可再生能源、能源互联网等领域解决发展瓶颈、实现发展目标的一项重要支撑技术。围绕储能技术和装备，《能源发展战略行动计划（2014—2020 年）》《能源技术革命创新行动计划（2016—2030 年）》《国家创新驱动发展战略纲要》《中国制造 2025—能源装备实施方案》和《能源生产和消费革命战略（2016—2030）》国家一系列能源科技政策一方面勾画了储能技术研发、装备制造、示范工程的路线图。另一方面着力提升储能的技术经济性，为其在电力系统中的大规模商业化应用奠定基础。2017 年 10 月，国家发改委、能源局等五部委联合印发我国储能产业第一个指导性政策——《关于促进储能技术与产业发展的指导意见》，明确了促进我国储能技术与产业发展的重要意义、总体要求、重点任务和保障措施。该指导意见的发布明确了储能在我国深入推进能源革命、建设清洁低碳安全高效的现代能源体系中的战略定位，必能促进中国储能产业突破商业化应用的门槛，形成健康可持续的发展态势，让储能技术和产业成为推动能源生产和利用方式变革、推动经济社会发展的新动能。

本 章 小 结

　　本章介绍了储能技术的定义、评价指标和分类。与电力系统相关的储能主要是电能存储、热能存储和氢能存储。规模化储能技术指能够应用于电力系统领域，可达到兆瓦级／兆瓦时级的规模化水平，并且具备实现统一调度与控制管理可能的储能技术。储能技术的发展关系到能源、电力、交通等多个重要行业的发展，尤其在当今能源枯竭日益加剧、能源消费供求不平衡的大环境下，储能技术能够突破传统能源利用模式时间与空间的限制，其重要作用日益凸显，已成为各个国家竞相发展的战略性新兴产业。

储能市场和政策环境分析 2

当前，我国乃至世界均处在能源变革的关键时期，随着能源互联网、分布式能源和先进可再生能源快速发展，储能技术的应用价值逐渐显现，储能行业也面临着前所未有的发展机遇，市场需求庞大。因此，各个国家均通过发布不同政策加大对储能技术和产业发展的支持力度，推进储能技术的研发和项目示范。

2.1 全球储能市场发展状况

2.1.1 全球储能市场规模

据中关村储能产业技术联盟（CNESA）全球储能项目库不完全统计[①]，截至 2017 年底，全球已投运的储能项目累计装机规模达到 175.4GW。其中抽水蓄能累计装机规模占比达到 96%，是应用规模最大的储能技术。电化学储能累计装机规模为 2926.6MW，位列第二，主要分布于美国、日本、韩国、中国、德国、英国和澳大利亚等国家。

在各类电化学储能技术中，锂离子电池累计装机规模最大，达到 2213MW，占比 76%，其次为钠硫电池和铅酸电池，占比分别为 13% 和 7%。

从全球范围看，储能技术还处在发展前期。因不同国家电力市场发展状况以及相关政策不同，储能在不同国家的发展路径也不同。美国、日本、英国和德国等发达国家已将储能产业上升到战略新型产业的层面，通过政府扶持、政策导向和资金投入等综合性措施激励，国际储能技术和产业正在快速实现规模化和产业化，必将掀起一轮全球性市场竞争。政策支持和补贴对储能技术发展和应用起到明显的推动作用，当前美国和日本的储能装机容量占全球规模（不含抽水蓄能、压缩空气储能和热能存储）的 80% 以上。

全球电化学储能项目发展起步于 2000 年，根据图 2-1 对历史各年全球已投运电化学储能项目累计装机规模的统计，自 2012 年起，全球电化学储能项目的累计装机规模

---

① 本报告中涉及的储能市场规模数据来自中关村储能产业技术联盟（CNESA）全球储能项目库。

保持稳步增长，年复合增长率（2012—2017 年）为 33%。2017 年，全球新增投运储能项目装机规模为 914.1MW，相比 2016 年底增长 23%。

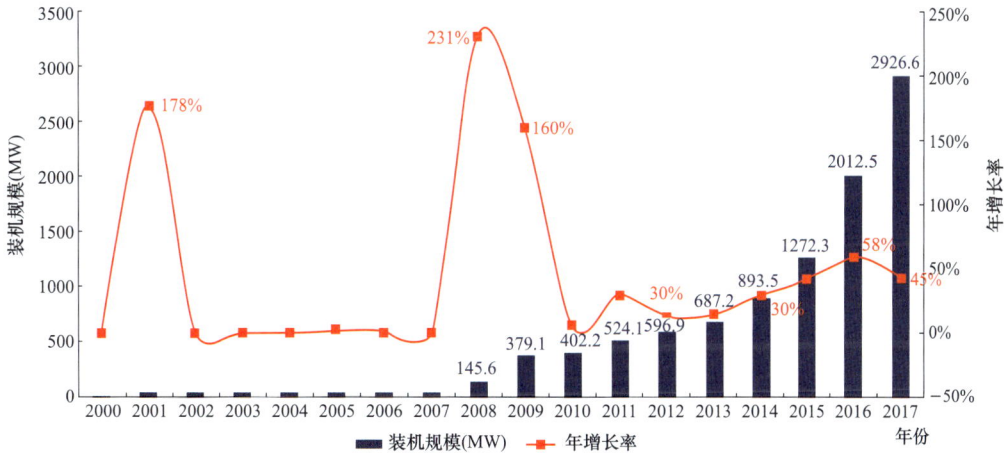

图 2-1　全球电化学储能市场累计装机规模（2000—2017 年底）

2.1.2　全球储能市场发展特点

1. 北美、欧洲、亚太地区引领全球储能产业发展，各国市场日益活跃

据 CNESA 项目库不完全统计，截至 2017 年底，在全球已投运的电化学储能项目中，美国、日本、中国、韩国、德国、英国和澳大利亚等七个国家合计占 94% 的市场份额，引领着全球储能产业的发展。

美国、日本、中国的电化学储能项目累计装机规模连续多年位列全球前三，大量政府示范项目为三国储能市场的发展注入了最初动力，储能在发电侧和用户侧拥有巨大的市场发展空间。德国、韩国在积极的可再生能源政策支持下，储能在参与辅助服务、提高电力系统灵活性、提高居民光伏利用水平等方面发挥着重要价值，带动储能市场规模快速增加。英国、澳大利亚、印度在一系列电力市场规则改革、储能采购计划的推动下，正在以日益活跃的发展态势吸引全球的关注。

2. 户用光伏储能和工商业应用齐发力，用户侧储能市场朝着商业化方向快速迈进

在光伏上网补贴电价逐年下降，需量电费、电量电价不断升高的叠加作用下，在储能系统成本快速降低的支撑下，储能在用户侧削峰填谷、电费管理方面的应用价值日渐明显。加之美国加州、德国、澳大利亚等国家用户侧储能安装补贴政策的撬动，储能在工商业、户用光储等用户侧领域的应用正在朝着商业化的方向快速迈进。

一方面，来自全球不同国家的电池企业、光伏企业、系统集成商、逆变器和控制系统

企业、电力公司、能源服务商、电动汽车企业纷纷宣布开辟储能业务，发布户用或者集装箱储能产品，进军美国、澳大利亚、德国、英国等全球主要的用户侧储能市场。另一方面，以 Tesla、Stem、Sonnenbatterie、Sunverge 等全球领先的储能企业快速推进储能系统的安装和应用，在校园、工厂、商业楼宇、市政机构、军事基地和居民家庭规划部署了大量储能项目，并通过"虚拟电厂"等商业模式创新，进一步拓展用户侧储能系统在电力系统中的应用收益。

3. 电网级储能项目大规模部署，储能在电力系统中的应用价值受到广泛重视

随着高可再生能源占比的电力环境日渐形成，电力系统对于灵活性、稳定性的要求愈发迫切。储能在提供调峰调频辅助服务、延缓输配电系统投资、解决高峰电力需求、应对由于基础设施事故而引发的电力系统危机等方面的价值和效果正在被广泛认可，并且正在通过参与容量、能量、辅助服务等电力市场服务获取应用经济回报。

从全球来看，各国电力公司、公用事业公司、电网公司都在加大力度部署储能项目。英国国家电网 201MW 高级调频服务招标计划中标项目即将投运；加州公用事业委员会（California Public Utilities Commission，CPUC）要求州内公用事业公司加大、加快储能系统采购力度应对 Aliso Canyon 储气库泄漏事故；韩国电力公司 500MW 调频储能采购计划快速推进；中国大连液流电池 200MW 调峰储能示范项目启动建设。2016 年以来，全球电网级储能应用的一系列重大推进举措表明，储能参与电力系统容量、能量和辅助服务应用正在展现出良好的势头和巨大的潜力。

4. 储能产业政策支持体系不断完善，储能参与电力市场的准入门槛逐步降低

随着储能应用价值不断受到重视，全球各国政府也加大了推动储能产业发展的力度，从设立储能发展目标、制定储能产业发展规划、开展储能应用示范、给予储能安装补贴、实施储能采购计划等方面着手，制定适合本地区特点的储能产业支持政策，完善储能产业政策体系。

为帮助储能等灵活性资源参与电力市场、确保储能的应用价值获得回报，全球各国正在积极着手制定或修改相关电力市场规则，为储能应用构建良好的电力市场环境。一方面储能系统并网规则不断简化和明确，另一方面储能正在或者已经获得与发电资源、用电资源平等的电力市场身份，可以以市场主体身份独立参与能量市场、辅助服务市场、容量市场、需求响应市场。随着分布式能源政策、电价政策、储能结算机制和电力服务付费补偿机制等制度日趋完善，储能产业将获得越来越有利的市场发展环境。

2.1.3 全球储能市场发展预测

随着可再生能源装机水平不断提高，面对随之而来的电力系统灵活性问题，全球各国对于储能系统的应用价值已经形成普遍认可，用户侧和电网侧储能将从电源侧和负荷

侧共同发力，推动储能市场的规模化发展。目前全球各大研究机构也都已经对未来储能市场的发展达成了普遍一致的乐观预期。

根据国际可再生能源署（International Renewable Energy Agency，IRENA）发布的《Rethinking Energy 2017–Accelerating the global energy transformation》研究报告，全球电池储能的市场规模将在 2030 年达到 250GW，市值将从 2015 年的 22 亿美元增长到 2020 年的 140 亿美元。

根据彭博新能源发布的《Energy storage forecast 2016—2030》研究报告，2016—2030年期间，全球储能市场规模将实现"双六倍"（double six times）增长，2030 年全球储能市场规模将达到 125GW/305GWh。该段时间内，将吸引 1030 亿美元投资于技术，支持产业规模扩大。未来有四分之一的新增项目将部署于美国，有 70% 的安装容量将来源于中国、日本、印度、德国、澳大利亚、韩国和英国。

根据国外某咨询公司 Navigant Research 发布的《Country Forecasts for Utility–Scale Energy Storage》研究报告，全球电网侧储能市场的年增长规模将从 2017 年的 1158.8MW 增长到 2026 年的 30472.5MW。预计到 2026 年，美国、中国、印度将成为全球电网侧储能安装规模最大的前三个国家，澳大利亚、英国、日本、德国、加拿大、意大利、韩国等国家位居其后，共同构成全球储能的主要市场国家。

2.2　全球主要储能市场政策环境分析

作为一个新兴产业，储能产业的发展离不开政策的支持与推动。目前，全球主要储能市场国家都在积极构建有利于储能产业发展的政策环境，一方面通过示范项目、安装激励等措施充分展示储能的应用价值，帮助构建起成熟的储能应用市场；另一方面努力建立完善的制度标准体系，破解储能产业发展过程中存在的制度障碍，确保储能产业的健康可持续发展。

CNESA 从 2012 年起开始持续追踪全球主要储能市场国家的政策动态，本节将重点针对美国、德国、日本、澳大利亚、英国等储能装机规模排名全球前列的国家，围绕各国储能市场的发展特点，分析市场背后的政策推动因素。

2.2.1　美国储能市场政策环境分析

美国是全球储能项目累计装机规模最大的国家。2017 年美国储能继续保持快速增长，全年投运电化学储能项目装机规模 210.3MW，同比增长近 60%。美国对储能技术从设备采购、准入、收费与盈利方式，到配合辅助服务、分布式发电，再到实现试点及商业化运营都出台了相关法案规定，为储能技术的发展提供了政策保障与支持。

从地域上看，加利福尼亚州、内华达州、纽约州、马萨诸塞州等在内的二十余个州都有大量储能项目已经投运或正在建设。其中，加州的储能装机占比最大，Aliso Canyon 储气库泄漏事件，导致加州政府紧急采购储能并督促承建方在短时间内完成项目，很大程度上促进了加州储能装机规模的增长。未来，随着加州的太平洋燃气电力公司（PG&E）、圣地亚哥燃气电力公司（SDG&E）、南加州爱迪生公司（SCE）三大公共事业公司逐步完成 1.325GW 储能采购目标，加州仍将在美国储能市场中扮演极其重要的角色。

美国储能产业呈现出的商业化发展态势，其中以工商业用户侧储能应用和调频辅助服务储能应用最具代表，并且成为美国储能应用规模最大的两个领域。此外，储能正在成为公用事业公司延缓电力设施升级改造、保障供电容量、提高可再生能源利用率的重要解决方案。

美国储能市场在工商业用户侧和调频辅助服务领域的商业化发展，一方面与美国联邦和州政府近年来发布的一系列储能产业支持政策密切相关；另一方面也得益于美国成熟的电力市场环境。

1. 美国工商业用户侧储能应用相关支持政策

在电力系统朝着清洁化、数字化和去中心化方向进行转型的大背景下，面对日益增长的电力需求，美国各个州和各大公用事业公司都在积极探索利用用户侧的能效、需求响应、光伏和储能等分布式能源技术，构建户用微网、工商业微网和公用事业级微网，实现多种分布式能源技术的协调优化运行，提供就地化的电力供应解决方案。

过去几年加州可再生能源发电规模呈指数型快速增长，以光伏为例，从 2008 年的 3GWh 增长到 2015 年的 12571GWh，由此带来可再生能源发电量和高峰负荷需求之间严重的不平衡，只能通过火力发电或储能来平衡，而储能是低碳化的一种方案。为此，加州率先迈出了推动工商业用户侧储能应用的第一步，并且由此带动加州储能市场规模的快速增加。根据 CNESA 全球储能项目库的统计，截至 2017 年年底，加州已投运储能项目的累计装机规模达到 252MW，遥遥领先于美国其他州。可以说，美国在引领全球储能市场的同时，加州占据着美国储能市场的潮头。本部分将对加州工商业用户侧储能市场相关政策进行分析。

（1）自发电激励计划（SGIP）。SGIP 颁布于 2001 年，由 CPUC 管理实施，是美国加州实施时间最长的可再生能源奖励计划之一。SGIP 计划为安装在客户端的分布式发电（DG）技术提供补贴。

2011 年 9 月，CPUC 宣布开始对独立的储能系统进行补贴，具体办法为：对先进储能系统按照 2 美元 /W 的标准补贴；对于与补贴范围内其他技术相结合的先进储能技术，当装机容量小于 30kW 时，得到 100% 的前期补贴；当装机容量大于 30kW 时，得到 50% 的前期补贴，另外的 50% 将按照实际发电量进行支付。

2014 年 6 月，CPUC 将 SGIP 的补贴年限延长至 2019 年，加大用户侧发电技术的补贴资金，在一定程度上帮助加州三大公共事业公司完成 2020 年用户侧储能采购目标。

2016 年 5 月中旬，CPUC 主席 Michael Picker 发布了一份建议书，对 SGIP 政策做出改革，主要变动如表 2-1 所示。新修订的 SGIP 补贴计划最大的变化在于不再以每年固定资金的方式按照系统装机功率进行补贴，而是效仿加州光伏补贴计划，综合考虑规划容量的完成情况、储能成本的下降程度、项目经济性核算等因素，按照项目的储能容量进行补贴。

表 2-1   2016 年 SGIP 改革前后的内容对比[①]

序号	项目	改革前	改革后
1	补贴方式	每年提供固定资金，金额按照一定比例逐年下降	效仿加州光伏补贴计划，分成 5 轮进行补贴，每轮划拨固定资金，当一轮资金申请完后开始新一轮补贴，补贴额度逐轮递减
2	补贴对象及享有预算份额	1）可再生能源技术和新兴技术：享有 75% 的预算；2）非可再生的传统燃油热电联产项目：享有 25% 的预算	1）储能：享有 75% 的预算（≤ 10kW 的项目享有 15% 的预算）2）发电技术：享有 25% 的预算（可再生能源项目享有 10% 的预算）
3	审批流程	先到先得	具有额外减排温室气体 / 创造电网效益的项目将优先获批补贴
4	申请费	所申请补贴的 1%	所申请补贴的 5%
5	商业储能放电要求	每年 104h	每年 260h

（2）储能强制采购目标计划。随着可再生能源装机规模快速增加，储能在电力系统平衡方面的应用价值日益显现，为培育多元化储能技术，创造有利于储能技术企业和系统集成商发展的长期稳定市场，加州从 2010 年开始研究实施公用事业公司储能强制采购计划。

2010 年 9 月，加州政府通过 AB2514 法令，要求 CPUC 研究制定高效、低成本储能技术的强制采购方案。2012~2013 年，CPUC 组织工作组，研究储能的成本、应用场景、经济性、效益，采购目标的规模、机制、项目所有权等问题。

[①] 资料来源：DECISION REVISING THE SELF-GENERATION INCENTIVE PROGRAMPURSUANT TO SENATE BILL 861, ASSEMBLY BILL 1478, ANDIMPLEMENTING OTHER CHANGES.

2013 年 10 月，CPUC 制定 1325MW 储能强制采购目标计划。PG&E、SCE、SDG&E 等投资者所有的独立公用事业公司（Independent Owned Utilities，IOUs）是加州储能强制采购目标计划的主要实施对象。CPUC 根据 IOUs 的规模，为其制定了每一轮采购中的储能采购目标；同时鼓励 30 个小规模的公共所有的公用事业公司（Publicly Owned Utilities，POUs）每三年制定一次储能采购计划。POUs 必须开展竞争性征集计划，以 RFO 形式的开展储能采购。储能系统供应商自愿申请 RFO 并提报项目方案。POUs 所采购的储能项目应当在 2020 年 1 月 1 日之前完成安装并投运，最晚不得超过 2024 年 12 月 31 日。

2016 年 9 月，加州政府通过 AB2868 法令，要求 CPUC 在此前 1.325GW 采购目标的基础上增加 500MW 储能采购容量，其中 166MW 为用户侧储能系统。

加州储能强制采购目标计划对于推动储能应用、构建长期稳定储能市场起到了良好的政策示范效应，有力地推动了加州储能项目的快速规划部署。根据 CNESA 研究部对于国际储能市场的长期追踪，目前，效仿加州，俄勒冈州、马萨诸塞州也制定和发布了储能采购目标计划。其中，2015 年俄勒冈针对州内两大公用事业公司制定 2020 年 5MWh 储能采购目标；马萨诸塞州发布 H4568 号法案，要求马萨诸塞州能源资源部在 2020 年 1 月 1 日之前制定并实施 200MWh 储能采购目标。

2. 美国调频辅助服务领域储能应用相关政策

美国联邦能源管理委员会（FERC）从 2005 年起针对辅助服务市场制定了一系列结算和付费补偿机制，构建起了电储能参与调频辅助服务的市场收益机制，为储能在调频辅助服务领域的商业化应用奠定了基础。

2007 年 FERC 发布 890 号法令，规定电力市场允许储能、需求侧响应等非发电资源参与辅助服务和电网服务。电力传输供应商必须提交一份建议书对调整后的输电规划进行描述，输电提供商必须在输电规划过程中评估需求侧响应是否具备且能够提供所需的功能。法令要求了需求侧参与输电规划，推动需求侧响应长期参与电力资源分配，而储能系统拥有需求响应能实现的所有功能。储能可以作为提供需求响应的技术之一，帮助电力用户降低高峰负荷的用量。由此，在美国电力市场，储能作为独立的电力资源参与调频辅助市场获得身份认可。

2011 年 FERC 发布 755 号法令，制定电力零售市场调频辅助服务按效果付费补偿机制。FERC 755 号法令要求独立系统运营商（ISO）和区域输电组织（RTO）对能够提供迅速、准确调频服务的供应商进行补偿，而不是按基本电价付费。ISO 和 RTO 支付给电力供应商的费用主要包括基本电价和调频费用，同时要考虑调频服务的准确性、响应速度以及输出电量。ISO 和 RTO 要与相关利益方制定合约，并遵守 FERC 755 号法令要求。FERC

755 号法令的颁布营造了一个公平竞争的调频服务市场，为来自储能系统快速响应的调频服务支付更加合理的价格，促进了储能技术的发展，激励储能厂商在快速响应技术方面的进步。

2013 年 7 月，为了增强辅助服务市场的竞争力和透明度，FERC 颁布 784 号法令，即"新电力储能技术的第三方提供辅助服务规定以及结算与财务报告"。按照 FERC 784 号法令规定，输电网运营商既可以选择从输电服务提供商购买辅助服务，也可以选择从第三方购买辅助服务。FERC 784 号法令的发布，彰显了 FERC 支持新技术，改善电网和电力市场的决心。总的来说，FERC 784 号法令主要有两大特点：一是可以为辅助服务提供多种更先进、更准确的资源；二是在辅助服务市场上，储能技术相比于传统火力发电，表现出更加强劲的竞争力，这也是该政策对储能应用最重要的意义所在。

3. 美国储能市场政策小结

工商业用户侧和调频辅助服务是美国储能商业化程度最高的领域，两个细分市场的发展离不开一系列储能产业政策和电力市场机制的推动。

在工商业用户侧，美国储能产业发展政策主要由州政府制定，相关举措包括州政府通过立法形式制定储能发展目标、实施储能强制采购目标计划、对先进储能技术给予安装补贴激励政策等。其中储能发展目标是核心，一系列举措围绕实现该目标进行努力，对于加快储能项目部署、展现储能应用价值、构建长期稳定储能市场起到了强有力的推动作用。

在调频辅助服务领域，美国的相关政策主要集中在制定和修改电力市场规则方面。首先给予储能参与电力市场的独立身份认可；其次构建按效果付费的补偿机制；最后增强辅助服务市场的竞争力和透明度。通过一系列举措，不仅提高了储能在调频辅助服务市场的竞争力，而且充分发挥了储能的性能优势并确保获得相应价值回报。

2.2.2　德国储能市场政策环境分析

德国是欧洲重要的储能市场，德国把推动储能产业发展的切入点定义在可再生能源的储存和输送问题，以及提高可再生能源的利用效率上。德国退出核电后，将进一步提高可再生能源发电所占的比例，在 2020 年不低于 35%，到 2050 年不低于 80%。为实现这些目标，解决可再生能源并网问题非常关键，政府将加大对包含储能在内的技术的研发和应用。

德国的居民侧电价较高，并且随着可再生能源上网电价的不断降低，提高用户的分布式能源的自发自用比例极具吸引力，一定程度上也促动了分布式"光伏 + 储能"在德国的发展。德国是全球户用储能市场最成熟的国家，根据德国太阳能协会BSW-Solar的数据，截至2016年底，德国累计约有5.2万套运行中的家用储能系统服务于光伏发电装置，容量规模超过300MWh。仅2016年德国户用储能的安装量接近20000套，增长主要来自系统成本的快速下降和日益强烈的自发自用需求。GTM Research早前发布的《德国储能市场（2016—2021）》称，作为世界领先的储能市场之一，2021年德国市场户用储能容量将占到全部装机容量的49%。宣布放弃核能的德国，计划到2020年将可再生能源比重提高到35%，并在2050年提高到80%，这一政策目标为储能技术企业提供了广阔市场前景。本部分将对德国户用光储领域相关政策环境进行分析。

1. 德国可再生能源发展法案

德国于2000年颁布实施了《可再生能源法（EEG）》，即EEG-2000，并结合光伏发展的实际情况，进行不定期的修订和完善。EEG对德国可再生能源的建设提出了明确的规划，确定在2020年光伏发电的总装机容量达到5175万kW，并列出了分年度的350万kW光伏发电装机容量，光伏上网电价水平的动态调整紧紧围绕年度装机容量进行，基于上年度新增装机规模与年度计划的匹配度，确定下一年上网电价调整水平。如果上年度的新增规模超出年度预定计划，则增加上网电价下调比例，反之则适当减少下调比例。

在电价补贴方面，随着分布式光伏安装容量的不断提高，德国根据光伏发电的安装地点、容量配置和技术类型，采用差异化、逐年递减的固定上网电价。

在配套电网建设方面，尽管德国通过一系列的措施鼓励安装储能设备，以实现分布式光伏发电的自发自用，但仍有大量分布式光伏接入电网。近年来，德国在不断加大配电网的投资改造，以满足分布式电源接入的要求。

EEG-2000以法律的形式对可再生能源的发展进行了较为详细的规定，其中明确指出，对分布式光伏采取"固定上网电价"，具体的内容整理如下：

（1）对于分布式光伏发出的电量，电力公司以0.99DM[①]/kWh的价格进行补贴给投资用户；

（2）财政补贴的时限为20年；

（3）新建的分布式光伏发电上网电价每年递减5%；

（4）光伏投资的成本均摊，即高于常规电价的补贴由全部的电力消费者承担，大约每月需要额外支付0.4DM的新能源电力成本费。

---

① DM即Deutsche Mark，德国马克，原德国货币单位。

2004 年，德国政府根据可再生能源的发展情况，对 EEG 进行了修订和完善，以适应分布式电源建设的新形势。与 EEG-2000 固定上网电价补贴相比，提出了太阳能补贴逐年递减的机制：

（1）在补贴额度方面，对于不同的形式的太阳能发电，给予补贴金额限度为 0.457~0.624DM/kWh；

（2）在补贴年限方面，补贴时长为 20 年，但每年递减 5%~6.5%；

（3）在光伏上网电价控制方面，其上网电价下降比率增加为 8%~9%。德国政府采用逐年递减的补贴机制，减小对分布式光伏的扶持力度，使其具备初步的竞争力。

2010 年，德国分布式光伏的发展已经初步形成规模，结合德国配电网对分布式光伏的接纳能力和电网备用容量的影响，德国政府再次对 EEG-2004 进行了调整，消减了对光伏发电项目的大部分补贴：

（1）自 2010 年 7 月 1 日起，德国对屋顶光伏系统和移除耕地农场设施的补贴额将减少 13%，对转换地区补贴额将减少 8%，其他地区将减少 12%；

（2）光伏项目补贴总额将进一步减少 3%；

（3）增加"自有消费奖励"，鼓励那些拥有小于 500kW 的屋顶光伏发电系统的自发自用。由此可见，德国一方面进一步促进能源市场公平氛围形成，另一方面通过"自发自用"政策来减少分布式电源的并网，从而降低对电网运行的压力。

2012 年，为鼓励分布式光伏参与到市场竞争中，对 EEG-2010 的内容进行了丰富和补充：

（1）以法律条文的形式明确规定了德国可再生能源电力发展的中长期目标；

（2）提出针对不同装机容量的光伏系统上网电价下调率灵活调整机制；

（3）建立信息通报和信息公开制度，并设立了 EEG 的定期追踪和评估机制，对利益相关方在可再生能源电力并网、收购、传输、配送等环节的权利和义务进行了详细明确的规定。

德国政府计划通过光伏上网电价的差异化定价方式和各种精确的信息管理制度，为光伏项目的投资者创造了长期稳定的投资环境，让利益各方都能取得合理收益，具体补贴数额如下：

（1）光伏上网电价调整幅度与新增的规模有关，设定基准的下调率为 9%，如果新增光伏系统安装量超过 350 万 kW，每超出 100 万 kW，上网电价进一步下调 3%，最高下调到 24%；

（2）如果光伏安装容量不足 250 万 kW，每减少 50 万 kW，将减少 2.5% 的电价下调；

（3）每年新增光伏的计算时间为前一年的 10 月 1 日到核算年的 9 月 30 日。

2014 年，德国新修订的 EEG-2014 正式生效，主要对光伏上网电价补贴费率及市场溢价支付模型等相关内容做出了修改和调整。与 EEG-2010 相比，增加了对于光伏设施"直接营销"模式的补贴内容，其中具体规定整理如下：

（1）装机量高达 10kW 的屋顶系统直销补贴率为 0.1315 欧元 /kWh；

（2）装机量达到 40kW 的系统直销补贴率为 0.1280 欧元 /kWh；

（3）装机量介于 40kW 至 1MW 屋顶系统可获得 0.1149 欧元 /kWh 的直销补贴率；

（4）装机量达到 10MW 地面安装系统可获得 0.0923 欧元 /kWh 的直销补贴率。

2. 2013 年德国小型户用光伏储能投资补贴计划

2013 年，德国小型户用光伏储能投资补贴计划正式确立。该政策为功率 30kW 以下、与户用光伏配套的储能系统提供 30% 的安装补贴，并通过德国复兴发展银行的"275 计划"对购买光伏储能设备的单位或个人提供低息贷款。

根据德国小型户用光伏储能投资补贴计划，对于新安装光伏和储能系统的用户，补贴金额最高可达 600 欧元 /kW；对于在原有光伏系统基础上安装储能系统的用户，补贴金额最高可达 660 欧元 /kW。补贴申请者的光伏储能系统必须满足两个条件：首先，光伏运营商最高只能将 60% 的光伏发电送入电网；其次，补贴只支持那些提供 7 年以上质保的储能系统。

在德国小型户用光伏储能投资补贴计划实施期间，德国复兴发展银行（KfW）共为 19000 套光储系统提供了 6000 万欧元的补贴。其中，14% 的新装户用"光伏 + 储能"系统得到了德国复兴发展银行（KfW）的补贴；17% 的已安装的光伏系统增配了储能。虽然德国复兴发展银行（KfW）补贴计划在 2015 年 12 月中止，但是由于补贴申请者有 18 个月的电池采购期，因此该补贴的影响将持续到 2017 年中期。

3. 2016 年德国分布式光伏储能补贴计划

此前一轮户用补贴计划在帮助分布式储能进入市场、降低储能技术成本、促进储能的商业化应用等方面取得了良好的效果，2016 年初，德国联邦经济事务和能源部重新调整并发布了新一轮"光伏 + 储能"补贴计划。

德国分布式光伏储能补贴计划，即第二轮"光伏 + 储能"补贴计划于 2016 年 3 月 1 日开始实行。补贴总额约 3000 万欧元，将于 2018 年底截止。该政策适用于 2012 年 12 月之后安装且容量低于 30kW 的光伏系统，因此，新安装的光储系统或光伏改造添加储能设备的家庭均可以向 KfW 提交申请新补贴计划的支持。

新的补贴政策延续了上一轮的机制，补贴的形式主要是低息贷款和现金补助。对于不同时间提出的申请，可申请的补贴率（补助资金相对于储能设备价格的比例）不同。比如从 2016 年 3 月 1 日到 2016 年 6 月 30 日，比例为 25%。以后比例不断降低，从

2018 年 7 月 1 日到 2018 年 12 月 31 日，降低到 10%。

为了减轻电网的负担，并在一定程度上反映出储能技术成本正在快速下降，新的补贴政策为电池储能设置了更高的标准。获得资助的家庭，回馈到电网的光伏系统功率应低于峰值功率的 50%，替代之前 60% 的标准，促进居民更多的选择光伏自发自用。另外，储能系统的质保期也由此前的 7 年提高到了 10 年。

4. 德国储能市场政策小结

快速下降的储能系统成本、逐年降低的光伏上网补贴电价（Feed-In Tariff，FIT）、不断高企的居民零售电价以及户用储能安装补贴政策等因素共同推动着德国户用储能市场的发展。德国户用储能安装补贴政策从 2013 年起连续发布两轮，面向新安装的光储系统和在原有光伏发电基础上新增的储能系统，强有力的政策不仅增强了民众对于户用储能系统的认可度，也承接了储能技术成本下降和市场发展的大趋势，对于在储能市场发展初期，推动和普及储能应用起到了极大的推动作用。

2.2.3 日本储能市场政策环境分析

2011 年，日本遭受地震重创，引发福岛核泄漏事故。此后，日本政府一方面开始改变能源策略，先后关停了多个核电站，并侧重可再生能源的规模化发展，储能成为提高可再生能源消纳能力、解决自然灾害而引发的供电稳定性的重要手段；另一方面，日本提出"氢能社会"的发展战略，在交通、供热和供电领域大力推广和应用氢能及燃料电池，构建以氢能为核心的新型能源体系。

1. 日本可再生能源储能应用相关支持政策

日本受限于国内资源匮乏，日本很早就认识到了能源存储的重要性，特别是储能在可再生能源领域的应用得到了长期的研究，政府推出了月光计划和示范工程。同时，可再生能源的发展将进一步促进储能技术的应用。按日本国会 2010 年 6 月通过的《能源基本计划》，到 2030 年零排放发电占电源比率由当前的 35% 增加到 70%，其中可再生能源份额从现在的 9% 增长为 2030 年的 20%，实现成倍增长。

2014 年秋，日本的五大电力公司曾因太阳能发电项目势头过猛，而暂停过收购光伏电力。为解决此问题，日本政府支持可再生能源发电公司引入储能电池，资助电力公司开展集中式可再生能源配备储能的示范项目，以降低弃风 / 光率、保障电网运行的稳定性。2015 年，日本政府共划拨 744 亿日元，针对安装储能电池的太阳能或风能发电公司给予补贴，补贴标准包括：

（1）对于风电场或光伏电站，按照装机规模，给予 30 万日元 /kW 的补贴；

（2）对于储能系统，按照 15 万日元 /kWh 或者储能设备投资成本的 1/2 给予补贴，按照金额较少的标准执行；

（3）这些补贴并不影响太阳能或风能发电公司继续享有 FIT 补贴和与其他用户签订购电协议（Power Purchase Agreement，PPA）。

目前，这项补贴已经结束。但是对于政府开展的可再生能源发电站装配储能的示范项目来说，该补贴政策的实施表明，日本政府为了促进电力公司接受可再生能源输出的电力，会不定期出台一些补贴措施。补贴对象大多为电力公司；补贴既包括连续性补贴，也有临时出台的补贴；补贴标准包括政府全部出资、按照可再生能源电站装机规模进行补贴，按照储能系统容量进行补贴，安装初装成本给予一定比例补贴等不同形式。这些措施均在一定程度上促进了日本可再生能源的健康发展，日本特殊陶业株式会社（NGK）、住友电工（SEI）、东芝等企业都曾参与过这类补贴示范项目。

2. 日本储能技术创新发展计划

早在自 20 世纪 70 年代以来，日本就开始投入大量资金进行电池技术的研究与开发。日本曾经支持过的电池技术包括铅酸电池、液流电池、钠硫电池和锂离子电池等。

进入 20 世纪 90 年代，日本开始对大容量储能技术开始研发投入，钠硫电池成为受政策支持最多的储能技术，政府不仅在钠硫电池前期研发上给予无偿资金支持，扶持了大量示范项目，而且还在其投入商用之后进行财政补贴。

2011 年 3 月，日本地震之后，急需通过降低、转化高峰时间的用电来解决电力供应不稳定的问题，储能技术受到推崇，当年政府拨款 15.1 亿日元用于研发，包括新燃料电池、能源交易体系蓄电池等在内的储能相关技术。

2014 年 3 月，日本经产省发起了新一轮针对锂离子电池储能系统的补贴计划，共划拨了 100 亿日元，给予购买者购买系统价格 2/3 的资金补贴。其中，家庭用户的补贴上限为 100 万日元，商业用户的补贴上限则为 1 亿日元。同时，只有满足系统容量 ≥ 1kWh，以及获得国家可持续开放创新计划的 SII 技术认证的锂离子电池储能系统，才能够申请这笔补贴。日本政府希望通过开展这项计划可以借助储能提高可再生能源的利用比例，有效地管理峰值负荷、提高电力稳定性，同时帮助政府衡量大规模生产对电池成本的影响。

2016 年 4 月，日本政府发布的《能源环境技术创新战略 2050》，将储能列入其中，指出研究低成本、安全可靠的快速充放电先进蓄电池技术，使其能量密度达到现有锂离子电池的 7 倍，成本降至十分之一，应用于小型电动汽车后续航里程达到 700km 以上；该技术还将用于可再生能源，实现更大规模的可再生能源并网。近年来，日本极为鼓励储能技术在用户端的使用，为家用和工商业储能系统创造了巨大的市场。

日本储能技术的推广也有可借鉴之处，如对企业项目（SEI 和 NGK）建设提供 75% 的补助，有效降低成本；同时 NGK 与东京电力公司的合作，利用电力公司和储能公司双方的优势，确保储能技术在电力领域的成功应用。除了传统电力领域，日本还非常关注智慧城市的概念，2011 年日本选取了横滨、北九州、丰田和京都四个国家级试点城市，启动智慧城市的实证项目，通过 IT 通信有效控制交通及电力的智能化、增加可再生能源供给，建立低环境负荷、低生活成本、高舒适性的开放型城市，储能将作为核心技术层引入智慧城市建设中。

3. 日本"氢能社会"相关支持政策

日本政府在 2014 年提出"氢能社会"概念，倡导零排放的环保理念。2014 年 6 月，经济产业省发布"氢能社会"战略路线图，"氢能社会"战略是日本在福岛核事故之后建立新能源体系的重要支撑，也是其培育下一个全球领先产业的基石。路线图指出，到 2020 年，主要着力于扩大本国固定式燃料电池和燃料电池汽车的使用量，以占据氢燃料电池世界市场的领先地位；到 2030 年，进一步扩大氢燃料的需求和应用范围，使氢加入传统的"电、热"而构建全新的二次能源结构；到 2040 年，氢燃料生产采用二氧化碳捕集和封存（Carbon Capture and Storage，CCS）组合技术，建立起二氧化碳零排放的氢供应系统。

《能源环境技术创新战略 2050》对氢能在日本的发展也提出了进一步的具体要求，指出要研发出先进的制氢、储氢和氢燃料发电技术，扩大使用范围，大规模发展氢能供给技术，扩大氢能的利用，构建零排放的"氢能社会"。

氢能在日本的应用形式主要包括固定式燃料电池和燃料电池汽车两类。2016 年，政府对燃料电池的补贴预算总计为 371 亿日元，是 2015 年度补贴预算的 3 倍多。其中，家用燃料电池的补贴预算为 170 亿日元，用于扩大家用燃料电池的普及应用；燃料电池汽车的补贴预算为 150 亿日元，用于进一步研究提高续航里程、推广应用等方面的措施；加氢站建设的补贴预算为 62 亿日元，投资建设固定式、移动式、与传统汽油加油站并建等三种类型加氢站的建设；氢能供应链领域的补贴预算为 33.5 亿日元，用于集中开发海外氢能、利用国内现有可再生资源制氢、发电等方面。

2017 年 12 月 26 日，日本政府正式发布"氢能源基本战略"，主要目标包括：到 2030 年左右实现氢能源发电商用化，以削减碳排放并提高能源自给率；未来通过技术革新等手段把氢能源发电成本降低至与液化天然气发电相同的水平。为了推广氢能源发电，日本政府还将重点推进可大量生产、运输氢的全球性供应链建设。该战略还指出，实现氢能源型社会绝非坦途，日本将率先向这一目标发起挑战，在氢能源利用方面引领世界。

4. 日本储能市场政策小结

日本储能市场政策围绕应对自然灾害、提高供电稳定性、增强清洁能源供应保障能力这条主线而展开。特别对于氢能，日本多年来致力于通过构建新型氢能社会体系解决本国能源资源不足的问题，不仅制定了清晰的发展目标和路线图，而且通过一系列补贴政策和示范项目，构建起氢能的"制—储—输—用"的完善网络体系，大力推动氢能在交通、电力、热力方面的全面应用。

2.2.4 澳大利亚储能市场政策环境分析

在拥有丰富可再生能源资源条件的澳大利亚，随着储能技术成本快速下降，储能应用也逐渐受到联邦和各州政府的重视。从已经落地的项目来看，澳大利亚储能应用呈现出微网应用和户用光储齐头并进的发展态势。一方面，在澳大利亚可再生能源署（Australian Renewable Energy Agency，ARENA）及各州政府一系列示范项目和招标采购计划的支持下，储能与可再生能源配合构建微网，在岛屿、矿产开采地、电网薄弱区发挥着区域供电主体的作用，有效地替代了柴油发电。另一方面，在各个地区一系列安装激励政策的支持下，澳大利亚户用光储市场迅速发展。

1. 澳大利亚储能产业发展相关激励政策

由于澳大利亚的电网互联程度有限，没有一个统一的电力市场，每个州的市场规则都不相同，电价也不同。另外，每个州的发、配、输和零售资产的所有制，其共有和私有的混合度不同。大部分州的输配电受到高度监管，且是政府运营，而大部分州的发电和零售是非管制的，且在大部分州都是私有制。因此，澳大利亚的电力供应链在一定程度上影响了储能在电力市场中的应用。

澳大利亚联邦层面主要有两个部门，帮助澳大利亚政府进行储能创新和研发方面的融资，分别是 ARENA 和澳大利亚清洁能源融资公司（Clean Energy Finance Corporation，CEFC）。ARENA 主要资助前期技术研发与示范，CEFC 主要资助已经准备好技术或产品商业化的创新公司。CEFC 资助的项目主要涉及以下几个方面：积极研究用户侧储能的经济性；与批发商/零售商一道开展支持电池走向市场的贷款融资项目；为光伏提供并资助 PPA 计划，但目前电池尚未覆盖在内；解决包括光伏储能系统在内的整个系统风险和担保问题；边远矿区的大型光伏/电池/柴油混合解决方案。

2016 年，为推动储能设备的普及，澳大利亚清洁能源委员会发布了《加速储能应用推广行动计划》，旨在全澳大利亚范围内建立储能产业与政府之间的合作伙伴关系。行动计划包含的内容有：建立合理的电价结构，充分释放储能的应用价值；支持储能示范项目，帮助产业克服发展初期的困难障碍；制定规范标准，提高储能系统的技术和安全性能；制定行业支持措施，为产业大规模发展提前布局；加强宣传教育，引导消费者安装应用储能。

2017 年初，澳大利亚总理 Malcolm Turnbull 表示，澳大利亚将启动新一轮大规模储能的融资行动，长期以来，储能在澳大利亚一直被忽视，但是未来将得到重点发展。澳大利亚可再生能源局和清洁能源金融公司决定联合发起大规模储能和其他弹性容量项目，其中包括抽水蓄能。大规模储能技术可以支持像风能、太阳能等多种可再生能源的发展，不但可以满足现有基载发电，还可以促进电网稳定。除了联邦计划外，澳大利亚各州州政府都可以制定可再生能源激励计划。

2. 澳大利亚可再生能源储能应用相关支持政策

ARENA 是澳大利亚联邦各部门中对储能技术和产业发展支持力度最大的机构。ARENA 对储能技术和示范项目的资助主要出于三方面考虑，包括破解可再生能源长期发展中面临的障碍；帮助可再生能源技术满足能源用户的需求；推动可再生能源及相关创新性技术的商业化。

分析 ARENA 已经和正在开展的储能技术验证和示范应用支持项目，主要涉及以下五个细分领域：①探索多能互补和多种储能技术混合应用的风光储项目，例如，昆士兰州北部休恩登市的肯尼迪能源区项目；②探索采用全新商业模式的虚拟电厂项目，例如，Sunverge 公司与 AGL 公司合作，通过构建虚拟电厂将 1000 个用户的电池系统整合起来提供电网服务；③探索储能与大型光伏电站或风电场配合出力的项目，例如，Conergy 公司在澳大利亚 Lakeland 地区建设的太阳能光伏电站 + 锂离子电池储能项目，以及约克半岛的 Wattle Valley 风电场 + 锂离子电池储能项目；④利用储能帮助矿区等电网薄弱地区构建微网系统，实现离网供能、降低柴油发电水平，例如，西澳 DeGrussa 金 – 铜矿区的光储项目；⑤支持创新型储能技术研发、推动商业化应用，例如，支持 Ecoult 公司的 UltraBattery 储能技术实现商业化；支持可持续期货研究所（Institute for Sustainable Futures，ISF）在澳大利亚新南威尔士州和维多利亚地区的 150 户家庭中验证智能逆变器在户用光储系统和提升电力稳定性保障方面的作用。

此外，澳大利亚各州政府也在以招标采购计划的方式大力推进可再生能源领域的储能应用。2017 年 3 月，澳大利亚维多利亚州政府发布大规模储能激励计划，计划投资 2000 万澳元（1520 万美元），在 2018 年底之前建设 100MW 储能项目。2017 年 6 月，澳大利亚昆士兰州发布"可再生能源 400"计划，其中包括 400WM 可再生能源配套 100MW 储能的招标采购计划，将推动昆士兰州实现 2030 年 50% 电力来自可再生能源的发展目标。

3. 澳大利亚户用光储相关支持政策

随着大部分州的光伏 FIT 即将或已经终结以及高电价的作用，澳大利亚居民和商业用户安装储能的意愿将变得更加强烈。The Australia Institute 的一项调查显示，约有81% 的光伏系统拥有者正在考虑购买电池。为此，澳大利亚不同政府机构都出台了户用储能安装激励计划，推动澳大利亚户用光储市场的发展。目前，澳大利亚户用储能市场成为全球储能厂商争相抢占的重点领域，有的企业甚至将澳大利亚定位成其户用产品的首发地。

根据美国研究机构 IHS Technology 的报告，澳大利亚家用储能市场正在崛起，家用储能系统安装数量从 2015 年底的不足 500 套，增长到 2016 年底的超过 5000 套。居民纷纷使用储能系统以应对不断上涨的电费投入，预计到 2018 年底，澳大利亚将会有30000 家庭使用光伏储热系统，分布式储能市场装机容量将从 2015 年底的不足 3MW 增加到 2018 年的 200MW 以上，届时将能够储存 250MWh 电能。

（1）澳大利亚绿党"电池储能安装激励计划"。为了支持 2030 年澳大利亚可再生能源发电率达到 90% 的目标，澳大利亚绿党（Australian Greens）发布"电池储能支持计划"（The Greens' battery storage program），该计划为期五年，力图驱动储能成本下降，将电池储能普及到每个家庭和商业用户，帮助用户最大限度地提高可再生能源利用水平。

为鼓励普通家庭安装储能系统，澳大利亚绿党计划为个人用户提供 50% 的可偿付税收抵免，帮助降低户用光储系统成本。2016—2017 财年的最高抵免额度为 5000 澳元，此后抵免额度将逐年降低，2020 年 7 月将降低到 1500 澳元。

为鼓励工商业用户安装储能系统，该计划规定工商业领域的电池储能项目可以享受资产加速折旧，电池资产可以在 3 年内完成折旧以降低税费负担。项目的执行期暂定为5 年，2020 年将会对项目实施效果进行评估。

对于低收入群体，澳大利亚绿党出台了低收入者光储补助政策（Low Income Solar Storage grant，LISS）。政策规定，年应税所得不足 80000 澳元的群体，除了可以获得税收抵免，还可以申请 LISS 补助。LISS 补助额度也将逐年降低，2016—2017 财年，LISS补助最高为 5000 澳元或系统成本的一半（取相对较低者）；2020 年 7 月将降低到 1000澳元。每年 LISS 补助的发放份额为 20000 个用户。

（2）南澳大利亚州和阿德莱德市储能安装激励计划。2015 年阿德莱德市发布可持续城市激励计划，为阿德莱德市 2015 年 7 月 1 日以后安装"光伏 + 储能"系统的商业、住宅、学校和社区用户提供最高 5000 澳元的补贴。此外，还对电动汽车用户安装充电桩给予补贴，每个充电桩的最高补贴额度为 500 澳元。

2016 年 7 月，南澳大利亚州政府提出在阿德莱德市政府储能安装补贴的基础上，增加匹配补贴，相当于将此前的补贴金额增加一倍。具体补贴包括：对于储能系统，阿德莱德最高补贴 5000 澳元，增补后最高可达 10000 澳元；对于电动汽车充电控制器，阿德莱德最高补贴 500 澳元，增补后最高可达 1000 澳元。

目前，南澳大利亚州政府的可再生能源渗透率已经达到 40%，并且计划 2025 年进一步增加至 50%。本次州政府补贴资金总预算为 30 万澳元，预计可以支持 600kWh 储能和 1700kW 光伏系统的采购安装。

（3）堪培拉下一代储能推广计划。2016 年初，澳大利亚首都特区堪培拉政府宣布实施下一代储能推广计划（Next Generation Renewables Energy Storage），为 5000 个家庭提供为期 5 年的光伏储能安装补贴，以此推动堪培拉实现 2020 年 90% 可再生能源装机的目标。堪培拉下一代储能推广计划将提供 2000 万美元，支持安装 36MW 光伏储能系统。通过该计划，居民用户为光伏系统配套安装储能将最多可以获得 825 美元 /kW 的补贴。

目前该安装补贴计划已经实施了两轮，在第一轮补贴中，堪培拉政府提供 60 万美元资金支持 200 个堪培拉家庭安装储能系统。2016 年 5 月，堪培拉政府宣布实施第二轮补贴，将提供 200 万美元资金，在 2017 年 8 月 31 日之前为堪培拉地区 600 个居民和商业用户提供储能安装补贴，预计会带来 2MW 储能安装容量。

4. 澳大利亚储能市场政策小结

澳大利亚储能市场的发展围绕本国丰富的可再生能源展开，一方面以大型风光储电站方式为电网或偏远地区提供独立的电力供应，另一方面以户用储能方式为居民家庭提供光伏自发自用和电费管理。在推动政策方面，前者主要采用政府资金支持的示范项目方式予以大力推动，后者主要由各州或市政府通过补贴资金政策激励居民安装使用。

2.2.5 英国储能市场政策环境分析

2016 年以来，英国储能市场愈发活跃，英国国家电网 200MW 先进调频服务（EFR）的中标技术全部为储能技术，500MW 新建电池储能容量成功竞标参与 2020/21 容量市场等一系列重大事件，使得英国的储能市场引起了国内外电池储能厂商、投资者、政策制定者的广泛关注。英国储能市场的快速崛起与 2016 年以来英国大力度推动能源变革不无关系。英国国家能源监管（Office of Gas and Electricity Markets，Ofgem）等机构通过修订电力市场规则和制定储能相关政策，正在扫清储能商业化应用的制度障碍、构建一个智能灵活低碳的电力系统。

1. 英国智能灵活能源系统发展战略

英国政府在产业政策推动方面迈出的最大一步是 Ofgem 机构和英国商务能源与产业战略部（Department for Business，Energy & Industrial Strategy，BEIS）于 2016 年 11 月联合发布的《A smart，flexible energy system：Call for evidence》，该政策计划通过寻求产业信息和相关意见，致力于消除储能和需求响应的发展障碍，通过价格信号提高电力系统灵活性，催化电力市场商业模式创新，评估能源系统中各个组成部分的功能变化。

经过半年多意见收集以及咨询评估，2017 年 7 月，Ofgem 和 BEIS 研究并制定了英国智能灵活能源系统发展战略（Upgrading Our Energy System：Smart Systems and Flexibility Plan），计划通过 29 项行动方案，从消除包括储能在内的智慧能源的发展障碍、构建智能家庭和商业、建立灵活的电力市场机制等三个方面推动英国构建智能灵活能源系统。

针对储能，该政策文件从储能定义、市场身份、终端消费税、网络费、与可再生能源共享站址、储能设施所有权、并网、规划、资金支持等 9 个方面发布行动计划，解决由于属性不清而对储能进行"双重收费"、储能所有权不明等阻碍市场发展的多项问题，并致力于消除储能进入并参与电力市场交易的障碍。预计该政策的发布将提高英国电力系统对储能的兼容度，开辟新的储能市场，推动储能服务价值得以实现，对于降低英国电力系统成本、降低用户电费账单都具有重要意义。

2. 英国国家电网先进调频服务（EFR）招标采购计划

英国电力辅助服务市场机制是储能项目获取商业回报的主要途径之一，先进调频服务（EFR）是其中的典型机制。2015 年，英国 25% 的电力来自间歇可再生能源。按照计划，英国的燃煤电站将在 2025 年甚至更早逐步退出。随着原有燃煤机组和核电机组的相继关闭，英国电网将越来越依赖于风力和光伏发电。未来电力系统也将更容易受到由于供应与需求不平衡而引发的频率波动的影响，需要更多更先进的灵活性资源进行系统调节。为此，英国国家电网于 2015 年底启动了先进调频服务招标采购计划。EFR 招标采购计划中标项目如表 2-2 所示。

此次招标共收到 37 家公司递交的 68 份标书，项目方案的总装机规模达 1370MW，涉及原有储能项目和新规划的储能项目，覆盖输电领域和配电领域。竞标者需要满足响应时间小于 1s、可以 100% 提供容量、充放电时间不少于 15min、项目规模不得大于 50MW 等条件。

本轮招标共有来自 7 家公司的 8 个项目中标，价格为 7~12 英镑 /MWh 不等，平均为 9.44 英镑 /MWh，所有招标采购价为 6595 万英镑。竞标胜出项目的规划装机规模在 10MW 到 49MW 之间，将在 2017 年 4 月至 2018 年 3 月之间陆续投运，合同期为 4 年，

表 2-2   英国 EFR 招标采购计划的中标项目

序号	中标方	预期开展时间	中标规模（MW）	四年内项目可获得的总收益（百亿英镑）	调频服务中标价格（英镑/MWh）	项目建设地点
1	EDF Energy Renewables	2017.12	49	12.03	7	West Burton 燃气电站
2	Vattenfall	2017.4	22	5.75	7.4	Welsh Peny Cymoedd 风电场
3	E.ON UK	2017.11	10	3.89	11.09	Blackburn Meadow 热电厂
4	Low Carbon	2017.12	10	2.68	7.94	Cleator
5	Storage Investment	2018.3	40	12.67	9.38	Glassenbury
6	Element Power	2018.2	25	10.08	11.49	Sheffield
7	Belectric	2017.10	10	4.2	11.97	Nevendon

总价值达到 8640 万美元。预计高级调频招标计划将会帮助英国国家电网节省 2.62 亿美元的调频费用支出。

3. 储能参与 2020/2021 年度 T-4 容量交易竞标

在英国，除了电力辅助服务市场机制，储能项目还可以通过容量市场机制来获利。容量市场是 2014 年开始执行的，它是为确保英国未来能源供应的电力市场改革计划（EMR）的一部分。容量市场机制的设立，是为了满足电力供应短缺时，能够有电力供应可以及时补充。为了补偿这些备用容量电力的投资，通过设立容量市场，以拍卖的形式对容量进行定价，由政府支付这部分费用。

从 2014 年开始，英国每年会进行容量市场拍卖，为四年后的电力容量需求寻找备用机组。参与拍卖的发电商与需求侧供应商报出自己四年后能够提供的容量和价格，以能够达到国家电网所测算的容量需求为最终需求，根据拍卖计算统一的出清价格作为容量市场价格。2014 年的首次容量市场拍卖，中标的绝大部分容量都是由英国已有的燃气、生物质能和核电等老发电机组。

2016 年，首次有超过 500MW 的新建电池储能在容量市场拍卖中获得了合同。2020/2021 年度 T-4 容量交易最终以 22.50 英镑/（kW·年）的出清价格完成了 52GW 容量的竞标，其中储能容量 3.2GW，占 2020/2021 年度 T-4 容量市场 52.4GW 的 6%。这反映了随着成本下降、技术成熟，电池储能的商业可行性正在增大。

2016 年，英国 T-4 容量市场竞标是 EFR 储能项目拓展应用领域，获取叠加效益的一次有益尝试。参与 2020/2021 年度 T-4 容量交易的四个 EFR 项目，分别是 10MW 的 Cleator 项目（Low Carbon 公司正在建设）、40MW 的 Glassenbury 项目（Low Carbon 公司正在建设）、49MW 的 West Burton 项目（EDF Energy Renewables 正在建设）、10MW 的 Blackburn

Meadows 项目（E.ON UK 正在建设）。这四个项目将以新增发电机组的身份提供为期 15 年的合约。此外，此前未中标 EFR 的项目也在此次 T-4 容量交易中成功竞标，包括 Centrica 将于 2018 年投运的 49MW Roosecote 锂离子电池储能项目，该项目将由 Younicos 开发建设。

4. 英国储能市场政策小结

英国储能市场政策主要致力于通过修订电力市场规则，扫清储能商业化应用的制度障碍。通过招标采购计划和参与市场竞标的方式，储能率先参与到英国调频和容量市场，展现应用价值、带动相关项目大规模规划部署。目前英国正在储能定义、市场身份、并网、规划等方面全面完善储能参与电力市场中的机制规则，发挥储能在构建智能灵活低碳电力系统中的重要价值。

英国是继美国、德国、日本之后迅速崛起的又一新兴储能市场。尽管，总体上英国储能项目装机规模仍然比较小，但从国际厂商进入英国市场与市场交易的活跃度、政策修改与制定的高效推进等方面可以看出，英国储能市场已经准备好实现快速发展。在多种商业模式的助力下，未来，英国政府将通过 29 项行动方案进一步落实有利于储能的各项政策，同时确保稳定的政策环境和投资环境，并为储能的发展提供更坚实的支撑。

2.3　中国储能市场发展状况

2.3.1　中国储能市场规模

据 CNESA 项目库不完全统计，截至 2017 年底，中国已投运的储能项目累计装机规模达到 28.9GW。与全球市场类似，抽水蓄能的累计装机规模所占比重最大，占比达到 99%；电化学储能的累计装机规模位列第二，规模达到 389.8MW。在各类电化学储能技术中，锂离子电池的累计装机规模最大，为 227MW，占比 60%；其次为铅酸电池和液流电池，累计装机规模占比分别为 36% 和 4%。

中国电化学储能项目发展起步于 2010 年，根据图 2-2 对中国已投运电化学储能项目累计装机规模的统计，自 2012 年起，中国投运的电化学储能项目的累计装机规模处于稳步增长阶段，年复合增长率（2012—2017 年）达 55%。2017 年，中国新增投运储能项目装机规模为 121MW，相比 2016 年底增长 16%。

2.3.2　中国储能市场发展特点

1. 不同区域储能需求各异，中国储能应用呈现多元化的蓬勃发展态势

从储能在中国电力系统中的应用状况来看，总的储能装机规模逐年攀升，与 2011

图 2-2 中国电化学储能市场累计装机规模（2000—2017 年底）

年前后多个大型示范项目上线带来的项目装机大幅增速相比，近些年来储能装机呈现平稳增长状态。

中国幅员辽阔，不同区域资源禀赋和用能特点差异较大，导致了对储能的应用需求也各不相同。"三北"地区的弃风弃光情况严重，亟需储能等灵活性资源释放电网接纳可再生能源的能力；西藏以及东南部岛屿等区域需要储能搭配可再生能源替代柴油机组或为无电人口提供稳定持续的电力；江苏、广东等工商业较为发达的地区，用电负荷大、峰谷价差大，需要储能帮助实现节省电费账单、参与需求侧管理。这些不同的需求也导致了不同区域投运储能项目的应用目标的不同。

在各领域、各区域储能项目持续推进的带动下，中国储能市场呈现积极蓬勃而又多元化的发展之势，未来储能将在帮助解决电力系统的各项问题方面持续发挥重要作用。中国在可再生能源消纳、电力辅助服务、工商业用户能源管理等领域逐渐显现的储能应用价值和巨大市场潜力，正在吸引越来越多的企业参与其中。

2. 电网侧储能示范工程成为提高电力系统调峰能力和可再生能源消纳能力的重要探索方向

随着我国可再生能源发电装机规模快速增长，电力系统调峰能力不足，调度运行和调峰成本补偿机制不健全等问题日益突出。提升电力系统调峰能力和消纳可再生能源能力已经被列为我国"十三五"期间补齐电力发展短板的重要任务，储能成为实现这一目标的关键技术手段。《关于促进电储能参与"三北"地区电力辅助服务补偿（市场）机制试点工作的通知》提出将在"三北"地区开展电储能设施参与电力调峰调频辅助服务补偿（市场）机制试点。

2016 年以来，大连国家级大型化学储能调峰电站示范项目、多能互补集成优化示范工程、新能源微电网示范项目、"互联网+"智慧能源示范项目等一系列示范应用探索纷纷启动。为推动储能系统与新能源系统协调优化运行、加强电力系统调峰能力建设，布局建设储能示范工程以及开展风光水火储互补系统一体化运行示范，将成为未来中国电网侧储能应用的主要方向。

3. 工商业用户侧储能应用成为构建综合能源管理新模式的关键环节

用户侧是中国储能企业部署项目的首选领域。将储能系统安装在工商业用户端或园区中，帮助用户实现峰谷价差套利是中国用户侧储能应用的最主要的形式。根据不同地区的政策，需量电费管理和需求侧管理成为辅助盈利点。

中国用户侧储能项目通常采用合同能源管理模式，储能系统的资产掌握在储能系统集成商手中，通过分享用户节省的电费获取收入。由于投资回收期较长，储能系统集成商的风险较大，需要为项目支付大量的先期投入，资金链成为考验项目运作的关键。

随着新一轮电改在售电侧改革和有序放开配电网业务等方面的持续推进，随着《关于推进"互联网+"智慧能源发展的指导意见》明确提出发展用户侧智慧用能和增值服务的新模式和新业态，中国用户侧储能市场正在以电费管理为中心，不断整合需求响应、虚拟电厂、售电、配电网改造、智能管控、多能互补、分布式能源网络、合同能源管理等多种能源服务形式，构建综合能源服务的发展模式。

4. 动力电池行业的快速发展为中国储能产业提供了强有力的技术和装备支撑

中国新能源汽车的快速推广应用极大地拉高了国内动力电池的需求量。在市场需求激增的驱动下，中国动力电池行业的投资扩产呈现出如火如荼的局面，由此带动国内锂离子电池产能爆发式增长、产品价格快速下降、技术性能不断提升。考虑到锂离子电池是目前国内累计装机规模最大的储能技术，动力电池行业的快速发展也间接地为中国储能产业发展提供了强有力的技术和装备支撑。

相比于电动汽车，储能是一种应用范围更广、市场潜力更大的锂离子电池应用领域。依托国内强有力的锂离子电池生产制造能力，一方面，以比亚迪、南都电源、欣旺达、国轩高科、亿纬锂能等为代表的国内大型电池企业成立专门的储能业务事业部，在母公司电芯制造业务的基础上，开展包括户用储能产品生产销售、储能系统集成、储能项目投资运行等多样化的储能业务；另一方面，以阳光电源、科陆电子等为代表的 PCS 企业也在与三星 SDI、LG 化学、国能电池等国内外领先的锂离子电池企业建立战略合作，依托后者强有力的锂离子电池生产实力，成立专业化储能企业，实现技术和市场优势的互补，大力开拓国内储能业务。

2.3.3　中国储能市场发展趋势

与我国当前能源结构调整和能源创新发展的要求相比，我国储能技术与产业的发展还存在较大差距，主要体现在政策支持不足、研发示范不足、技术标准不足、统筹规划不足四个方面。通过开展技术装备和应用工程的试点示范，以"先行先试，总结积累"的方式解决上述不足已经成为我国储能产业未来发展的主要方向。

在技术装备方面，未来我国将围绕低成本、长寿命、高安全性、高能量密度的总体目标，集中攻关一批具有关键核心意义的储能技术和材料，试验示范一批具有产业化潜力的储能技术和装备，应用推广一批具有自主知识产权的储能技术和产品，完善储能产品标准和检测认证体系。

在应用工程方面，未来我国将重点围绕促进可再生能源消纳、发展分布式电力和微网、提升电力系统灵活性、加快建设能源互联网等重大需求，布局一批具有引领作用的重大储能试点示范工程。

在总结试点示范经验的基础上，为推动储能的商业化发展，未来我国还将建立储能等灵活性资源市场化交易机制和价格形成机制，鼓励储能直接参与市场交易，通过市场机制实现盈利，激发市场活力。结合电力体制改革，未来我国还将研究推动储能参与电力市场交易获得合理补偿的政策，建立与电力市场化运营服务相配套的储能服务补偿机制。研究通过中央和地方基建投资实施先进储能示范工程，引导社会资本加快先进储能技术的推广应用。

根据国家发改委能源研究所、国网能源研究院、清华大学、华北电力大学、CNESA等联合开展的"2050高比例可再生能源情景研究"的研究成果，到2050年，要实现85%的高比例可再生能源发电，需要300GW的储能资源。其中，抽水蓄能在各种资源禀赋条件下，最多能开发140GW，而届时对电化学储能技术的需求量将达到160GW。

2.4　中国储能市场政策环境分析

当前国内储能产业还处于初期发展阶段，随着我国经济转型、绿色能源快速发展和能源供给侧结构性改革不断深化，我国的储能需求正在日益扩张，政府和社会对于储能产业的关注度也在不断提高，储能产业的快速发展已经成为必然。国家出台的"十三五"规划和多项储能产业政策，都将储能作为重点研究和发展领域之一，储能技术在我国能源产业中的战略定位不断清晰。我国目前颁布的政策中直接支持储能产业发展的政策措施主要表现在储能产业及电力市场准入政策、储能技术及设备研发支持、抽水蓄能电价机制及动力储能电池发展激励。

2.4.1 中国"十三五"规划相关储能政策

目前，我国能源供需方式和系统形态正在发生深刻变革，能源发展驱动力正在由资源投入向科技创新转变。这将进一步推动我国能源的清洁化、智能化发展，也为储能产业发展创造更加有利的环境。

2016 年是"十三五"布局之年，在国家能源政策密集出台的同时，储能也以越来越高的频率出现在国家能源领域"十三五"规划之中。《电力发展"十三五"规划（2016—2020 年）》《可再生能源发展"十三五"规划》《能源发展"十三五"规划》《能源技术创新"十三五"规划》《太阳能发展"十三五"规划》和《风电发展"十三五"规划》等均从不同角度对储能的推广应用做出了部署。发展储能产业成为我国推进能源革命的重要举措。中国储能相关"十三五"规划文件如表 2-3 所示。

表 2-3　　　　　　　　　　中国储能相关"十三五"规划文件

序号	政策名称	发布机构	发布时间
1	《电力发展"十三五"规划》	国家发改委、能源局	2016 年 11 月
2	《可再生能源发展"十三五"规划》	国家发改委、能源局	2016 年 11 月
3	《能源发展"十三五"规划》	国家发改委、能源局	2016 年 12 月
4	《能源技术创新"十三五"规划》	国家能源局	2017 年 1 月

1.《电力发展"十三五"规划》

2016 年 11 月 7 日，国家发改委和能源局召开新闻发布会，对外正式发布《电力发展"十三五"规划》。《电力发展"十三五"规划》鼓励开展风光储输多元化技术综合应用示范，结合风电、光伏等新能源开发，融合储能、微网应用，推动可再生能源电力与储能、智能输电、多元化应用新技术示范，推动多能互补、协同优化的新能源电力综合开发。《电力发展"十三五"规划》还指出要加强调峰能力建设，提升系统灵活性，主要措施包括：①加快抽水蓄能电站建设，切实发挥抽水蓄能电站提供备用、增强系统灵活性的作用；②全面推动煤电机组灵活性改造，加快推动北方地区热电机组储热改造和纯凝机组灵活性改造试点示范及推广应用；③大力提高电力需求侧响应能力，建立健全基于价格激励的负荷侧响应措施，进一步优化推广发电侧和用户侧峰谷电价机制，积极推进大容量和分布式储能技术的示范应用与推广。

2.《可再生能源发展"十三五"规划》

配合国家能源战略行动计划，《可再生能源发展"十三五"规划》将推动储能技术在可再生能源领域的示范应用列为主要任务之一。结合可再生能源发电、分布式能源、新能源微电网等项目开发和建设，开展综合性储能技术应用示范，重点探索适合可再生能源发展的储能技术类型和开发模式，探索开展储能设施建设的管理体制、激励政策和商业模式。通过示范工程建设培育稳定的可再生能源领域储能市场，重点提升储能系统的技术经济性、安全性、稳定性、可靠性和适用性，推动实现储能技术在可再生能源领域的商业化应用。

3.《能源发展"十三五"规划》

2016年12月，国家发改委和能源局联合印发的《能源发展"十三五"规划》中，储能作为能源行业的有力支撑手段被多次提及，并且对储能产业发展做了整体性的规划。《能源发展"十三五"规划》中提出要加强电力系统调峰能力建设，积极开展储能示范工程建设，推动储能系统与新能源、电力系统协调优化运行；实施能源需求响应能力提升工程，以智能电网、能源微网、电动汽车和储能等技术为支撑，大力发展分布式能源网络，增强用户参与能源供应和平衡调节的灵活性和适应能力；实施多能互补集成优化工程，积极推进储能等技术研发应用，完善配套市场交易和价格机制，开展风光水火储互补系统一体化运行示范，加快发展储电、储热、储冷等多类型、大容量、高效率储能系统，积极建设储能示范工程，合理规划建设供电、加油、加气与储能（电）站一体化设施。

4.《能源技术创新"十三五"规划》

《能源技术创新"十三五"规划》指出，围绕由能源大国向能源强国转变的总体目标，瞄准国际能源技术发展的趋势，立足我国能源技术发展现状及科技创新能力的实际情况，从2016年到2020年集中力量突破重大关键技术、关键材料和关键装备，实现能源自主创新能力大幅提升、能源产业国际竞争力明显提升，能源技术创新体系初步形成。规划强调了149项技术攻关，在新能源电力系统技术领域，重点攻克高比例可再生能源分布式并网和大规模外送技术、大规模供需互动、多能源互补综合利用、分布式供能、智能配电网与微电网等技术，在机械储能、电化学储能、储热等储能技术上实现突破，提升电网关键装备和系统的技术水平。

2.4.2 中国储能市场政策

1.《关于促进储能技术与产业发展的指导意见》

2017年2月10日，国家能源局引发《2017年能源工作指导意见》，明确要求制订实施《关于促进储能技术与产业健康发展的指导意见》，建立储能技术系统研发、综合测试和工程化验证平台，推进重点储能技术试验示范，加强储能标准体系建设，推动大容量储能应用技术产业化推广，鼓励用户在低谷期使用电力储能蓄热，积极推进已开工抽水蓄能电站和储能电站项目建设。

2017 年 10 月 11 日，国家发改委、财政部、科技部、工信部、能源局联合下发了《关于促进储能技术与产业发展的指导意见》（以下简称《储能指导意见》）。作为中国储能产业第一个指导性政策，指导意见针对现阶段我国储能技术与产业发展过程中存在的政策支持不足、研发示范不足、技术标准不足、统筹规划不足等问题，提出了未来 10 年中国储能技术和产业的发展目标和重点任务。

《储能指导意见》指出，储能是智能电网、可再生能源高占比能源系统、"互联网+"智慧能源的重要组成部分和关键支撑技术。储能是提升传统电力系统灵活性、经济性和安全性的重要手段，是推动主体能源由化石能源向可再生能源更替的关键技术，是构建能源互联网、推动电力体制改革和促进能源新业态发展的核心基础。近年来，我国储能呈现出多元发展的良好态势，总体上已经初步具备了产业化的基础。

《储能指导意见》提出通过加强组织领导、完善政策法规、开展试点示范、建立补偿机制、引导社会投资、推动市场改革等措施切实推动储能技术与产业的发展。"十三五"期间，建成一批不同技术类型、不同应用场景的试点示范项目，研发一批重大关键技术与核心装备，形成一批重点储能技术规范和标准，探索一批可推广的商业模式，培育一批有竞争力的市场主体，推动储能产业发展进入商业化初期，储能对于能源体系转型的关键作用初步显现。"十四五"期间，形成较为完整的产业体系，全面掌握国际领先的储能关键技术和核心装备，形成较为完善的技术和标准体系，基于电力与能源市场的多种储能商业模式蓬勃发展，形成一批有国际竞争力的市场主体，储能产业规模化发展，储能在推动能源变革和能源互联网发展中的作用全面展现。

《储能指导意见》明确了推进储能技术装备研发示范、储能提升可再生能源利用水平应用示范、储能提升能源电力系统灵活性及稳定性应用示范、储能提升用能智能化水平应用示范、储能多元化应用支撑能源互联网应用示范五大重点任务。储能已经成为我国构建"清洁低碳、安全高效"的现代能源产业体系，推进我国能源行业供给侧结构性改革、推动能源生产和利用方式变革的重要推动力；发展储能产业将会带动从材料制备到系统集成的全产业链发展，为提升产业发展水平、推动经济社会发展提供新动能。

2.《关于促进电储能参与"三北"地区电力辅助服务补偿（市场）机制试点工作的通知》

2016 年 6 月，国家能源局发布《关于促进电储能参与"三北"地区电力辅助服务补偿（市场）机制试点工作的通知》，该政策从明确储能身份、纳入示范项目管理、确定应用价值三个方面支持了电储能在"三北"地区电力辅助服务领域的发展。鼓励发电侧和用户侧电储能参与调峰调频辅助服务，鼓励发电企业、售电企业、电力用户、电储能企业等投资建设电储能设施。

《关于促进电储能参与"三北"地区电力辅助服务补偿（市场）机制试点工作的通知》提出"三北"地区各省（区、市）原则上可选取不超过 5 个电储能设施参与电力调峰调频辅助服务补偿（市场）机制试点，已有工作经验的地区可以适当提高试点数量。在保障电力系统安全运行的前提下，充分利用现有政策，发挥电储能技术优势，探索电储能在电力系统运行中的调峰调频作用及商业化应用，推动建立促进可再生能源消纳的长效机制。

2.4.3　地方性储能市场政策

1.《大连市人民政府关于促进储能产业发展的实施意见》

随着储能应用价值逐渐显现，各地方也加大了储能产业的发展力度，希望依托储能打造当地新的产业增长点。2016 年 6 月，大连市发布《大连市人民政府关于促进储能产业发展的实施意见》，围绕全钒液流电池和锂离子电池，打造当地的储能产业基础。

到 2020 年，大连市将初步形成储能产业创新中心主体，基本建成产业化基地，全钒液流电池储能系统能量转化效率提高到 75% 以上，电池系统成本降低到 2500 元 /kWh 以下。到 2025 年，大连市将以全钒液流电池储能装备和锂离子动力电池的研发制造为核心，以推广应用项目为支撑，形成从材料制备到系统集成全产业链的储能产业体系和总量规模、创新能力、集聚效应等综合实力较强的产业集群，储能及相关产业实现产值 500 亿元。

2. 邯郸市《关于促进储能技术与产业发展培育未来产业竞争新优势的指导意见》

2017 年 8 月，邯郸市发布《关于促进储能技术与产业发展培育未来产业竞争新优势的指导意见》，围绕钛酸锂电池储能、氢储能和新型储热储冷三大板块打造本市储能产业基础，三个板块发展目标如下：

（1）钛酸锂电池储能。通过 10 年左右的努力，基本建立从材料制备到系统集成全产业链的钛酸锂储能产业体系，形成从总量规模、创新能力和推广应用等均具有行业影响力的产业集群，打造成为全国最大的钛酸锂储能产业研发、生产、示范推广应用基地，实现产值 1000 亿元以上；

（2）氢储能。通过 10 年左右的努力，初步建立制氢、储氢、运氢、加氢、用氢的全产业链氢能产业体系，打造成为全国最大的氢能产业研发、生产、示范推广应用基地；

（3）新型储热储冷技术。密切跟踪国内外以相变材料为主要储能介质的新型储热储冷技术研发进展，针对低温、中温、高温相变材料不同应用领域，重点在太阳能发电采用相变材料蓄热、建筑材料采用相变涂料蓄热蓄冷保温节能、相变冷链物流等环节，推进产业化进程和示范应用。

3. 地方辅助服务市场建设政策

我国地方性辅助服务市场建设率先于东北地区启动。继 2016 年国家能源局下发《关于促进电储能参与"三北"地区电力辅助服务补偿（市场）机制试点工作的通知》，首次给予电储能独立身份参与调峰调频辅助服务之后，东北能监局于 2016 年底先后出台《东北电力辅助服务市场专项改革试点方案》和《东北电力辅助服务市场运营规则（试行）》，特别提出了电储能参与辅助服务市场调峰应用的价值，即蓄电设施通过在低谷或弃风弃核时段吸收电力，在其他时段释放电力，从而提供调峰辅助服务。

2017 年以来，山东、福建、新疆、山西先后发布辅助服务市场化建设试点方案和市场交易规则，如表 2-4 所示。各地结合自身的电源结构特点，以市场化交易为主要手段，对自动发电控制（AGC）调频和有偿调峰交易制定了明确的市场运营规则。储能也迎来了不同的发展应用机遇。《山东电力辅助服务市场运营规则（试行）》《福建省电力辅助服务（调峰）交易规则（试行）》《新疆电力辅助服务市场运营规则（试行）》《山西省电力辅助服务市场化建设试点方案》分别结合当地电力发展特点，进一步对电储能的补偿方式进行了明确，即"在火电厂计量出口内的电储能设置按照火电机组深度调峰进行补偿；在可再生能源电站计量出口内的电储能设施由储能投资方和电站协商确定补偿费用；用户侧电储能可与风电、光伏及其他发电企业进行双边协商确定补偿费用"。

表 2-4　　　　　　　2017 年中国各地方辅助服务市场建设相关政策

序号	政策名称	发布机构	发布时间
1	《东北电力辅助服务市场专项改革试点方案》	东北能监局	2016 年 11 月
2	《东北电力辅助服务市场运营规则（试行）》		
3	《山东电力辅助服务市场运营规则（试行）》	山东能监办	2017 年 6 月
4	《福建省电力辅助服务（调峰）交易规则（试行）》	福建能监办	2017 年 7 月
5	《甘肃省电力调峰辅助服务市场运营规则（试行）》	甘肃能监办	2017 年 9 月
6	《新疆电力辅助服务市场运营规则（试行）》	新疆能监办	2017 年 9 月
7	《山西省电力辅助服务市场化建设试点方案》	山西能监办	2017 年 10 月
8	《关于鼓励电储能参与山西省调峰调频辅助服务有关事项的通知》	山西能监办	2017 年 11 月
9	《河南电网并网发电厂调峰辅助服务的补充规定（试行）》	河南能监办	2017 年 12 月
10	《南方区域电化学储能电站并网运行管理及辅助服务管理实施细则（试行）》	南方能监局	2018 年 1 月

电储能设施既可在电源侧，也可在负荷侧为电网提供调峰辅助服务。各地电力辅助服务市场的建立和交易产品的确定，使储能设施在利用削峰填谷获得收益之外，还可以通过提供电网调频服务获得了新的价值增长点，这是我国在电力体制改革工作和支持储能系统应用方面迈出的关键一步。储能可以通过市场化的方式发挥其在参与电力系统调峰调频、提高系统灵活性稳定性等方面应用价值并获取经济回报，将极大地激发国内储能企业参与辅助服务市场、探索商业化应用的热情。

（1）东北地区。2016年11月，国家能源局东北能监局发布《东北电力辅助服务市场专项改革试点方案》和《东北电力辅助服务市场运营规则（试行）》，率先开启我国的区域化辅助服务市场改革试点。东北地区允许电储能可在电源侧或负荷侧为电网提供调峰辅助服务，鼓励供热电厂投资建设储能调峰设施，同等条件下优先调用其调峰资源。对于电储能调峰交易，充电功率在1万千瓦及以上、持续充电时间4小时以上的电储能设施，可参加发电侧调峰辅助服务市场。对于可中断负荷调峰交易，市场初期主要为电蓄热设施，通过电网低谷时段用电，为电网提供调峰辅助服务交易。

（2）山东地区。2017年7月，国家能源局山东监管办公室发布《山东电力辅助服务市场运营规则（试行）》，在山东开展有偿调峰和AGC辅助服务市场建设。电力调度机构对调峰辅助服务不同交易品种按照经济性调用，即优先调用无偿及低价的调峰资源。在AGC方面，按照"价格优先，时间优先，按需调度"的原则调用。

（3）福建地区。2017年7月，国家能源局福建监管办公室发布《福建省电力辅助服务（调峰）交易规则（试行）》。福建地区允许电储能既可在发电侧，也可在负荷侧或以独立市场主体为系统提供调峰等辅助服务。对于电储能设施作为电力市场主体参与电储能调峰交易，其充放电状态接受电力调度统一调度指挥，并且充电规模不小于10MW/40MWh。在电厂计量出口内建设的电储能设施，作为电厂储能放电设备改善机组调频调峰等发电性能，可与机组联合参与调频调峰。

（4）甘肃地区。2017年9月，国家能源局甘肃监管办公室发布《甘肃省电力调峰辅助服务市场运营规则（试行）》。火电机组（含供热机组）有偿调峰基准为其额定容量的50%，有偿调峰基准点应是一个体现市场供求关系的动态平衡点；实时深度调峰交易模式为日前申报、日内调用；电储能用户需向调峰服务平台提交包含交易时段、15分钟用电电力曲线、交易价格等内容的交易意向，市场初期电储能用户申报价格的上限、下限分别为0.2元/kWh、0.1元/kWh。

（5）新疆地区。2017年9月，国家能源局新疆监管办公室发布《新疆电力辅助服务市场运营规则（试行）》。新疆地区鼓励发电企业、售电企业、电力用户、独立辅助服务提供商等投资建设储能调峰设施，要求充电功率在1万千瓦及以上、持续充电时间 4 小时以上；在火电厂计量关口出口内建设的电储能设施，与机组联合参与调峰，按照深度调峰管理、费用计算和补偿；由电储能设施投资运营方与风电场、光伏电站自主协商确定补偿费用，释放电量等同于发电厂发电量，按照发电厂相关合同电价结算。

（6）山西地区。2017 年 10 月和 11 月，国家能源局山西监管办公室先后发布《山西省电力辅助服务市场化建设试点方案》和《关于鼓励电储能参与山西省调峰调频辅助服务有关事项的通知》。前者提出引导新能源发电机组、电储能设备运营方、售电企业、电力用户等市场主体参与辅助服务市场，激励新兴产业与技术发展。后者更是首个地方发布的关于电储能参与辅助服务的政策规定。根据山西的规划，首批开展的电储能参与调峰试点项目规模不超过 30 万千瓦，首批调频试点容量规模不超过 12 万千瓦。其中独立参与调峰的单个电储能设施额定容量应达到 10MW 及以上（联合调峰容量暂不受限制），额定功率持续充电时间应在 4 小时及以上。独立参与调频的电储能设施额定功率应达到 15MW 及以上，持续充放电时间达到 15min 以上，单个联合调频项目容量应达到机组额定容量 3% 或 9MW 及以上，持续充放电时间达到 15 分钟以上。

（7）河南地区。2017 年 12 月，国家能源局河南监管办公室发布《河南电网并网发电厂调峰辅助服务的补充规定（试行）》，适用于河南电网内省级及以上电力调度机构直调的公用火电机组。各电网企业的调峰服务从 2018 年 1 月开始模拟试运行，限时两个月，3 月 1 日开始正式执行。鼓励发电单元参与电网调峰，调峰能力低、不参加调峰或反调峰的单元向调峰能力强且参与调峰的单元提供相应的补偿。供热期间当天低谷时段最低系统负荷率小于或等于 0.6 时，即可启动运行机组调峰辅助服务。

（8）南方地区。2018 年 1 月，国家能源局南方监管局发布《南方区域电化学储能电站并网运行管理及辅助服务管理实施细则（试行）》，南方区域指广东、广西、云南、贵州、海南五省（区）。本细则适用于南方区域地市级及以上电力调度机构直接调度的并与电力调度机构签订并网调度协议的容量为 2MW/0.5h 及以上的储能电站。储能电站根据电力调度机构指令进入充电状态的，按其提供充电调峰服务统计，对充电电量进行补偿，具体补偿标准为 0.05 万元 /MWh。

2.4.4 储能示范应用相关政策

储能在构建智慧能源系统、提高电力系统调节能力、促进可再生能源消纳、提升负荷侧响应水平和发展分布式能源系统等方面的应用价值已经得到认可。并且正在成为未来电力、可再生能源和能源互联网等领域解决发展瓶颈、实现发展目标的一项重要支撑技术。因此，可再生能源、需求侧管理、电力体制改革、智慧能源系统建设、新能源汽车推广应用等领域的政策也在间接推动、影响和支持着中国储能产业的发展。

1. 新能源微电网示范项目

在新能源微电网领域，2015 年 7 月，国家能源局发布《关于推进新能源微电网示范项目建设的指导意见》，新能源微电网示范项目建设工作的启动是建立容纳可再生能源电力的发输（配）储用一体化的局域电力系统做出的一次有效探索。储电蓄热及高效用能技术与分布式能源相结合，不仅能够实现本地能源生产与用能负荷基本平衡，而且可以根据需要与公共电网灵活互动且相对独立运行。2017 年 5 月，《关于印发新能源微电网示范项目名单的通知》发布，共有 28 个项目入选，重点探索技术集成应用和运营管理模式、市场化交易机制创新，其中的 26 个项目都配套设计了电储能或蓄热系统。

2. "互联网 +" 智慧能源示范项目

在 "互联网 +" 智慧能源领域，2016 年 2 月，国家发改委、能源局、工信部印发《关于推进 "互联网 +" 智慧能源发展的指导意见》。国家非常重视以 "互联网 +" 智慧能源为代表的能源产业的创新发展，能源供应和安全关系我国经济社会发展的全局，要推进 "互联网 +"，推动互联网与能源行业深度融合，促进智慧能源发展，提高能源绿色、低碳、智能发展水平，走出一条清洁、高效、安全、可持续的能源发展之路，为经济社会持续健康发展提供支撑。能源互联网可进行集中式储能管控，能集中管控分布式能源和集中式电网建设和发电建设有很好的协同关系，能够给集中式发电和集中式电网的管控、调度带来很大帮助。2017 年 3 月，《首批 "互联网 +" 智慧能源（能源互联网）示范项目入选名单》发布，共有 56 个项目入选，近 60% 的项目包含储能单元。

3. 多能互补集成优化示范工程

在多能互补集成优化工程领域，2016 年 6 月，国家发改委、能源局联合下发《关于推进多能互补集成优化示范工程建设的实施意见》，以面向终端用户电、热、冷、气等多种用能需求的终端一体化集成供能系统和基于大型综合能源基地的风、光、水、火、储、多能互补系统等两种模式，实施多能互补集成优化示范工程。2016 年 12 月，《首批多能互补集成优化示范工程入选项目名单》发布，共有 23 个项目入选。其中，终端一体化集成供能系统 17 个，风、光、水、火、储、多能互补系统 6 个。

4. 大连液流电池储能调峰电站国家示范项目

2017 年 4 月国家能源局印发《关于同意大连液流电池储能调峰电站国家示范项目建

设的复函》，批复同意大连市组织开展国家化学储能调峰电站示范项目建设。大连液流电池储能调峰电站（200MW/800MWh）国家示范项目总投资 35 亿元人民币，是迄今为止世界最大的化学储能调峰电站项目，将全部采用全钒液流电池。该项目主要依托以钒为活性物质呈循环流动液态的氧化还原电池技术。钒电池作为储能系统具有容量大、转换迅速、无污染、操作成本低、安全性高、使用寿命长等特点，与传统的蓄水储能、机械储能相比，这种新型的大功率化学储能方式不受地理位置的限制，正成为全世界发达国家研究和利用的热点。

2.4.5 储能技术创新支持政策

随着储能在电力系统发输配用各个环节应用价值逐渐显现，储能技术和装备的研发和性能提升也成为我国能源科技创新的重点任务。作为安全清洁高效的现代能源技术，储能在《能源发展战略行动计划（2014—2020 年）》《能源技术革命创新行动计划（2016—2030 年）》《国家创新驱动发展战略纲要》《中国制造 2025——能源装备实施方案》《能源生产和消费革命战略（2016—2030）》《能源技术创新"十三五"规划》等多项能源技术和装备创新发展政策中被重点提及，具体政策内容如表 2-5 所示。

表 2-5 　　　　　　　　　　与储能相关的能源技术装备创新发展规划

序号	政策名称	发布机构	发布时间
1	《能源发展战略行动计划（2014—2020 年）》	国务院	2014 年 6 月
2	《能源技术革命创新行动计划（2016—2030 年）》	国家发改委、能源局	2016 年 4 月
3	《国家创新驱动发展战略纲要》	国务院	2016 年 5 月
4	《中国制造 2025——能源装备实施方案》	国家发改委、工信部、能源局	2016 年 6 月
5	《能源生产和消费革命战略（2016—2030）》	国家发改委、能源局	2016 年 12 月

围绕储能技术和装备，国家一系列能源科技政策一方面勾画了储能技术研发、装备制造、示范工程的路线图，另一方面着力提升储能的技术经济性，为其在电力系统中的大规模商业化应用奠定基础。未来，我国将从原理、关键材料、单体、模块、系统和回收技术等产业链的各个环节，全面发展包括压缩空气储能、飞轮储能，超导磁储能、超级电容器、铅酸电池、锂离子电池、钠硫电池、液流电池等先进大容量电储能技术，以及储热、储冷、储氢等储能技术，推动我国储能技术装备水平提升和储能产业的规模化发展。

1.《能源发展战略行动计划（2014—2020 年）》

2014 年 6 月，国务院印发《能源发展战略行动计划（2014—2020 年）》，提出将优化能源结构列为我国能源发展的主要任务之一，强调要大力发展可再生能源，到 2020 年，非化石能源占一次能源消费比重达到 15%。

对于具体发展指标，在风电方面，大力发展风电，建设 9 个大型现代风电基地以及配套送出工程，积极发展分散式风电，稳步发展海上风电，到 2020 年，风电装机达到 2 亿 kW，风电与煤电上网电价相当；在太阳能方面，加快发展太阳能发电，到 2020 年光伏装机达到 1 亿 kW 左右，光伏发电与电网销售电价相当。同时提出，要提高可再生能源利用水平，科学安排调峰、调频、储能配套能力，切实解决弃风、弃水、弃光问题。此外，《能源发展战略行动计划（2014—2020 年）》还将储能列入 9 个重点创新领域之一，储能技术的发展与创新将成为我国可再生能源利用的一个重要的技术保障。

2.《能源技术革命创新行动计划（2016—2030 年）》

2016 年 4 月，国家发改委、能源局印发《能源技术革命创新行动计划（2016—2030 年）》，并同时发布了《能源技术革命重点创新行动路线图》，计划中列举了包括氢能与燃料电池技术创新、先进储能技术创新、高效太阳能利用创新等 15 项重点任务。

《能源技术革命重点创新行动路线图》明确了上述 15 项重点任务的具体创新目标、行动措施以及战略方向。战略方向包括：①储热 / 储冷，重点在太阳能光热的高效利用、分布式能源系统大容量储热（冷）等方面开展研发与攻关；②物理储能，重点在电网调峰提效、区域供能的物理储能应用等方面开展研发与攻关；③化学储能，重点在可再生能源并网、分布式及微电网、电动汽车的化学储能应用等方面开展研发与攻关。

在储能技术发展目标方面，到 2020 年目标为：突破高温储热的材料筛选与装置设计技术、压缩空气储能的核心部件设计制造技术，突破化学储电的各种新材料制备、储能系统集成和能量管理等核心关键技术。示范推广 10MW/100MWh 超临界压缩空气储能系统、1MW/1000MJ 飞轮储能阵列机组、100MW 级全钒液流电池储能系统、10MW 级钠硫电池储能系统和 100MW 级锂离子电池储能系统等一批趋于成熟的储能技术。到 2030 年目标为：全面掌握战略方向重点布局的先进储能技术，实现不同规模的示范验证，同时形成相对完整的储能技术标准体系，建立比较完善的储能技术产业链，实现绝大部分储能技术在其适用领域的全面推广，整体技术赶超国际先进水平。到 2050 年展望为：积极探索新材料、新方法，实现具有优势的先进储能技术储备，并在高储能密度低保温成本热化学储热技术、新概念电化学储能技术（液体电池、镁基电池等）、基于超导磁和电化学的多功能全新混合储能技术等实现重大突破，力争完全掌握材料、装置与系统等各环节的核心技术。全面建成储能技术体系，整体达到国际领先水平，引领国际储能技术与产业发展。

3.《国家创新驱动发展战略纲要》

2016 年 5 月，中共中央、国务院印发《国家创新驱动发展战略纲要》提出发展安全清洁高效的现代能源技术，推动能源生产和消费革命，加快核能、太阳能、风能、生物质能等清洁能源和新能源技术开发、装备研制及大规模应用，攻克大规模供需互动、储能和并网关键技术。

4.《中国制造 2025——能源装备实施方案》

2016 年 6 月，国家发改委工信部能源局印发《中国制造 2025——能源装备实施方案》中，确定了煤炭绿色智能采掘洗选装备、油气储运和输送装备、储能装备等 15 个领域的发展任务，并明确资金支持、税收优惠、鼓励国际合作等五大保障措施。

在储能领域涉及抽水蓄能、压缩空气储能、飞轮储能、高温超导磁储能、大容量超级电容器、液流电池等诸多储能技术，并对技术发展指标作了明确，其中要求：抽水蓄能要在单机 40 万 kW 级、500m 水头以上高水头大容量抽水蓄能机组和调速范围 ±10% 可变速抽水蓄能机组上实现技术攻关；储能装备方面，要着力发展和掌握 10MW 级压缩空气储能装备、1MW/1000MJ 飞轮储能工业示范单机 / 阵列机组、5MJ/2.5MW 以上高温超导磁储能磁体、能量密度 30Wh/kg 且功率密度 5000W/kg 的超级电容器单体、10MW 级液流电池储能成套设备等多种类、全方面的储能技术，确定示范工程，推动关键储能技术的试验示范。

5.《能源生产和消费革命战略（2016—2030）》

2016 年 12 月，国家发改委、能源局印发《能源生产和消费革命战略（2016—2030）》，提出把握能源发展大势，充分认识能源革命紧迫性，认识到世界能源技术创新进入活跃期，发展大规模储能技术势在必行，要加快发展先进储能技术，全面建设"互联网 +"智慧能源。推动互联网与分布式能源技术、先进电网技术、储能技术深度融合，发展可变速抽水蓄能技术，推进飞轮、高参数高温储热、相变储能、新型压缩空气等物理储能技术的研发应用，发展高性能燃料电池、超级电容等化学储能技术，研发支持即插即用、灵活交易的分布式储能设备。

本 章 小 结

本章系统分析了全球和中国储能市场发展规模、现状、特点和政策环境。

就全球而言，随着可再生能源装机增加，面对随之而来的电力系统灵活性问题，各国对于储能系统的应用价值已经形成普遍认可，用户侧和电网侧储能将从电源侧和负荷侧共同发力，推动储能市场的规模化发展。本章围绕美国、德国、日本、澳大利亚和英国等国际主要储能市场，从发展特点出发，分析市场背后的产业政策环境。制定储能产业发展目标、加大储能技术研发支持力度、开展储能示范项目、对于储能应用给予安装补贴激励政策、修改电力市场规则、优化储能市场环境等都是各国推动储能产业发展的主要着力方向。

对我国而言，政府和社会对于储能应用价值的认可、市场稳定发展的预期已经形成，中国储能市场正在朝着商业化方向快速迈进。国家多项能源规划政策已经将储能作为重点研究和创新发展领域之一，作为中国储能产业第一个国家级政策，《储能指导意见》更是明确了我国储能产业的发展目标和主要任务。技术装备和应用示范共同推进，着力破解储能商业化应用过程中的机制障碍，将成为我国储能产业未来发展的主要趋势。

电化学储能技术路线及关键技术 3

电化学储能技术主要是利用化学元素作储能介质，通过这些元素之间的化学反应而实现充放电过程的一类储能技术。电化学储能技术是电能存储的一个重要分支，其优点在于配置灵活方便、响应速度快、能量转换不受卡诺循环限制、适合规模化应用和批量化生产等优点，但同时存在循环寿命有限、成本高、安全性有待提高等缺点，这也是电化学储能技术需要重点突破的方向。目前，在电力系统中应用较为广泛的电化学储能技术主要包括铅酸电池、锂离子电池、钠硫电池和液流电池等。近年来，这几类电化学储能技术在能量转换效率、安全性和经济性方面均取得了重大突破，极具产业化应用前景。

3.1 铅酸电池

3.1.1 铅酸电池的基本原理和性能特点

铅酸电池是利用铅在不同价态之间的固相反应实现充放电的一种蓄电池。铅酸电池从问世至今已有150多年的发展历程，自发明以来依靠低廉成本与高可靠性一直活跃于电化学储能市场，是目前产量最大和工业、通信、交通、电力系统应用最广的二次电池体系，行业整体已具备较为成熟的技术体系和产业链。

传统铅酸电池的电极由铅及其氧化物制成，电解液采用硫酸溶液。在荷电状态下，铅酸电池的正极主要成分为二氧化铅，负极主要成分为铅；放电状态下，正负极的主要成分均为硫酸铅。放电时，正极的二氧化铅与硫酸反应生成硫酸铅和水，负极的铅与硫酸反应生成硫酸铅；充电时，正极的硫酸铅转化为二氧化铅，负极的硫酸铅转化为铅。其开路电压为2.1V，基本的电池反应分别如式（3-1）~式（3-3）所示。

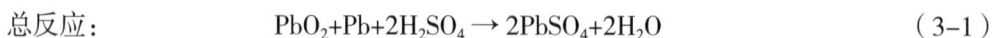

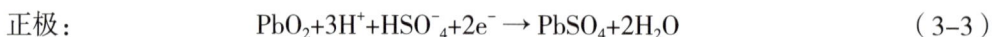

总反应：$PbO_2 + Pb + 2H_2SO_4 \rightarrow 2PbSO_4 + 2H_2O$ （3-1）

负极：$Pb + HSO_4^- \rightarrow PbSO_4 + 2e^- + H^+$ （3-2）

正极：$PbO_2 + 3H^+ + HSO_4^- + 2e^- \rightarrow PbSO_4 + 2H_2O$ （3-3）

铅酸电池结构主要由极板、栅板、隔板、电解质密封环、安全阀、连接单元、壳体等组成，如图 3-1 所示。铅酸电池具有原材料来源丰富、安全可靠、技术成熟、成本低廉、工艺简便、适应性强并可制成密封免维护结构等优点，并且工作温度宽泛，达到 –40℃~+40℃的水平，低温性能远好于锂离子电池，在汽车启动电源、UPS 及 EPS（应急电源）等传统领域中应用广泛。然而传统铅酸电池由于循环寿命短、能量转换效率偏低，无法满足电力系统储能应用所需长循环寿命和高能量转换效率的要求，其总体成本优势难以体现出来，于是铅炭电池等新型铅酸电池应运而生。

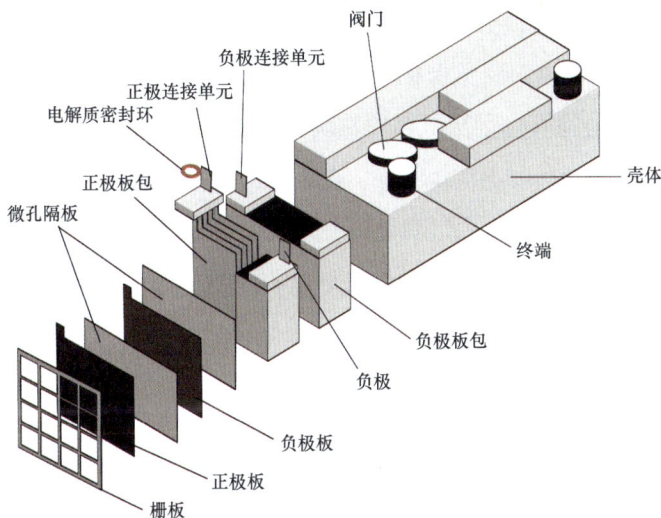

图 3-1　铅酸电池结构组成示意图

铅炭电池是在传统铅酸电池的铅负极中掺入具有电容特性的碳材料而形成的新型储能装置，正极是二氧化铅，负极是铅 – 炭复合电极，其开路电压和基本电池反应同传统铅酸电池。由于活性炭材料发达的孔隙结构，使其具有高比表面积，将其应用于铅酸电池负极中不仅可以增加电池电容特性，还能够提供反应离子的传输通道，使得电池循环寿命大幅提升。

普通铅酸电池放电时铅负极首先生成 Pb^{2+} 离子，然后与附近电解液中的 HSO_4^- 离子反应，生成不溶性的 $PbSO_4$。在大电流放电时，Pb^{2+} 离子生成速率加快，其与 HSO_4^- 离子反应速度大于 HSO_4^- 离子扩散速度，因此，HSO_4^- 离子无法从电极表面扩散至负极内部，导致 $PbSO_4$ 晶体不断在负极表明形成致密 $PbSO_4$ 层，进一步阻碍 HSO_4^- 离子进入电极内部，使得电极电化学可逆性降低，影响电池循环寿命。

通过在负极表面添加分级孔结构的活性炭材料，利用其中的微米级孔隙构建 HSO_4^- 离子扩散迁移的通道。活性炭孔道内部在反应过程中不会生成 Pb^{2+} 离子，孔内 Pb^{2+} 离子浓度较低，不会因为与 HSO_4^- 反应生成致 $PbSO_4$ 晶体而引起孔道堵塞。负极表明在大电流放电时，虽然电极表层活性物质转化为 $PbSO_4$ 晶体，但是由于多孔炭的存在，溶液 HSO_4^- 离子仍可以通过多孔炭的微米级孔道从溶液中扩散到电极内部，与内部活性物质发生反应，$PbSO_4$ 晶体分布更为均匀，减少了 $PbSO_4$ 晶体在电极表面的富集，抑制了 $PbSO_4$ 阻挡层的形成。

铅炭电池负极炭材料的掺入有"内并"或"内混"两种形式，如图 3-2 所示。"内并模式"下电池负极由单独制作的铅材料与炭材料并联组成，是一种分裂的电极形式。由于存在两种负极材料，因此在充放电过程中，负极的充放电电流同时存在具有电容器性质电流分量和常规铅酸电池负极电流分量两种，因炭材料的加入而产生的电容器电极作为电流的缓冲器，起到分散大电流对铅负极板冲击的作用，进而增强高倍率充放电的性能。"内混模式"下电池负极为掺入少量炭材料的整块铅材料。少量掺入的炭材料即可提高负极材料的比表面积以增加负极材料的电导率，减少负极硫酸盐化，延长电池寿命。由于"内并模式"的碳材料需求量大，且大量炭材料聚集产生的析气问题易导致电池电解液失水，因此目前国内铅炭电池以"内混模式"为主。

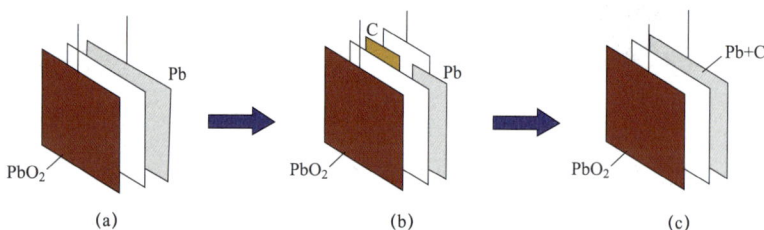

图 3-2　铅炭电池结构示意图
(a) 传统铅酸电池；(b) "内并"式铅炭电池；(c) "内混"式铅炭电池

铅炭电池兼具铅酸电池与超级电容器的特点，大幅改善了传统铅酸电池各方面的性能。其技术优点是：①充电倍率高；②循环寿命长，是传统铅酸电池 4~5 倍；③自放电率低，再生利用率高达 97%，远高于其他化学电池；④原材料资源丰富、成本较低，为传统铅酸电池的 1.5 倍左右，远低于锂离子电池；⑤安全性好，应用领域广泛。

传统铅酸电池和铅炭电池的主要性能参数如表 3-1 所示。由表 3-1 可以看出，铅炭电池的出现使得铅酸系电池的功率密度及循环次数大幅提高，接近主流锂离子电池，而成本却仍处于较低水平。铅炭电池的出现使得铅酸系电池技术经济性进一步提升，大幅推动了高性能铅酸系电池的商业化应用前景。

表 3-1 铅酸电池和铅炭电池的主要性能参数

电池种类	技术成熟度	能量密度	功率密度	功率等级	持续放电时间
传统铅酸电池	商用	25~50Wh/kg	<150W/kg	0~20MW	秒 - 小时
铅炭电池	示范	25~50Wh/kg	150~500W/kg	0~20MW	秒 - 小时
电池种类	能量转换效率	自放电率	循环次数	服役年限	响应速度
传统铅酸电池	70%~85%	1%/月	200~800 次	5 年	< 10ms
铅炭电池	70%~85%	1%/月	1000~3000 次	5~8 年	< 10ms

3.1.2 国内外应用现状

传统铅酸电池已经发展成为最成熟的一类电化学储能技术，其商业化产品众多，广泛应用于交通运输、通信、电力、国防、航海和航空等领域。与其他电化学储能技术相比，颇具价格优势，市场前景广阔，再加上近几年诸如铅炭电池等改性铅酸电池的出现，在一定程度上提升了传统铅酸电池的循环寿命、能量转换效率等技术性能，使得铅酸电池成为一些分布式发电及微网项目业主方的首选技术之一，这类项目虽然单个项目装机规模不大，但项目数量较多。

根据 CNESA 项目库不完全统计，截至 2017 年底，全球已投运铅酸电池项目的累计装机规模 204.9MW，占全球已投运电化学储能项目累计装机的 7%，主要应用于集中式可再生能源并网和工商业用户侧领域。国内市场中，已投运铅酸电池项目的累计装机规模 140.3MW，占国内已投运电化学储能项目累计装机的 36%，主要应用于工商业用户侧领域。

3.1.3 铅酸电池关键技术分析

铅酸电池的技术发展路线始终围绕着提高循环寿命及安全性这两个目标而前进，其关键技术主要包括板栅合金制备技术、正负极和隔板材料开发及结构设计技术、电池密封与免维护技术、电池充电管理与温度控制技术等。

铅炭电池由于具备较好的技术经济性，能够符合规模化储能的长寿命、低成本和高安全性的要求，是目前铅酸电池领域主要攻关方向之一。从目前的性能指标来看，铅炭电池的性能还有很大的提升空间，其技术发展是以提高铅炭电池综合性能为主线，发展趋势是提高电池的能量密度、循环寿命和能量转换效率，开发廉价、高性能碳材料，进一步降低电池成本。在这一发展趋势下，铅炭电池的关键技术集中在：不同碳材料对铅炭电池性能提升的作用机制、高电子导电率和离子导电率及廉价碳材料的制备技术、长寿命铅炭复合电极的制造技术、抑制铅炭电池负极析氢技术、高能量密度的纳米活性电极材料制备技术等方面。

3.2 锂离子电池

3.2.1 锂离子电池的基本原理和性能特点

锂离子电池是以锂离子为活性离子，充放电时锂离子经过电解液在正负极之间脱嵌，将电能储存在嵌入（或插入）锂的化合物电极中的一种储能技术，是目前能量密度最高的实用二次电池（充电电池）。

锂离子电池的工作原理如图 3-3 所示，电池充电时，锂离子从正极脱嵌，穿过电解质和隔膜嵌入负极，使得负极处于富锂态，正极处于贫锂态，同时电子的补偿电荷从外电路供给到负极，保证负极的电荷平衡；放电时则相反，锂离子从负极脱嵌，穿过电解质和隔膜重新嵌入正极，正极回到富锂态。因此，锂离子电池实质为一种锂离子浓差电池，依靠锂离子在正负极之间的转移来完成充放电工作。以正极为磷酸铁锂，负极为碳材料的锂离子电池为例，其总化学反应和负极、正极化学反应分别如式（3-4）~式（3-6）所示。

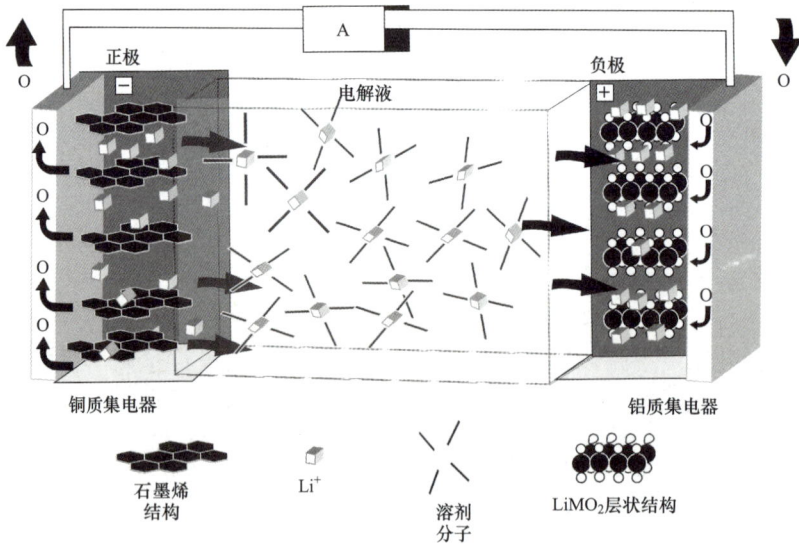

正极　　　　　　　　　　　　　　　　负极
电解液
铜质集电器　　　　　　　　　　　　铝质集电器
石墨烯结构　　　　Li^+　　　溶剂分子　　　$LiMO_2$层状结构

图 3-3　锂离子电池工作原理示意图

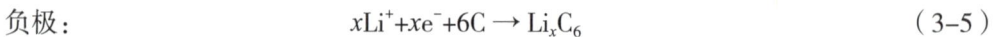

$$总反应：\qquad LiFePO_4+6C \rightarrow Li_{1-x}FePO_4+Li_xC_6 \qquad (3-4)$$

$$负极：\qquad xLi^++xe^-+6C \rightarrow Li_xC_6 \qquad (3-5)$$

$$正极：\qquad LiFePO_4 \rightarrow Li_{1-x}FePO_4+xLi^++xe^- \qquad (3-6)$$

在正常充放电的情况下，锂离子在均为层状结构的正负极材料层间嵌入和脱嵌，一般只引起层面间距变化，不破坏晶体结构，在充放电过程中，电极材料的化学结构基本不变。因此，锂离子电池反应是一种理想的可逆反应，从而保证了电池的长循环寿命和高能量转换效率。

锂离子电池主要由材料（正极、负极）、隔膜、电解液和壳体等组成，其材料种类丰富多样。适合作正极的含锂化合物有钴酸锂、锰酸锂、磷酸铁锂等二元或三元材料；负极采用锂 – 碳层间化合物，主要有石墨、软碳、硬碳、钛酸锂等；电解液为含有锂盐（如 $LiPF_6$、$LiBF_4$）的碳酸酯类有机电解液（如 EC、EMC、DMC[①]等）。

与铅酸电池相比，锂离子电池具有如下优点：①高能量密度，锂离子电池体积能量密度可达 350Wh/L，质量能量密度可达 200Wh/kg，且还在不断提升；②高功率密度，目前三元锂电池质量功率密度已达到 3000W/kg；③高达 95% 以上的能量转换效率；④长循环寿命，锂离子电池的循环寿命均在 500 次以上，磷酸铁锂和三元锂可达 3000 次以上，浅充浅放下电池的循环寿命更长；⑤无记忆效应，可进行不同深度的充放电循环；⑥易快充快放，锂离子的充电倍率一般在 0.5~3C，充电时间在 0.5~2h。锂离子电池主要缺点包括：①采用有机电解液，存在较大的安全隐患，安全性有待提高；②循环寿命和成本等指标尚不能满足电力系统储能应用的需求。

不同种类材料锂离子电池技术的能量密度、循环寿命等性能各异，磷酸铁锂电池、镍钴锰酸锂电池、钛酸锂电池的主要性能参数如表 3-2 所示。

表 3-2　　　　　　　　　　　锂离子电池主要性能参数

正 / 负极材料	技术成熟度	能量密度	功率密度	功率等级	持续放电时间
磷酸铁锂	商用	150Wh/kg	1500~2000W/kg	0~32MW	秒 – 小时
镍钴锰酸锂	商用	220Wh/kg	3000W/kg	0~32MW	秒 – 小时
钛酸锂（负）	示范 – 商用	110Wh/kg	3000W/kg	0~32MW	秒 – 小时
正 / 负极材料	能量转换效率	自放电率	循环次数	服役年限	响应速度
磷酸铁锂	90%~95%	1.5%/ 月	3000~5000 次	8 年	毫秒级
镍钴锰酸锂	>95%	2%/ 月	5000~6000 次	8 年	毫秒级
钛酸锂（负）	>95%	2%/ 月	≥ 10000 次	10 年	毫秒级

3.2.2　国内外应用现状

近年来，由于各国大力发展电动汽车技术，综合性能较好的锂离子电池被大量应用于电动汽车，使得锂离子电池迅速发展，其技术成熟度明显优于其他二次电池。在储能用锂离子电池方面，以美国和日本为代表的发达国家已加大研发投入并开展多个锂离子

---

① EC：碳酸乙烯酯；EMC：碳酸甲乙酯；DMC：碳酸二甲酯。

电池储能示范工程项目。国内的中国电力科学研究院、比亚迪股份有限公司、东莞新能源科技有限公司和万向电动汽车有限公司等单位也开展了研究。这些单位的研究成果在位于河北省张北县的国家风光储输示范工程（以下简称"张北示范"）中均得到了应用。

现阶段，锂离子电池已广泛应用在电力系统的各个环节，包括在发电侧辅助传统机组动态运行，延缓新建机组投资；参与辅助服务市场，提供调频、备用等服务；在输配侧延缓输配电设施升级、保障输配侧供电可靠性、安全性等；在用户侧帮助用户实现需量电费管理、峰谷价差套利、提高供电可靠性及电能质量等；在大型可再生能源发电场站，帮助平滑新能源发电出力、跟踪计划出力等；以独立储能电站形式提供调峰服务；还可以电动汽车动力电池（或者退役电池）作为一种储能单元，应用于电力系统。

据 CNESA 项目库不完全统计，截至 2017 年底，全球已投运锂离子电池项目的累计装机规模 2213MW，占全球已投运电化学储能项目累计装机的 76%，主要应用于电力辅助服务领域。国内市场中，已投运锂离子电池项目的累计装机规模 227MW，占国内已投运电化学储能项目累计装机的 60%，主要应用于集中式可再生能源并网和工商业用户侧领域。

3.2.3　储能型锂离子电池关键技术分析

锂离子电池的电化学性能主要取决于所用电极材料和电解质材料的结构和性能，其中正极材料是锂离子电池中最为关键的材料，它决定了电池的主要性能，正极材料的发展一定程度上代表了锂离子电池的发展，不同正极材料的锂离子电池性能差异很大。

主流锂离子电池正极材料从早期的钴酸锂、锰酸锂，到近年发展迅速的三元材料，因它们具有电池能量密度高、能量转换效率高、工作电压高、环境友好等优势，使其早期大量应用在消费电子类产品上。随后随着大型动力设备如电动汽车的兴起，在市场导向下，锂离子电池的主流技术路线逐渐转移为追求更高的能量密度和功率密度，以适应大型动力设备的要求。而从电力储能领域的需求来看，上述优势得不到发挥。例如，储能领域对于电池重量并不敏感，因此，上述锂离子电池高能量密度、高功率密度的优点不能得以体现。与此同时，电力储能领域最为看重的电池循环寿命、安全性、经济性等特点却是上述锂离子电池的劣势。因此，为了实现锂离子电池在电力储能领域的规模化应用，必须舍弃以往专注于提高能量密度和功率密度的研发思路，转为专门开发以长寿命、高安全、低成本为突出特征的储能型电池。

在这种背景下，锂离子正极材料中的一个小分支：磷酸铁锂因其只有 150Wh/kg 的能量密度以及低倍率性能本已逐渐被动力电池市场淘汰，却因其长循环寿命、高安全性以及相比其他锂离子电池而言较低的成本使其在电力储能市场焕发生机，成为锂离子电池在电力储能领域的代表。在张北示范中，磷酸铁锂电池作为锂离子电池的代表被大规模采用,如图 3-4 所示。张北示范采用了四个不同供应商的四种不同磷酸铁锂电池,总容量达到 63MWh,占储能电站总能容量的 75%,储能系统设备参数详见表 3-3。

磷酸铁锂电池的主要性能优点有:①能量转换效率高,达到 90%~95%;②能量密度以及功率密度较虽在锂离子电池中处于较低水平,但仍明显高于其他电池技术;③循

图 3-4　张北示范储能电站磷酸铁锂电池

(a) 磷酸铁锂单体电池;(b) 磷酸铁锂电池模块;(c) 锂离子电池的成组及系统集成;(d) 3 号厂房磷酸铁锂电池柜

表 3-3　　　　　　　　张北示范磷酸铁锂电池储能系统设备参数一览表

项目		1 号厂房	2 号厂房		3 号厂房
厂房建筑面积（m²）		2471	2179		4219
单元编号		C001~C003	C004	C005~C006	C007~C009
储能容量		3MW×3h	1MW×2h	4MW×4h	6MW×6h
系统功率过载能力（%）		200	200	150	150
单体电池数量（节）		88128	32000	86400	68040
单体电池容量（Ah）		40	20	60	200
设备制造商	设备集成商	中航锂电（洛阳）有限公司	万向电动汽车有限公司	东莞新能源科技有限公司（ATL）	比亚迪股份有限公司
	储能电池				
	变流装置（PCS）	北京四方继保自动化有限公司	许继电源有限公司	北京索英电气技术有限公司	
储能电站监控系统		中国电力科学研究院			

环寿命在锂离子电池中处于较高水平,达到3000~5000次;④成本低于同类锂离子电池;⑤安全性高于同类锂离子电池;⑥环境友好,发展潜力大。

磷酸铁锂电池在性能方面依然存在不足:①电池低温性能较差,在-10℃以下放电性能急剧下降,使其在北方地区难以实现应用,需要额外室温控制;②安全性较常规锂离子电池有较大提高,但仍低于铅酸电池和全钒液流电池,潜在事故等级高;③电池寿命和总体成本与电力储能需求仍有较大差距。

在电力储能领域,以磷酸铁锂为代表的锂离子电池实现商业化和规模化应用依赖于以下三点关键技术突破:

1. 储能型电极材料的开发及对于原有材料的改良

目前我国储能型锂离子电极材料的研究方向已经转向追求以长循环寿命、高安全、低成本为特征的储能型锂离子电池。针对此类电池的研究,以零应变材料为代表的长寿命电池材料是目前研究的热点,而基于此材料的电池凭借其优异的长寿命特性成为现阶段电池储能领域最具应用潜力的锂离子电池。

钛酸锂是目前零应变材料中的典型代表,解决了磷酸铁锂电池寿命短的问题,其循环寿命目前可达10000次及以上,并且运行温度宽泛(-40~55℃),安全性方面也有了很大提高,非常符合电力储能的要求。然而,钛酸锂负极电池单体造价成本偏高,约为磷酸铁锂电池的3倍,成为限制钛酸锂电池规模化应用的瓶颈。钛酸锂电池作为新一代锂离子电池已在张北示范中应用,如图3-5所示。但受限于成本,张北示范中所采用的钛酸锂电池储能系统容量也只有1MW×0.5h,设备集成商为北方奥钛纳米技术有限公司,单体容量为60Ah。未来钛酸锂电池的研发方向主要是进一步提高循环寿命和降低技术成本。中国电力科学研究院联合珠海银隆新能源有限公司正在开发储能用钛酸锂电池,

(a)　　　　　　　　　　(b)　　　　　　　　　　(c)

图3-5　张北示范储能电站钛酸锂电池
(a)电池模组;(b)电池柜;(c)钛酸锂电池储能厂房

通过材料微纳负荷、体相掺杂、界面修饰以及电极配方、电池生产工艺和生产环境的调整等措施，延长电池寿命、降低电池成本。目标是循环寿命达到 16000 次，成本较现有水平降低 35%。

2. 锂离子电池隔膜湿法制备技术

隔膜是指在锂离子电池正极与负极之间的聚合物隔膜。隔膜在电池反应中起到允许锂离子自由通过但隔绝电子的作用。隔膜性能的优劣影响锂离子电池容量、循环寿命和工作电流等关键性能，是锂离子电池最为关键的部分。同时隔膜的存在对于锂离子电池的安全性也至关重要，若隔膜发生破损从而造成正负极的直接接触，将造成剧烈的电池反应造成起火爆炸。锂离子电池最易发生的事故之一即为充放电过程中形成的锂结晶不断"生长"，刺破隔膜导致电池内短路。

隔膜因此也是锂离子电池技术壁垒最高的部分，对于高端锂离子电池，其成本可占到电池总成本的 20%~30%。现有的隔膜技术主要有由天然 / 人造纤维组成的非织造隔膜以及拥有无机涂层、聚合物涂层或有机 / 无机杂化涂层的复合型隔膜。目前国内成熟的商业化隔膜制备技术为干法制备，但该技术生产的隔膜厚度大，孔径及孔隙难以控制，导致隔膜均一性差，容易造成电池内短路，只能用于中低端的锂离子电池。下一代商业化制备技术为湿法制备技术，主要由日本、美国掌握，此类隔膜具有厚度薄、强度高、孔隙均匀的特点，适用于高端锂离子电池。因此我国高端锂离子电池隔膜大量依赖进口，致使总成本提高。综上所述，隔膜湿法制备技术的突破，能够实现锂离子电池性能的提升及成本的大幅下降，具有巨大经济效益。

3. 安全可靠的锂离子电池成组技术

锂离子电池的高参数实现依赖于大规模电池单元的模块化串并联运行，其成组技术的技术路线是将单体电池依靠串并联依次集成，进而使总容量以及功率按层级一步步增大，最终线性叠加至储能要求。例如比亚迪于 2009 年建立的 1MW × 4h 磷酸铁锂电池储能示范站，储能单元额定功率为 100kW，由 600 节磷酸铁锂电池单体组成，每 10 节单体串联构成标准电池模组，20 块模组串联构成电池组，3 组电池组并联得到一个 100kW 单元。电池单元再进一步串联成为电池模块、电池串，最终并联成为电池堆。可以发现，大规模储能电池堆包含数千个电池单体，总系统规模庞大。因而，锂离子电池的一个明显缺点是其电池单体电量一致性难以保证，大规模成组后会出现部分电池过充过放或浅充浅放的问题，致使成组后电池堆整体能量密度、循环寿命出现大幅下降。且由于成组系统连接复杂，连接端子易出现腐蚀问题，威胁电池组的可靠性以及安全性。因此，提升锂离子电池组整体的可靠性与一致性也是其在电力储能领域实现规模化应用的重点突破方向之一。

目前锂离子电池成组的研究方向朝着标准化成组技术的方向前进，即依靠电池分选技术以及建立标准化电池模块标准，使得电池堆中电池单体性能参数接近，保证一致性。电池分选方法分为静态一致性分选以及动态一致性分选法两种，主流技术包括：静态电压配组法、静态容量配组法、内阻匹配法、充放电特性曲线匹配法、电化学阻抗谱法以及多参数匹配法等。电池静态一致性是动态一致性保持的基础。动态一致性由于电池工作工况不断变化，普遍难以准确测量，因此电池管理系统（BMS）尤为重要。电池管理系统可对电池单体状态进行监控，实时采集电池端电压、温度、充放电电流等，进而判断各电池单体工作状态。再经由优化算法进行智能充放电控制，防止电池单体过充过放，以抑制电池性能差异过大问题，使得电池单体状态趋于一致。

通过电池分选以及状态监控、管理技术，进而由小到大地灵活扩展至大容量储能单元，以应对不同场景应用需求，是锂离子电池大规模应用的主流发展方向。未来的关键技术环节包括：①电池一致性研究，即提出一致性判定方法，建立电池一致性模型；②电池串并联方式研究，如"先并后串"与"先串后并"对可靠性、电池寿命等方面的影响；③电池连接技术的研究，即减轻连接端子的氧化腐蚀；④先进电池管理系统研究，即研究最优化电池充放电调度控制系统，基于分选技术获得信息最优化电池充放电策略；⑤电池系统与储能变流器的匹配问题，由于储能电池系统包含模块众多，串并拓扑复杂，如果匹配不当易造成电池出现环流，对充等现象，引发安全事故。

3.3 液流电池

3.3.1 液流电池的基本原理和性能特点

液流电池通常又被称为氧化还原液流电池，最早由美国航空航天局（NASA）资助研发，1974 年由 Thaller L. H. 公开发表并申请了专利。40 多年来，各国学者通过变换两个氧化－还原电堆，提出了多种不同的液流电池体系，如铈钒体系、全铬体系、溴体系、全铀体系、全钒体系、铁铬体系液流电池等。

液流电池是一种正、负极活性物质均为液体的电化学电池，其液态活性物质既为电极活性材料，又为电解质溶液，被分别储存在独立的储液罐中，通过外接管路与流体泵使电解质溶液流入电池堆内进行反应。在机械动力作用下，液态活性物质在不同的储液罐与电池堆的闭合回路中循环流动，采用离子交换膜作为电池组的隔膜，电解质溶液平行流过电极表面并发生电化学反应。系统通过双极板收集和传导电流，从而使得储存在溶液中的化学能转换成电能。这个可逆的反应过程使液流电池顺利完成充电、放电和再充电。

液流电池与通常以固体作电极的普通蓄电池不同，液流电池的活性物质以液体形态储存在两个分离的储液罐中，由泵驱动电解质溶液在独立存在的电池堆中反应，电池堆与储液罐分离，如图 3-6 所示，电池单体包括：①正、负电极；②隔膜及其与电极围成的电极室；③电解液储罐、泵和管路系统。多个电池单体用双极板串接等方式组成电堆，电堆引入控制系统组成液流电池储能系统。

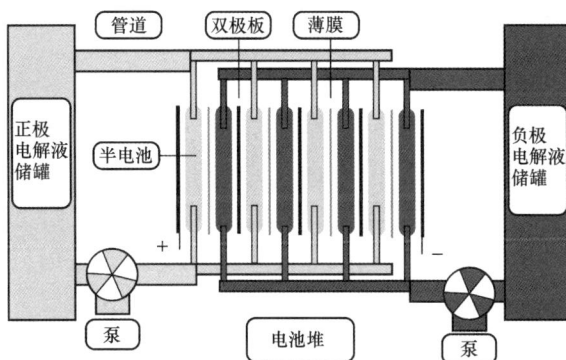

图 3-6 液流电池工作原理示意图

液流电池具有如下优点：

（1）容易实现规模化（MW级）。额定功率和额定容量是独立的，功率大小取决于电池堆，容量大小取决于电解液，因此液流电池的电能储存容量理论上可以无限扩展，相对于其他电化学电池而言来说，液流电池可以灵活配置功率和容量，组装方便，选址自由；

（2）循环寿命长。电池的理论保存期无限，储存寿命远高于传统铅酸电池和锂离子电池；

（3）快速响应（<1ms）。电化学反应迅速，响应速度快；

（4）自放电率低。正、负极电解液分开储存，电池搁置时自放电率低；

（5）深度放电性能良好。可 100% 深度放电而不会对电池造成损害；

（6）环境友好与安全可靠。无污染排放，电池在常温、常压下工作，无潜在的爆炸或着火危险；

（7）运行与维护费用低。单位时间运行费用低，维护周期长，材料便宜。

液流电池虽然是一种很好的具有商业化前景的储能电池，但缺点也很突出。首先是能量转换效率低，仅 70%~80% 左右；能量密度和功率密度偏低；因为需要独立的储蓄罐、反应罐、泵及各种阀门、管路，占地面积巨大，系统成本较高。

液流电池的高安全性、电量一致性、超长寿命以及功率容量可灵活扩展的特性，高度契合电力储能市场的需求。以全钒液流电池为代表的大容量液流电池储能技术在电力系统领域得到快速发展。张北示范采用的 2MW×4h 全钒液流电池为国内最大规模液流电池应用案例，如图 3-7 所示。整个钒电池系统由 2 个 1MW×4h 的系统构成，每个 1MW×4h 系统由 5 个 200kW×4h 储能单元构成，每个 200kW×4h 储能单元包含 1 个电堆模块 A（含 12 个电堆）、1 个电堆模块 B（含 12 个电堆）、1 个泵模块、1 个储能电解液储液罐模块（包含正极罐和负极罐各 1 个及周边管路和支架）和 1 台变流器（PCS）。然而，市场普遍认为接近商业化应用的全钒（硫酸钒）体系的液流电池由于主要原料钒的价格波动，给其未来商业化的应用前景蒙上阴影。

(a) (b) (c) (d)

图 3-7　张北示范储能电站全钒液流电池
(a) 正负极电解液储液罐；(b) 正负极电解液管路；(c) 电堆模块；(d) 主控柜、泵驱动器柜、高压直流输电柜

锌溴液流电池和铁铬液流电池是另外两种重要的液流电池。锌溴体系液流电池是低成本液流电池的一个代表，目前国内已进入示范阶段。锌溴液流电池继承了全钒液流电池的优点，结构与工作原理也与全钒体系类似，其正负极电堆为 Br/Br^-、Zn/Zn^{2+}，两种元素均丰富易得。与全钒液流电池不同的是，锌溴液流电池隔膜材料主要是与铅酸电池、

锂离子电池类似的微孔膜塑料材料，不含金属，价格低廉，仅为 50~100 元 / ㎡；同时其体积能量密度也相对较高，总体系统成本仅为全钒液流电池的一半。锌溴电池技术方面的主要问题在于溴的强腐蚀性造成的安全性隐患。主流液流电池的主要性能参数如表 3-4 所示。

表 3-4　　　　　　　　　　　　液流电池主要性能参数

电池种类	技术成熟度	能量密度	功率密度	功率等级	持续放电时间
全钒液流	示范	15~25Wh/kg	50~100W/kg	0.03~10MW	秒 – 小时
锌溴液流	示范	65Wh/kg	200W/kg	0.05~2MW	秒 – 小时
铁铬液流	示范	15~25Wh/kg	50~100W/kg	0.03~10MW	秒 – 小时
电池种类	能量转换效率	自放电率	循环次数	服役年限	响应速度
全钒液流	75%~85%	低	>10000 次	15 年	毫秒级
锌溴液流	75%~80%	10%/ 月	5000 次	10 年	毫秒级
铁铬液流	75%~85%	低	>10000 次	15 年	毫秒级

注　均为 5 小时系统。

3.3.2　液流电池国内外应用现状

近年来，日本 SEI 公司、北京普能公司、大连融科公司等生产制造的液流电池已在多个电网层面的示范工程中得到广泛应用。全钒液流电池作为储能电源主要应用于可再生能源发电平滑输出、跟踪计划发电、削峰填谷、需求响应、延缓电力系统升级改造、偏远地区供电、分布式发电、智能电网与微电网等领域，典型示范工程如图 3-8 所示。锌溴液流电池的应用则相对集中于工 / 商业用户、偏远地区、军方等用户侧场景。

根据 CNESA 项目库不完全统计，截至 2017 年底，全球已投运液流电池项目的累计装机规模 87.8MW，占全球已投运电化学储能项目累计装机的 3%，主要应用于集中式可再生能源并网领域；国内市场中，已投运液流电池项目的累计装机规模 15.6MW，占国内已投运电化学储能项目累计装机的 4%，同样主要应用于集中式可再生能源并网领域。

3.3.3　液流电池关键技术分析

液流电池的核心部件包括电解质溶液、离子交换膜、电极极板。根据国外液流电池工程化开发经验以及国内的研究结果，目前液流电池技术主要存在以下四个关键问题：

（1）电解质溶液稳定性有待进一步提高。液流电池用电解质溶液是包含有不同价态的活性离子、含氧酸根离子、不同形态的水合离子的复杂体系；组分浓度、杂质元素、温度、电场等因素都可能会造成电解质溶液发生析晶沉淀等不稳定问题。

图 3-8　国内外全钒液流电池示范工程
(a) 平滑风力发电：日本 Tomammae 风电场项目，4MW/6MWh；(b) 风光储联合发电：张北示范项目，2MW/8MWh；
(c) 削峰填谷、平衡负荷：美国 Castle Valley 项目，250kW/2MWh；
(d) 海岛或偏远地区供电：澳大利亚 King Island 项目，200kW/800kWh

（2）储能活性物质迁移与水扩散造成物流失衡。由于离子交换膜的选择性较差，即活性离子在浓度场和电场等作用下能够渗透通过离子交换膜到达相反电极的一侧，导致电池自放电、降低库仑效率；同时水分子在渗透压作用下或以水合离子形式随活性离子透过离子交换膜进行迁移，造成正负极电解液体积失衡，进而影响电池的稳定性和使用寿命。

（3）电池运行的电流密度低。目前，液流电池运行的工作电流密度较低（< 100mA/cm^2），仅为质子交换膜燃料电池工作电流密度的十分之一，造成电池模块体积大、材料需求量大、成本高。这主要与电堆反应活性、电极极板材料的活性与导电性、离子交换膜的离子传导性和电解液传质能力有关。另外，在电池的规模放大过程中电解液分配的不均匀性越加严重，公用管道中内漏电电流损失增大等，造成工作电流密度偏低，影响电池性能。

（4）电池系统制造成本高。液流电池关键材料和部件还未实现批量化制备，造成生产成本较高。尤其是国内离子交换膜技术还未突破，通常使用的杜邦公司商业化的Nafion膜价格昂贵，成为制约液流电池规模化和实用化的瓶颈。

综上所述，解决液流电池稳定性、耐久性和实用性问题的关键在于电解液、离子交换膜、电极极板等核心材料部件性能的提升，以及材料批量化制备工艺、系统规模放大方法与系统耦合、能量管理控制技术等核心技术的突破。除此之外，我国还需要解决系统可靠性和关键材料国产化等问题。

3.4 钠硫电池

3.4.1 钠硫电池的基本原理和性能特点

钠硫电池是高温钠系电池的一种，是以金属钠为负极、硫为正极、陶瓷管为电解质兼隔膜的熔融盐二次电池。与大多数传统常温体系电池相比，高温电池具有体积能量密度高、质量功率密度大，同时对环境温度状况不敏感等优点。电池采用加热系统把不导电的固态盐类电解质加热熔融，使电解质呈离子型导体而进入工作状态。固态 β–氧化铝陶瓷管作为固体电解质兼隔膜只允许带正电荷的钠离子通过并在正极和硫结合形成硫化物。钠硫电池的基本化学反应如式（3-7）~ 式（3-9）所示。

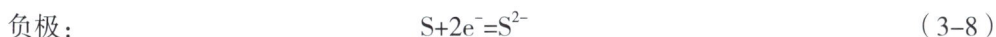

总反应：
$$2Na+xS=Na_2S_x \tag{3-7}$$

负极：
$$S+2e^-=S^{2-} \tag{3-8}$$

正极：
$$2Na=2Na^++2e^- \tag{3-9}$$

钠硫电池为全密封设计，主要由 β–氧化铝陶瓷管、熔融钠盐负极、熔融硫盐正极、集流体与密封罐组成，其工作原理如图3-9所示。放电时，带正电的钠离子（Na^+）通过电解质，而电子通过外部电路流动产生大约2V的电压；充电时，整个过程逆转，多硫化钠释放正钠离子反向通过电解质重新结合为钠。整个电池正常工作需要保持温度在300~350℃，因此需要热源以维持系统温度。

钠硫电池由美国福特（Ford）公司于1967年发明，至今已有50多年历史，经过多年的商业化应用，积累了较多的工程应用经验。钠硫电池是目前唯一具备大容量与高能量密度的储能电池，其理论能量密度为786Wh/kg，远高于铅酸、锂离子和液

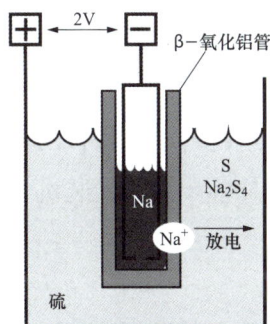

图 3-9　钠硫电池工作原理示意图

流电池；钠硫电池采用固体电解质，没有液体电解质电池出现的自放电以及过冲副反应；系统规模可根据应用需求通过钠硫电池模块集成灵活扩展，达到 MW 级别；此外还具有无放电污染、无振动、低噪声、环境友好等优点，钠硫电池主要性能参数如表 3-5 所示。

表 3-5　　　　　　　　　　　　　　　钠硫电池主要性能参数

技术成熟度	能量密度	功率密度	功率等级	持续放电时间	能量转换效率	自放电率	循环次数	服役年限	响应速度
商用	300Wh/kg	22W/kg	0~50MW	毫秒 - 小时	87%	0	4500 次	15 年	毫秒级

钠硫电池的主要缺点是倍率性能差、充电能力不对称、电池寿命有限、成本昂贵。此外，由于钠硫电池需要使用钠离子选择性薄膜 β - 氧化铝，β - 氧化铝是一种脆性陶瓷材料，在高运行温度条件下，陶瓷电解质一旦破损就会导致熔融态钠和硫之间发生剧烈放热反应，导致电池起火。钠硫电池的成本高达 25000 元 /kW 以上，高质量氧化铝陶瓷管技术、电池组件密封技术、抗腐蚀电极材料技术和规模化成套技术门槛很高，特别是精密陶瓷技术，技术壁垒最高，生产厂家极少。

3.4.2　钠硫电池国内外应用现状

自 2002 年起，日本 NGK 公司开始钠硫电池的商业化开发，也是世界上唯一能制造出高性能钠硫电池的厂商，在钠硫电池领域具有绝对的专利技术优势。最初公司采用 50kW 模块（后因安全问题改成 33kW 模块），可由多个模块组成兆瓦级大容量的电池组件。在日本、美国、加拿大、意大利已建有超过 200 多处钠硫电池储能电站，主要应用于负荷调平、电网削峰填谷、大规模可再生能源并网、改善电能质量等领域。

国内钠硫电池起步晚，目前的示范工程是由中科院硅酸盐所与上海电力公司合作研制的 100kW/800kWh 的钠硫储能系统。作为上海世博园智能电网综合示范工程的一部分，尚未有兆瓦级别应用示范案例，与日本 NGK 公司尚有 15~20 年技术差距，短期难以实现商业化。

根据 CNESA 项目库不完全统计，截至 2017 年底，全球已投运钠硫电池项目的累计装机规模 394.5MW，仅次于锂离子电池，占全球已投运电化学储能项目累计装机的 13%，主要应用于集中式可再生能源并网领域。

3.4.3　钠硫电池关键技术分析

钠硫电池的核心部分包括 β - 氧化铝陶瓷管、钠芯以及硫电极。

β–氧化铝陶瓷管是由氧原子四方密堆积基块与疏松排列的离子中间层组成的层状结构铝酸盐化合物，β–氧化铝是其中相对容易制备的化合物之一。但目前高质量的β–氧化铝陶瓷管制备技术依旧受到技术壁垒限制，未来β–氧化铝陶瓷管制备技术是重点发展方向之一。

钠硫电池在放电过程中必须全程保持金属钠对β–氧化铝陶瓷管的完全浸润，使得陶瓷管内有效接触面积电流分布均匀，以确保电池容量。具有毛细结构的钠芯由于可以避免上述隐患，同时简化了钠极的密封要求，增强安全性的同时提高了钠的利用率，降低了成本。因此钠芯材料对于钠硫电池至关重要，钠芯材料的选择是决定毛细作用高度的重要影响条件。寻找高性能且易制备的钠芯材料也是目前需要突破的技术之一。

硫电极方面，由于硫本身绝缘，因此需要导电载体进行电子传递，目前以碳毡材料为主。国内对于碳毡的制备采用室温预制硫极，即先用磨具压制碳毡，后浇注熔融硫，冷却后形成预制硫极块。该制备方法操作较为简单且成本较低，但生产的碳毡纤维走线与电流方向垂直，电阻率较大，导致电池内阻变大，抑制了电子、离子转移，加快了充电过程电池的极化现象。研究表明石墨毡的纤维走向平行于电流方向，可显著降低电池内阻，但是其制备技术仍掌握在国外公司手中，因此未来石墨毡的制备是我国钠硫电池继续突破的关键技术之一。

除此之外，钠硫电池还需要解决β–氧化铝陶瓷管自身及与金属的密封技术。由于在350℃的电池工作温度下钠与硫均为熔融态，而且蒸汽压力很高，因此β–氧化铝陶瓷管需要被密封。由于钎材料难以浸润陶瓷，传统工业领域采用的钎焊与扩散连接金属密封技术在陶瓷材料上难以实现，必须满足高温高压环境以及高材料表面要求，因此难以规模化生产，且加压设备造价也过于昂贵。因此，研究无压且对材料表面要求较低的连接密封技术，如玻璃压封、热压封技术是未来突破方向之一。

安全隐患大、技术壁垒高、倍率性能差、电池寿命有限是高温钠硫电池规模化应用的瓶颈问题。钠硫电池的发展趋势主要是提高倍率性能，进一步降低制造成本，提高长期运行的可靠性和系统安全性。在这一发展趋势下，钠硫电池的关键技术主要集中在高质量陶瓷管制造技术、电池组件密封技术、抗腐蚀电极材料技术、温度管理、安全性和规模化成套技术等方面。

钠硫电池的技术经济指标即使如日本NGK公司理想规划发展，于2030年从25000元/kW下降到3000元/kW，但仍将高于锂离子电池以及液流电池。其次，钠硫电池体系已经定型，高运行温度及金属钠、单质硫的化学活性决定了其安全性难以从根本上解决。因此，从经济性和安全性两方面来看，钠硫电池并不适合作为当前我国电力系统规模化储能技术的主要攻关方向。

3.5 前沿电池储能技术

3.5.1 液态金属电池

液态金属电池由锂硫高温熔融盐化学电池发展而来，其由两个液态金属电极以及分隔它们的熔融盐电解质组成。其中，负极通常是碱金属或碱土金属的单质或合金；正极通常是锑、铅、锡、铋等过渡金属及其合金；电解质通常是与负极金属对应的卤盐混合物。

在电池运行时，电极及电解质受热熔融。由于互不溶解，三种液态物质因为密度差异自动分为三层，不会上下扰动。当电池放电时，负极金属发生氧化反应并失去电子，并通过外电路做功，阳离子通过熔盐电解质迁移至正极并与正极金属合金化。当电池充电时，上述过程逆向进行。以镁－锑液态金属电池为例，该电池体系分别采用金属镁（Mg）和锑（Sb）作为负极和正极，以 MgCl–KCl–NaCl 混合熔盐为电解质。电池工作原理示意图如图 3–10 所示。

液态金属电池具备高能量密度、大电流充放电等特点，循环寿命超过 10000 次，能量转换效率高达 90% 以上。液态金属电池无需隔膜技术，既可降低电池成本，又使得电池体系容易放大和生产。因为不存在隔膜技术的制约，并且电极和电解质

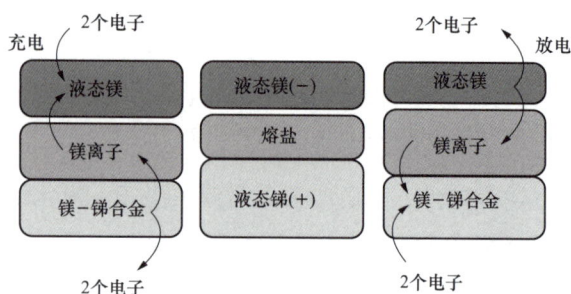

图 3–10　锑液态金属电池工作原理示意图

来源广泛、价格较低，通过测算得出液态金属电池系统的储能价格有望低于 250 美元 / kWh，能满足目前市场对规模化储能的价格预期。

基于液态金属电池成本低、寿命长、可规模化以及快速储能、静态储能的特点，其未来理想的应用场合将主要集中在大规模风光并网与分布式微电网储能领域。其能量型应用和功率型应用兼顾的优点使其在包括削峰填谷、辅助并网、调频调相和电网热备用在内的多种应用模式中都具有较好的技术经济性。

液态金属电池也有明显缺点：①电池稳定运行必须依靠高工作温度以保持正负极的熔融性即反应活性，需要良好保温装置。②高工作温度下电池内部结构容易受到熔融态物质腐蚀，电池外部密封系统也容易被高温破坏导致熔融态物质泄漏，产生安全隐患。③由于电池内部存在三种熔融态物质，一旦设备受到剧烈晃动，极易导致正负极物质接触从而发生短路事故，整体安全性甚至低于钠硫电池。

针对液态金属电池低安全性问题，国内外的研究路线都集中在保证系统安全稳定运

行，既降低工作温度同时兼顾电池成本的技术路线。液态金属电池的关键技术突破点在于：①用材料复合工艺制备具有更低熔点的正极合金及多融性电解质材料；②解决电池的密封问题，电化学电池密封材料在高温环境下与电极材料的相容以及与壳体材料热膨胀率的匹配是关键技术环节，但目前尚未发现理想的密封材料；③解决电池的耐腐蚀问题，耐腐蚀正负极集流体元件的开发是未来重点发展领域。

液态金属电池技术的发展近年主要由美国带领，来自 MIT 的团队开展了一系列面对电网储能应用的液态电池研究工作，团队在原有 Li–S，Li–Bi 熔融盐电池的基础上，陆续开发了效率更高，成本更低的 Mg–Sb，Li–Pb–Sb 新型液态金属电池。国内液态金属电池技术近年逐渐升温，例如华中科技大学研发的基于 Sn 的正极材料具有制作简易、成本低的突出优点，与 Li 负极组成的电极对已可以形成稳定的充放电循环。在电解质材料方面，该团队研发出添加 $LiAlO_2$，Al_3O_3 等陶瓷材料的无机盐膏状电解质，有效地隔离正负极，提高了电池的抗震性。西安交通大学和西安高压电研究院等研究机构也相继开展了针对液态金属电池耐腐蚀正极材料、密封材料的研究。然而现阶段液态金属电池仍以实验室研究为主，科研成果集中在电池材料体系的基础研究方面，目前还没有面向工程应用的成熟电池产品。未来金属液态电池的发展必须解决高运行温度所带来的安全隐患，同时在锂离子电池、铅酸电池价格连年下降的环境下，降低成本，尤其是研发低成本电极材料，是液态金属电池未来的发展趋势。

3.5.2 锂－空气电池

锂－空气电池是锂离子电池的一种，其负极为金属锂，正极为空气中的氧气，依靠碳基材料组成的多孔结构为氧气提供反应空间。放电过程中，金属锂在负极失去电子成为锂离子，锂离子穿过电解质材料，在正极与氧气以及从外电路流过来的电子结合，生成氧化锂或者过氧化锂，并留在正极。充电时进行相反的反应释放出氧气，两个反应都是在碳电极表面进行。

锂－空气电池的理论开路电压为 3V，它是未来锂离子电池的"终极形态"，得益于锂－空气电池的正极材料为空气中的氧气，可以源源不断地从外部环境获得，而不需像传统锂离子电池从电池内部索取，因此锂－空气电池具有很高的理论能量密度。不计算氧气质量，锂－空气电池的理论能量密度达到 11400Wh/kg，已经接近汽油的能量密度（13000Wh/kg），为常规锂离子电池的数十倍。即使计算氧气质量，其理论能量密度也在 3500Wh/kg 水平，实际能量密度在 600Wh/kg 以上。另外，由于电极材料分别为空气与碳材料，环境友好、造价低廉，具有广阔的应用潜力。

锂－空气电池实用化研究还处于探索阶段，影响锂－空气电池性能的限制因素主要包括充放电时产生的过电位、空气电极采用的催化剂活性、氧气在阴极的扩散速率及其在电解质中的溶解度、电解质类型与成分、外界操作环境条件等。此外，当前锂－空气电池的循环寿命还很短，显然不适合电力系统储能应用。

目前锂－空气电池的研究主要集中在提高能量密度、功率密度、循环寿命等动力电池关键性能指标上。加快锂－空气电池从研发走向示范应用的关键技术突破在于：①提高阴极催化剂效率和稳定性，大幅降低过电位；②在保证电导率要求的前提下，降低非水基电解液的黏度以增加其溶氧量、降低其挥发性；③研制新型复合固体电解质隔膜等。

3.5.3　锌－空气电池

锌－空气电池是以金属锌为负极、以氧气为正极、用碱性水溶液为电解质溶液，电解质溶液中的 OH^- 在电极间迁移形成闭合回路。在电池运行过程中，锌电极发生溶解或沉积，放电产物溶解在碱性电解液中。利用空气中的氧气在双功能空气电极上进行氧还原或氧析出电化学反应，完成电能与化学能相互转换。

由于锌－空气电池的正极使用空气中的氧气作为活性物质，容量无限。电池能量密度取决于负极容量，不计算氧气的理论能量密度为 1353Wh/kg，计算氧气的理论能量密度为 1084Wh/kg，实际能量密度约 350~500Wh/kg，是现有锂离子电池的 2~3 倍，多个单电池串联后组成电池组，可提供所需的功率。锌－空气电池温度适用范围较广（ -20~80℃ ），可在室温附近工作，安全性较高。金属锌无毒无害，环境友好。据估计，锌－空气电池生产成本低于 10 美元/kWh，比锂离子电池低 2 个数量级。因此，性能优良的可充电锌－空气电池在新能源发电储能、电动汽车和便携式电源等领域有广阔的应用前景。

锌－空气电池已有上百年的研究发展历史，目前唯一实现商业化生产的锌－空气电池品种是用于助听器的一次锌－空气电池。与一次性的锌－空气电池相比，电化学可充的二次锌－空气电池更符合纯电动汽车、电力储能等场合的需求。但电池的循环寿命制约了其实际应用，目前报道的最长循环次数为 270 次，总循环测试时间为 90h，远远不能满足实际应用性能需要。此外，锌－空气电池的正极存在电极结构设计和高性能催化剂开发问题，负极存在抑制枝晶、控制析氢和提高锌循环性能等关键问题，严重阻碍了锌－空气电池的大规模产业化进程。因此，开发高活性、高稳定性、价格合理的双功能电催化剂，进行高度结构化的空气电极设计与制备工艺研究，发展循环寿命长、经济成本低的锌负极制造技术与工艺是未来锌－空气电池的发展趋势。

3.5.4　钠离子电池

钠离子电池与锂离子电池结构和原理相似，正负极材料均采用钠离子容易嵌入 / 脱嵌的活性材料，电解质是溶解有钠离子的有机溶剂或采用盐类掺杂的固态聚合物，电池利用钠离子在正负极之间嵌入/脱嵌过程实现充放电。

与锂离子电池相比，钠离子电池的优势在于不仅钠资源丰富、价格低廉，而且钠的电位比锂高 0.3V。尽管能量密度稍低一些，但这意味着钠离子电池可以使用分解电压更低的电解质溶液，使其安全性能明显优于锂离子电池。对于能量密度要求不高的电力系统储能领域，钠离子电池因具有成本低、安全性高等独特优势，是很有潜力的锂离子电池替代品，在规模化储能领域具有较好的应用前景。与此同时，钠离子电池也存在着由于钠离子半径较大，其嵌入和脱嵌的阻力大，导致正极材料的充放电可逆性较差，不可逆容量损失大；电池正极的容量偏低，无法达到应用要求；正极材料在大电流充放电时性能不理想等缺陷。这些问题限制了钠离子电池的进一步实际应用。

钠离子电池目前仍处于研究阶段。近年来，钠离子电池的正负极材料及电解液的研究和开发已逐渐成为国际能源研究的热点课题，并在近年来取得了巨大的进步。目前，正极材料有氧化物型、聚阴离子型，负极材料有碳基材料、钛基材料和合金负极材料等，电解液有有机溶剂电解液和凝胶聚合物电解液等。在不断更新的正负极材料以及电解液中，钠离子电池的研究将面临不同体系的材料相互匹配的问题，以实现优势互补，如钠离子电池中的纳米材料与电解液的匹配，这些都将大大加快钠离子电池开发和应用的步伐。

3.5.5　铝离子电池

铝离子电池以金属铝为负极、三维泡沫石墨烯为正极，以含有四氯化铝阴离子（$AlCl_4^-$）的离子液体为电解液，在室温下实现了电池长时间可逆充放电。$AlCl_4^-$ 是电池中的电荷载体，而石墨烯材料的层状结构能够像容纳锂阳离子和其他阳离子一样，可逆地容纳 $AlCl_4^-$，这是该铝离子电池能够高效运行的材料结构基础。在放电过程中，$AlCl_4^-$ 从石墨烯正极中脱嵌出来，同时在金属铝负极反应生成 $Al_2Cl_7^-$。在充电过程中，上述反应发生逆转，从而实现充放电循环，如图 3-11 所示。

铝离子电池具有超长循环寿命、可快速充电、安全性好、材料成本低、可弯曲等特点。具体表现为：①铝离子电池经循环充放电 7500 次后，容量几乎没有衰减。②当以三维泡沫石墨烯作为电池正极材料，利用它优良的导电性能和巨大的表面积，能够极大地缩短电池的充电时间，在 5000mAh/g 的电流下，电池不到 1 min 就能被充满。③铝离子电池采用的离子液体电解液不会燃烧，铝和石墨烯也不易燃烧，因此可燃性低，不存在易燃易爆等安全问题。④铝是地壳中含量最多的金属元素，从材料角度而言，成本更低。⑤铝离子电池还具有柔性、可弯曲的特点，这在未来的可穿戴设备上将大有应用前景。不难看出，铝离子电池未来有可能取代易污染环境的碱性电池和有可燃风险的锂离子电池。

电池放电

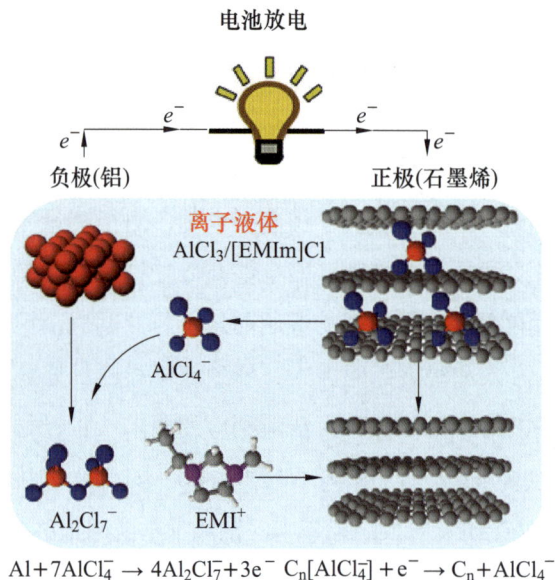

图 3-11　铝离子电池充放电工作示意图

$$Al+7AlCl_4^- \rightarrow 4Al_2Cl_7^-+3e^- \quad C_n[AlCl_4^-]+e^- \rightarrow C_n+AlCl_4^-$$

　　铝离子电池技术发展时间很短，存在工作电压低、能量密度低、温度适应范围窄和离子液体电解液昂贵等不足之处，还有待进一步研究改进。今后对铝离子电池的研究工作可集中在研究具有更高工作电压和更大存储容量的新型正极材料，同时寻找更廉价的电解液。未来，由于铝离子电池的低成本、良好的循环寿命和安全性能高等特点，铝离子电池除了可用于小型电子设备，还可用于电动汽车以及规模化电力系统储能等领域。

本 章 小 结

　　本章介绍了电化学储能技术的技术原理、性能特点及其关键技术。总的来看，电化学储能技术路线众多，且均有其适合的应用场景。传统铅酸电池技术不断推陈出新，随着铅炭电池技术不断累积发展，短期市场地位牢固。以磷酸铁锂为代表的锂离子电池技术发展迅速，储能成本不断降低，虽然其技术经济性短期难以超过铅酸电池，但是长期来看成本下降空间较大，前景看好。液流电池独特的技术特点使其非常契合规模化储能应用场景，然而目前成本最高，主要受限于电解液材料价格波动以及关键部件的技术壁垒。钠硫电池过高的技术壁垒和存在的安全隐患导致其难以实现商业化，短期内不具备发展前景。

　　着眼未来中国电力市场，先进铅炭电池以及锂离子电池得益于较低的成本，预计将占据主导地位。液流电池技术经济性尚未明朗，倘若随着技术不断突破以及原材料价格的稳定，其超高的集成规模优势将使其占据储能市场一席之地。

物理储能技术路线及关键技术　4

物理储能技术主要采用水、空气等作为储能介质，在充放电过程中介质不发生化学变化。目前，在电力系统中应用较为广泛的物理储能技术主要包括抽水蓄能、压缩空气储能、飞轮储能、超导磁储能和超级电容器储能。

4.1　抽水蓄能

4.1.1　抽水蓄能的基本原理

抽水蓄能（Pumped Hydroelectric Storage，PHS）利用电力负荷低谷时系统中的多余电能将下水库的水抽到上水库内，以水力势能的形式蓄能。在系统负荷高峰时段，通过水轮发电机将水力势能转化为需要的电能，满足系统的调峰需求，如此周而复始地循环工作。其能量转换原理如图4-1所示。抽水蓄能的低吸高发功能，实现了电能的有效存储，有效调节了电力生产、供应、使用，保持了三者之间的动态平衡。

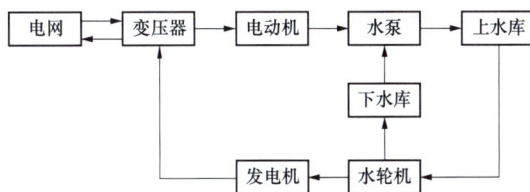

图 4-1　抽水蓄能工作原理示意图

抽水蓄能电站由引水系统、上水库、下水库、厂房和抽水蓄能机组等组成。抽水蓄能电站的上水库高程高于下水库，其作用是将提高了高程的水体蓄存起来，达到蓄能的目的。下水库的作用为蓄存发电下放的水量，以便再度将其抽入上水库进行蓄能。上水库、下水库可以利用天然湖泊或已建的水库，也可新建。另外，下水库也有利用海洋或河道的情况。输水系统是输送水量的工程设施，在抽水工况时把下水库的水输送到上水库，在发电工况时将上水库放出的水通过厂房输送到下水库中。

厂房是放置抽水蓄能机组、电气设备等重要机电设备的场所，也是电厂生产的中心。抽水蓄能机组是电站的核心部分，抽水蓄能电站无论是完成抽水、发电等基本功能，还是发挥调频、调相、升荷爬坡和紧急事故备用等重要作用，都是通过厂房中的机电设备来完成的。

抽水蓄能电站有发电和抽水两种主要运行方式。在抽水过程中，下水库由满库至空库，上水库则相反；在发电过程中，上水库由满库至空库，下水库与之相反，如此完成一个循环周期。虽然整个运行过程中存在能量损失，但较之于燃煤机组，抽水蓄能电站的灵活性更高，效益更佳。抽水蓄能电站既是电源，又是电力用户，并逐渐成为电网运行的有效调节装置和确保电网安全、稳定、经济生产的重要支柱。

抽水蓄能电站的类型，按照调节周期分，可分为日调节抽水蓄能电站、周调节抽水蓄能电站和季调节抽水蓄能电站；按上水库有无天然径流汇入，可分为纯抽水蓄能电站、调水式抽水蓄能电站和混合式抽水蓄能电站；按站内安装的抽水蓄能机组类型，可分为四机分置式、三机串联式和二机可逆式，二机可逆式结构为目前主流结构。

4.1.2 抽水蓄能的特点及应用功能

抽水蓄能电站具有循环效率高（70%~85%）、额定功率大（10~5000MW）、容量大（500~8000MWh）、使用寿命长（40~60年）、运行费用低、自放电率低、负荷响应速度快等优点。水泵水轮机和水轮发电电动机组成的二机可逆式机组，极大地减小了土建和设备投资，其建站成本在3500~4000元/kW。其缺点主要是电站建设选址受地理资源条件约束，以及涉及的相关生态环保问题。例如在站址的选择上需要有水平距离小、上下水库高度差大的地形条件，岩石强度高、防渗性能好的地质条件，以及充足的水源保证发电用水的需求；另外还有上、下水库的库区淹没问题，水质的变化以及库区土壤盐碱化等一系列环保问题需要考虑。

抽水储能属于大规模、集中式能量存储，是目前最成熟、最经济、运行寿命最长，在电力系统中应用最为广泛的大容量储能技术，主要应用领域包括能量管理、频率控制以及提供系统的备用容量。

（1）发电功能。抽水蓄能电站本身不利用一次能源发电，不能向电力系统供应电能，它的主要作用是实现电能在时间上的转换，将系统中其他电源（例如风电）的低谷电能和多余电能，通过抽水将水的机械能变为势能，存蓄于上水库中，待到电网负荷需要时放水发电。机组发电的年利用小时数一般在800~1000h之间。经过抽水和发电两个环节，它的综合效率一般为75%左右。

（2）调峰功能。抽水蓄能电站是利用夜间低谷时其他电源（包括火电站、核电站和风电等）的多余电能，抽水至上水库储存起来，待尖峰负荷时发电。因此，抽水蓄能电站抽水时相当于一个用电大户，放水时相当于一个电源，可实现日负荷曲线的填谷，平衡火电出力，可降低煤耗，获得节煤效益，亦可平滑风电场的功率输出，从而一定程度上实现风电的可调度性。

（3）调频功能。抽水蓄能机组在设计上就考虑了快速启动和快速负荷跟踪的能力。现代大型蓄能机组可以在 1~2min 之内从停机状态到满负荷状态，增加出力的速度可达 10000kW/s，并能频繁转换工况。

4.1.3　国内外应用现状

国外抽水蓄能电站的出现已有一百多年的历史，世界上第一座抽水蓄能电站于 1982 年建造于瑞士的苏黎世，在 20 世纪 60 年代之后，抽水蓄能技术得到迅速发展，以美国、日本和西欧各国为代表的工业发达国家带动了抽水蓄能电站的大规模发展。

日、美、西欧等国家和地区在 20 世纪 60 年代进入抽水蓄能电站建设的高峰期。1960—2009 年 50 年间，全球抽水蓄能装机规模增长近 40 倍，年均增长率 7.8%，目前在建与拟建抽水蓄能电站的装机容量仍相当可观。根据 CNESA 项目库不完全统计，截至 2017 年底，全球已投运抽水蓄能项目累计装机规模达 168GW，中国抽水蓄能项目累计装机规模达 28GW，是世界上抽水蓄能装机容量最大的国家。

我国抽水蓄能电站建设起步较晚，20 世纪 60 年代末才开始现代抽水蓄能技术的研究工作，于 1968 年和 1973 年先后建成岗南和密云两座小型混合式抽水蓄能电站，装机容量分别为 11MW 和 22MW。90 年代先后建成了广蓄一期（1200MW）、十三陵（800MW）和天荒坪（1800MW）等中国第一批大中型抽水蓄能电站。进入 21 世纪，我国抽水蓄能电站建设迎来了建设高潮。"十三五"期间,我国将持续快速大幅提高抽水蓄能机组比例，根据国务院《能源发展"十三五"规划》提出，加快大型抽水蓄能电站建设，新增开工规模 6000 万 kW，2020 年在运规模达到 4000 万 kW。国家发改委《关于促进抽水蓄能电站健康有序发展有关问题的意见》提出到 2025 年，全国抽水蓄能电站总装机容量达到约 1 亿 kW，占全国电力总装机的比重达到 4% 左右。

抽水蓄能技术发展到现在，为了进一步提高整体经济性，机组正向高水头、高转速、大容量方向发展，现已接近单级水泵水轮机和空气冷却发电电动机制造极限。今后的重点将立足于对振动、空蚀、变形、止水和磁特性的研究，着眼于运行的可靠性和稳定性，在水头变幅不大和供电质量要求较高的情况下使用连续调速机组，实现自动频率控制。提高机电设备可靠性和自动化水平，建立统一调度机制以推广集中监控和无人化管理，并且结合各国国情开展海水和地下式抽水蓄能电站关键技术的研究。

4.1.4 关键技术分析

抽水蓄能的关键技术包括大型抽水蓄能电站选址技术、高坝工程技术、高水头大容量水泵水轮机和发电电动机技术、智能调度与运行控制技术。抽水蓄能电站的建设对地理条件的要求很高，因此选址十分重要，需要考虑的因素包括地理位置（是否靠近供电电源和负荷中心）、地形条件（上下水库落差、距离等）、地质条件（岩体强度、渗透特性等）、水源条件（同水源距离等）、环境影响（淹没损失、生态修复等）等，需要对抽水蓄能电站的选址进行多方面综合考虑，选择最优的方案。高坝工程技术包括高坝工程防洪安全、抗震安全及结构安全评价方法和工程措施等。智能调度与运行控制技术包括电站工况状态定义、转换控制流程、启动停机流程、信息交换技术、厂网协调控制技术、运行设备仿真技术、电站就地单元控制装置和电站监控系统等。

4.2 压缩空气储能

4.2.1 压缩空气储能的基本原理和特点

压缩空气储能（Compressed Air Energy Storage，CAES）是一种能够实现大容量和长时间电能存储的电力储能系统，其原理如图 4-2 所示。传统的压缩空气储能是利用电力系统负荷低谷时的剩余电量，由电动机带动空气压缩机，将空气压入作为储气室的密闭

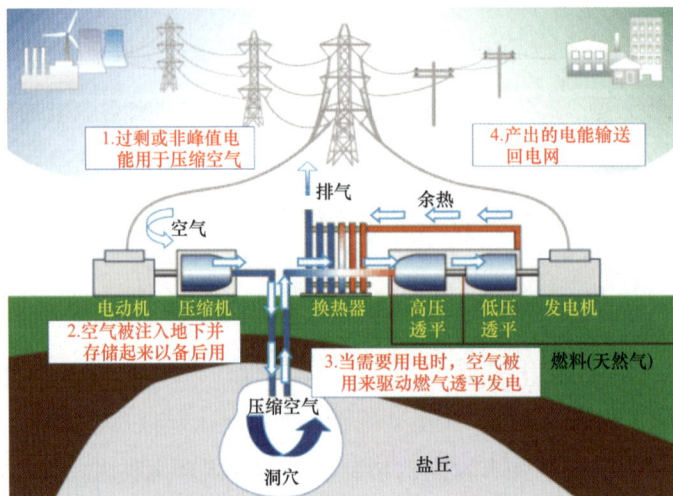

图 4-2 压缩空气储能工作原理示意图

大容量地下洞穴，即将不可储存的电能转化成可储存的压缩空气的气压势能并贮存于储气室中，当系统发电量不足需要释放能量时，将压缩空气经换热器与油或天然气混合燃烧，导入燃气轮机做功发电，完成空气气压势能到电能的转换，满足系统调峰需要。

传统压缩空气储能系统是基于燃气轮机技术发展起来的一种能量存储系统，但与传统燃气轮机不同的是，压缩空气储能系统分为储能、释能两个工作工程，压缩机与透平不同时工作。当用电低谷时，多余的电力（来自于热电厂、核电厂或可再生能源电站）用来驱动压缩机，产生高压空气，实现电能存储。当用电高峰时，压缩空气通过燃烧室获得热能，然后进入透平做功，产生电力。由于储能、释能分时工作，在能量输出过程中，并没有压缩机消耗透平功。因此在用电高峰时，相比于消耗同样燃料的燃气轮机系统，压缩空气储能电站可以多提供 20%~60% 的功。压缩空气电站每生产 1kWh 的电能，需要大约 0.7kWh 的压缩能，以及约为 4220kJ 的燃料热值（燃气轮机为 6700~9400kJ/kWh）。

近年来，国内外学者相继提出了带回热的压缩空气储能系统（AA–CAES）、液态压缩空气储能系统和超临界压缩空气储能系统等多种新型压缩空气储能技术，摆脱了对化石燃料和地下洞穴等资源条件的限制，不过目前基本还处于关键技术研究突破、实验室样机或小容量示范阶段。

传统使用化石燃料并利用地下洞穴的压缩空气储能规模可以达到数百兆瓦，效率可达 70%，建设成本为 3000~4000 元 /kW。不依赖化石燃料和地理资源条件的新兴压缩空气储能规模可达到兆瓦到数十兆瓦，但目前成本较高，效率也低于 60%。

压缩空气储能电站的建设投资和发电成本均低于抽水蓄能电站，具有规模大（大型电站可达数百 MW，小型系统 kW 级别）、稳定性高、运行寿命长（约 20~40 年）、运行费用低等优点。其制约因素是电站选址受特殊地理条件限制和使用化石燃料（传统压缩空气储能）；新型地上压缩空气还存在成本较高、效率偏低、响应速度慢、各设备和子系统协调控制复杂等问题；同时，启动时间较长（仅比火电启动时间要短）也限制了其应用场景。目前压缩空气储能技术已经实现了商业化应用，其主要应用于电网削峰填谷、平衡电力负荷、需求侧电力管理、可再生能源的接入和备用电源。

4.2.2 压缩空气储能国内外应用现状及发展趋势

目前世界上已有三座大规模压缩空气储能电站投入了商业运行。第一座是 1978 年投入商业运行的德国 Huntorf 电站，目前仍在运行中。机组的压缩机功率为 60MW，发电输出功率为 290MW，系统将压缩空气储存在地下 600m 的废弃矿洞中，矿洞总容积达 $3.1 \times 10^5 m^3$，压缩空气的压力最高可达 10MPa。机组可连续充气 8h，连续发电 2h。冷态启动至满负荷约需 6min，在 25% 负荷时的热耗比满负荷高 211kJ，其排放量仅是同容量燃气轮机机组的 1/3，但燃烧废气直接排入大气。该电站在 1979—1991 年间共启动并网 5000 多次，平均启动可靠性 97.6%，平均可用率 86.3%，容量系数平均为 33.0%~46.9%。

第二座是 1991 年投入商业运行的美国阿拉巴马（Alabama）州的 McIntosh 压缩空气储能电站。其储气洞穴在地下 450m，总容积为 $5.6 \times 10^5 m^3$，压缩空气储气压力约为 7.5MPa。该储能电站压缩机组功率为 50MW，发电功率为 110MW，可以实现连续 41h 空气压缩和 26h 发电，机组从启动到满负荷约需 9min。该机组增加了回热器用以回收余热，以提高系统效率。该电站由 Alabama 州电力公司的能源控制中心进行远距离自动控制。

2011 年，美国德州 Gaines 开始建设一座 2MW 风力发电压缩空气储能配套系统，并于 2012 年底完成，储能容量 500MWh，成为世界上第三个压缩空气储能电站发电的应用案例。

除上述三座以商业运行的压缩空气储能电站外，国际上正在建设或研发的压缩空气储能电站包括：

（1）美国俄亥俄（Ohio）州 Norton 压缩空气储能电站。它是从 2001 年起开始建一座 2700MW 的大型压缩空气储能商业电站，该电站由 9 台 300MW 机组组成。压缩空气储存于地下 670m 的地下岩盐屋洞穴内，储气洞穴容积为 $9.57 \times 10^6 m^3$，其设计发电热耗为 4558kJ/km，压缩空气耗电 0.7（kWh）/（kWh）。

（2）美国爱荷华（Iowa）州的压缩空气储能电站也正在规划建设中，该压缩空气储能系统将针对 75~150MW 的风电场进行设计，系统将能够在 2~300MW 范围内工作，从而使风电场在无风状态下仍能正常工作。

（3）日本于 2001 年投入运行的上砂川町压缩空气储能示范项目，位于北海道空知郡，输出功率为 2MW，是日本开发 400MW 机组的工业试验用中间机组。它利用废弃的煤矿坑（约在地下 450m 处）作为储气洞穴，最大压力为 8MPa。

（4）瑞士 ABB 公司（现已并入阿尔斯通公司）正在开发联合循环压缩空气储能发电系统，该项目发电机用同轴的燃气轮机和汽轮机驱动。储能系统发电功率为 422MW，空气压力为 3.3MPa，系统充气时间为 8h，储气洞穴为硬岩地质，采用水封方式。该系统的燃烧室和燃气透平都分别由高压和低压两部分构成，采用同轴的高、中、低压三个透平，机组效率可达 70.1%。

（5）国外从事新型压缩空气储能技术研究的机构包括英国高瞻公司、英国利兹大学等。新近提出的先进绝热 AA-CAES 将不使用化石燃料，并利用热储能循环提高整体效率。AA-CAES 示范工程 ADELE 正在德国建造，设计储能容量 360MWh，额定功率 90MW，循环效率可达 70%。

目前除德国、美国、日本、瑞士外，俄罗斯、法国、意大利、卢森堡、南非、以色列和韩国等也在积极开发压缩空气储能电站。

我国对压缩空气储能系统的研究起步较晚，目前尚无投入商业运行的压缩空气储能电站。但随着电力储能需求的快速增加，相关研究逐渐被一些大学和科研机构所重视，已经从五个方面逐步开展了一些相关工作，包括系统总体设计和分析、蓄热器、放热器、系统集成和示范、政策和商业机制研究。

现在国内约有 10 家组织单位进行了深入的系统研究，主要分为三大类：第一类是研究小型百千瓦级以下的，有浙江大学、西安交通大学等；第二类主要做技术经济性分析，包括中科院工程热物理所、华北电力大学等；第三类主要研究压气机，研究小型压缩空气储能的有浙江大学，研究漩涡式的有山东大学，研究向心式的是中科院工程热物理所。另外，哈尔滨工业大学在储气装置方面也有一定研究。

集成示范方面，我国从十千瓦级到百千瓦级都有研究。浙江大学在 20 世纪 90 年代做过 10kW 左右的压缩空气动力汽车的研究。山东大学开始研究涡旋式发动机，并得到了"863"项目前沿项目的支持。2014 年，清华大学设计了 500kW 的装置，实现了百千瓦级的装置研发。

2013 年，中科院工程热物理建成了其自主研发的国际首套 1.5MW 超临界先进压缩空气储能示范系统，系统效率为 50%~60%。

2016 年，葛洲坝集团机船公司及其控股子公司葛洲坝能源重工与中科院工程热物理所、澳能（毕节）工业园发展有限公司等重组成立葛洲坝中科储能技术有限公司，主要研制 1.5MW 压缩空气储能系统以及天然气余压发电机组等产品。

2017 年 3 月下旬，葛洲坝装备公司联合中国科学院，成功研发了 10MW 级超临界先进压缩空气储能系统。目前，样机已进入测试、试运行阶段。中科院工程热物理所目前已开始 100MW 级先进压缩空气储能系统设计和关键技术研发。

2017 年，国家能源局为落实电力发展"十三五"规划，试验示范电力系统储能新技术，综合考虑江苏省电力调峰需求和盐穴资源条件，将金坛"基于盐穴压缩空气智能电网储能系统项目"列为国家级示范项目。项目目标是利用地下盐穴建设世界上首座 50MW/200MWh 非补燃型压缩空气储能电站，占地 60.5km^2，最大容腔体积 32 万 m^3，一期建设规模为 50MW，电换电试验效率可达 58% 以上。二期规划建设 150MW 盐穴空气储能发电系统。同时，可结合项目所在区域负荷发展及可再生能源开发情况，构建基于盐穴空气储能发电系统的微电网工程。项目拟采用清华大学研发的非补燃压缩空气储能发电技术，在用电低谷时段将空气压缩后储存于盐穴内，并将压缩过程中产生的压缩热收集并储存。在用电高峰阶段，压缩空气将储存的热能加热后进入透平膨胀机做功发电，储能发电全过程无燃料消耗。

压缩空气储能在容量、功率等级、放电时间、建站成本等方面都与抽水蓄能技术相近，特别在要求大规模（如数百兆瓦）储能而又没有条件实施抽水蓄能的情况下，压缩空气储能将有广阔的应用前景。压缩空气储能总的发展趋势是向摆脱地理和资源条件限制、提高效率、增加能量密度、降低成本的方向发展。

2010 年，美国著名的咨询公司 PikeResearch 发布了他们对压缩空气储能的 2010~2020 年的预测。由于压缩空气储能在大规模储能技术的 3 个主要参数：容量或额定功率（数百兆瓦），放电时间（数或数十小时）以及能源成本（数百美元/kWh）方面表现优秀，PikeResearch 公司估计，压缩空气储能系统市场将从 2010 年的 453MW 增至 2020 年的近 7GW。

常规使用化石燃料和地下洞穴的压缩空气储能技术上比较成熟，但存在对大型储气室、化石燃料的依赖等问题，必须在地形条件和供气保障的情况下才可能得到规模化应用。带回热的压缩空气储能系统(AA–CAES)，除去了燃烧室，具有效率高、无污染的特点，可以方便地与太阳能热发电系统结合，是压缩空气储能技术的重要发展方向。液态空气储能系统（LAES）和超临界空气储能系统（SCAES）将空气在液态下储存，大幅减小储气室的体积，从而摆脱对大型地下储气室的限制，也是压缩空气储能技术的重要发展方向。小型压缩空气储能系统结构简单，功能灵活。它利用高压容器代替储气洞穴，能够摆脱传统压缩空气储能系统对地形的依赖，可以用于备用电源、汽车动力和分布式供能系统等，具有广泛的应用前景。压缩空气储能与可再生能源的耦合系统可以解决可再生能源的间断性和不稳定性问题，是提高风能、太阳能等可再生能源大规模利用的迫切需要，将是压缩空气储能技术近期主要发展方向。使用地上储气设施的小型压缩空气储能技术正在快速发展，例如英国 PNU Power 的压缩空气 UPS 产品。此类系统可用于备用电源、孤立地区微电网等。

4.2.3 压缩空气储能关键技术分析

压缩空气储能技术所储存的能量有两种：热能和压力势能。储能系统的运行过程中，储气室内气体的温度和压力不断发生着变化，并相互影响。气压每升高 1MPa，温度将增加 13℃。因此，针对储能系统运整体运行的仿真、实时控制是关键技术之一。常规压缩空气系统储能周期为 24h，充放气时间越短，高压储气时间越长。充放气速率、最低运行压力、空气入库温度、密封层材料的热力学特性均对储能体系效率产生影响。

压缩空气储能的关键技术还包括高效压缩机技术、膨胀机技术、燃烧室技术、储热技术、储气技术和系统集成与控制技术等。压缩机和膨胀机是压缩空气储能系统核心部件，其性能对整个系统的性能具有决定性影响。尽管压缩空气储能系统与燃气轮机类似，但压缩空气储能系统的空气压力比燃气轮机高得多。因此，大型压缩空气储能电站的压缩机常采用轴流与离心压缩机组成多级压缩、级间和级后冷却的结构形式。膨胀机常采用多级膨胀加中间再热的结构形式。相对于常规燃气轮机，压缩空气储能系统的高压燃烧室的压力较大。燃烧过程中如果温度较高，可能产生较多的污染物，因而高压燃烧室的温度一般控制在 500℃以下。压缩空气储能系统要求的压缩空气容量大，通常储气于地下盐矿、硬石岩洞或者多孔岩洞。对于微小型压缩空气储能系统，可采用地上高压储气容器以摆脱对储气洞穴的依赖。

4.3 飞轮储能

4.3.1 飞轮储能的基本原理和特点

飞轮储能（FIywheels Energy Storage，FES）的基本原理是把电能转化成旋转体的动能进行储存。在储能阶段，电机作电动机运行，从系统吸收能量，通过飞轮转子加速，将电能转化为动能。在释放能量阶段，电机作发电机运行，向系统释放能量，通过飞轮转子减速，将动能转化为电能。

飞轮储能系统是一种机电能量转换和储存装置，典型的飞轮储能装置系统如图 4-3 所示。飞轮储能系统主要由转动惯量大转速高的惯性飞轮、实现电能 - 动能互相转换的电动 / 发动机、功率变换器、控制设备、封闭壳体和高速轴承等组成。封闭壳体提供了一个高真空环境以减少阻力损失、保护转子系统，轴承系统为转子提供低损耗支撑。

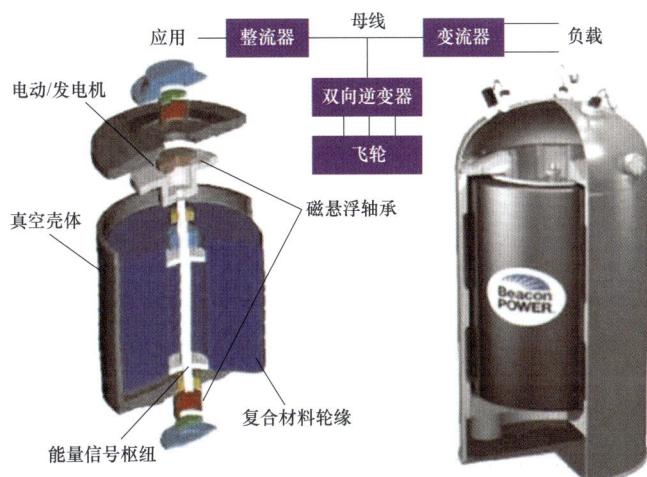

图 4-3 飞轮储能系统工作原理示意图

根据动能方程 $E=Iw^2/2$ 可知，储存在飞轮中的动能（E）与飞轮的转动惯量（I）和旋转速度（w）的平方成正比。转动惯量取决于飞轮总质量，显然提高飞轮总质量可以实现更大规模的能量储存，可用于固定应用场合。但在对质量有严格要求的前提下，提高飞轮旋转速度是提高飞轮系统储能量更有效的办法。

飞轮储能系统的储能效率和储能密度是飞轮储能技术的两个重要指标。为了提高飞轮储能系统的储能效率，必须将轴承的摩擦力和风阻损耗降到最低限度。同时，为了提高储能密度，必须将飞轮的转速提高到允许的最高速度。因此，高速、低损耗、高储能密度的飞轮储能技术是主流研究方向。但是高速飞轮储能系统储能密度大，对飞轮材料、电机、轴承以及控制系统的要求较高。为了提高储能效率和寿命，必须采用特殊材料制作的飞轮和磁悬浮轴承，且飞轮旋转空间需进行抽真空以减小空气阻力。高温超导磁浮轴承的开发和应用解决了传统轴承摩擦力大和高速运行时寿命短的问题，从而加快了高速飞轮储能系统的研究进程。

飞轮储能的主要优点为：①几乎无摩擦损耗、风阻小；②功率密度可达 8kW/kg 以上，在短时间内可以输出更大的能量；③能量转化效率高，一般可达 85%~95%；④充电时间短，属于分钟级别；⑤运行过程中无有害物质产生；⑥运行过程中几乎不需要维护；⑦工况环境适应性好，−20~50℃下都能正常工作；⑧使用寿命和储能密度不受充放电深度的影响，只取决于飞轮材料的疲劳寿命及系统中电子元器件的寿命，目前飞轮储能的使用寿命可达 20 年左右。

飞轮储能的主要缺点为：①自放电率较高，即空载下的能量损失大，每小时超过2.5%；②储能密度低，尽管飞轮储能理论能量密度高达 200~400Wh/kg，但是在实际应用过程中，限于材料的因素，安全稳定运行的飞轮的储能密度通常不高于 100Wh/kg；③价格昂贵也是影响飞轮储能推广的因素之一。从技术研发的角度看，一方面将飞轮国产化以降低成本是大势所趋，另一方面寻求新型飞轮材料以提升能量密度或者降低成本是飞轮储能应用推广的关键。

4.3.2 飞轮储能国内外应用现状

目前快速发展的飞轮储能技术已经在电力系统调频、UPS、风力发电、太阳能发电、电动汽车、低地轨道卫星储能许多领域得到应用，中小容量的飞轮储能系统已实现商品化。近年来，国际上飞轮储能技术的开发和应用研究十分活跃，美国、日本、法国、英国、德国、荷兰、俄罗斯、西班牙、韩国、印度、瑞士、加拿大和意大利等国都在进行研究。其中美国投资最多，规模最大，进展最快。

飞轮储能技术在提高电力系统稳定性领域的工程应用主要是用来快速补偿电网的功

率不平衡，即作为调频手段的一种，如美国纽约州基于飞轮储能技术的 20MW 调频电站工程、美国加利福尼亚州飞轮储能与抽水蓄能技术相结合的广域能量管理系统以及目前已经建成的基于飞轮储能技术的美国新英格兰州 2MW 调频电站示范工程等。

1999 年欧洲 Urenc Power 公司利用高强度碳纤维和玻璃纤维复合材料制作飞轮，转速为 42000r/min，2001 年 1 月系统投入运行，充当 UPS，储能量达到 18MJ。美国波音公司 Phantom 工厂研制的高温超导磁浮轴承 100kW/5kWh 飞轮储能装置，已用于电能质量控制和电力调峰。部分飞轮储能装置在电力系统中的应用情况见表 4-1。

表 4-1　　　　　　　　　　　　飞轮储能装置在电力系统中的应用情况

序号	年份	研发机构	基本参数	技术特点	作用
1	不详	日本四国综合研究所	8MWh，储能放电各 4h，待机 6h	高温超导磁浮立式轴承，储能效率 84%	平滑负荷
2	不详	日本原子力研究所	215MW/8GJ	输出电压 18kV，输出电流 6896A，储能效率 85%	UPS
3	不详	美国 Vista	277kWh	引入风力发电系统	全程调峰
4	1991	美国马里兰大学	24kWh，转速 11610~46345r/min	电磁悬浮轴承，输出恒压 110V/240V，全程效率 81%	电力调峰
5	1996	德国	5MW/100MWh，转速 2250~4500r/min	超导磁浮轴承，储能效率 96%	储能电站
6	2004	巴西	额定转速 30000r/min	超导与永磁悬浮轴承	电压补偿

国内从事飞轮储能研究的单位主要有清华大学工程物理系飞轮储能实验室、北京飞轮储能柔性研究所（由中科院电工所、天津核工业理化工程研究院等组成）、北京航空航天大学、华北电力大学、南京航空航天大学、中国科学技术大学、中科院力学所、东南大学、合肥工业大学等。对飞轮储能的研究主要集中在飞轮转子和轴承支承系统，在电力电子控制方面的研究与国外尚有差距，还没有开发出转换控制器，研究工作正在进行当中。

4.3.3　飞轮储能关键技术分析

目前，飞轮储能技术主要有两大分支。第一个分支是以接触式机械轴承为代表的大容量飞轮储能技术，其主要特点是储存动能、释放功率大，一般用于短时大功率放电和电力调峰场合。

第二个分支是以磁悬浮轴承为代表的飞轮储能技术，高温超导磁浮轴承的开发和应用解决了传统轴承摩擦力大和高速运行时寿命短的问题，从而加快了高速飞轮储能系统的研究进程。在此技术中，飞轮转子的 6 个刚体自由度有 5 个由磁悬浮系统控制（可为简单被动永磁轴承或复杂五轴主动控制）。Earnshow 定理表明仅依靠永磁轴承组成的磁悬浮系统无法获得稳定平衡，因此至少在一个自由度方向需要机械轴承或主动式电磁轴承。

由于机械轴承摩擦较大，电磁轴承需要线圈、传感器、通信通道等器件，结构较为复杂，体积庞大。所以未来超导磁悬浮轴承设计依旧有待突破。除此之外，轴承控制系统同样至关重要，它不仅决定轴承的悬浮稳定性，也同时决定轴承系统的刚度以及阻尼特性，影响动态性能。磁悬浮轴承建模时存在不确定性问题，采用经典 PID 控制理论整定的控制器，无法理想控制具有强非线性特点的磁悬浮轴承系统，必须进行线性化处理，否则难以保证其优良的稳定性和抑制扰动能力。未来基于现代控制理论整定的非线性控制器是轴承控制系统的发展方向。例如吕慎刚等提出了基于 H∞ 控制理论[1]的磁悬浮轴承控制系统，将不确定性与干扰稳定性转化为混合灵敏度频域设计，有效提升了系统在参数不确定范围内的、稳定性、鲁棒性[2]和抑制扰动能力。

总体而言，相比接触式机械轴承飞轮储能系统，以磁悬浮轴承为代表的飞轮储能系统容量较小。其主要特点是结构紧凑、效率更高，一般用作飞轮电池、不间断电源等。

随着超导技术的发展和高强度复合材料的出现，以及电力电子技术的新进展，开发飞轮储能技术已经成为可能。飞轮储能的主要发展方向及研究热点为：①超大储能量、大功率飞轮的研制；②进一步降低储能飞轮系统的功耗；③系统的安全性、可靠性分析；④机电参数匹配问题；⑤强力充放电系统的稳定性。另外，集成电动/发电机伺服系统的全数字化也是飞轮储能系统发展的必然趋势。

总的来说，从提高飞轮的转速和降低飞轮旋转时的损耗方面考虑，飞轮储能的关键技术包括高强度复合材料技术、高速低损耗轴承技术、高速高效发电/电动机技术、飞轮储能并网功率调节技术、真空技术等。

4.4 超导磁储能

4.4.1 超导磁储能的基本原理

超导磁储能（Superconducting Magnetic Energy Storage，SMES）的概念源于充放电时间很短的脉冲能量储存，是指利用超导线圈通过变流器将电网能量以电磁能的形式直接储存起来，需要时再通过变流器将电磁能返回电网或其他负载的一种电力设施。

超导磁储能系统主要由超导线圈、低温冷却系统、磁体保护系统、变流器、变压器和控制系统等部件组成，如图 4-4 所示。其中，超导磁储能系统的核心部件是超导线圈，

---

① H∞ 控制理论：在 H∞ 空间（Hardy 空间）通过某些性能指标的无穷范数优化而获得控制器的一种控制理论。

② 鲁棒性：指系统预期的设计品质，不因不确定项的存在而遭到破坏的特性。

它也是超导磁储能装置中的储能元件，能够将电流以电磁能形式无损耗地储存于线圈中。超导线圈作为一个大型电感，储存的能量与电流的平方成正比，能量关系用方程可描述为：

$$E = \frac{1}{2}LI^2 \tag{4-1}$$

$$I = I_0 e^{-\frac{t}{\tau}} \tag{4-2}$$

$$\tau = \frac{L}{R} \tag{4-3}$$

式中：E 为超导线圈所储存的能量；L 为超导线圈的电感，由线圈的几何尺寸决定；I 为流过线圈内的直流电流，是随时间 t 衰减的函数，由衰减速率时间常数 τ 决定；τ 为线圈电感 L 与系统内阻 R 的比值。

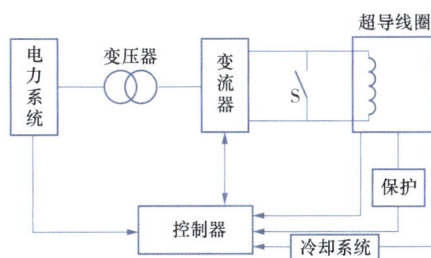

图 4-4　超导磁储能系统装置示意图

由于超导储能系统内阻很小，几乎可以忽略，因此该系统所储存的能量几乎可以无损耗地永久储存，其储能效率高达 95% 以上。超导磁储能具有响应速度快（ms 级），能量转换效率高（≥ 95%）、储能密度大（108J/m³）、能量密度大（1~10Wh/kg）、功率密度高（104~105kW/kg）和不受场地限制等优点，可以实现与电力系统的实时大容量能量交换和功率补偿。超导磁储能在技术方面相对简单，没有旋转机械部件和动密封问题。

超导磁储能系统在电力系统中的主要应用如下：

（1）在提高现代电力系统在安全稳定运行方面，超导磁储能系统作为一个可灵活调控的有功功率源，可以主动参与系统的动态行为，因而对解决系统滑行失步和振荡失步均有作用，并能在扰动消除后缩短暂态过渡过程，使系统迅速恢复稳定状态。

（2）在改善电能质量方面，由于超导磁储能系统发出或吸收一定的功率，可用来减小负荷波动或发电机出力变化对电网的冲击。

（3）超导磁储能系统可作为敏感负载和重要设备的不间断电源，同时解决配电网中发生异常或因主网受干扰而引起的配电网向用户供电中产生异常的问题，改善供电品质。

（4）超导磁储能系统适合用于解决风电、光伏发电系统的并网问题。超导磁储能响应速度快，可以根据电源放电状况快速收／放电能，能够最大限度地减少不稳定电力对电网的冲击。

（5）超导磁储能系统还可以为电力系统提供备用容量。以目前的技术水平，超导磁储能系统还不足以作为大型电网的备用容量，但在局部区域、微网孤岛运行状态，特别是对于个别重要负荷，超导磁储能系统可以作为备用容量以提高电网的安全稳定运行水平。

尽管如此，超导磁储能技术依旧存在约束，较为突出的一点是其能量密度问题。超导磁储能的能量密度受到磁场约束，用方程可描述为：

$$\frac{V_{\mathrm{mag}}}{V_{\mathrm{el}}} \leqslant \frac{1}{2} \times \frac{B^2}{\mu_0} \tag{4-4}$$

$$\frac{W_{\mathrm{mag}}}{M_{\mathrm{min}}} \leqslant \frac{\sigma}{\rho} \tag{4-5}$$

$$\sigma = JBR \tag{4-6}$$

式中：W_{mag} 为磁场所储存的能量；V_{el} 为超导线圈体积；B 为磁场强度；μ_0 为真空磁导率；M_{min} 为机械结构最小质量；ρ 为材料结构密度；R 为材料半径；J 为电流密度。

由上述公式可以得出，一个 $B=10\mathrm{T}$ 的磁场，可以产生的最大能量密度为 40MJ/m³；金属结构理论最大能量密度为 30~50kJ/kg，复合材料理论能量密度为 150kJ/kg。

4.4.2　超导磁储能国内外应用现状

超导磁储能系统在美国、日本、欧洲一些国家的电力系统已得到初步应用，在维持电网稳定、提高输电能力和用户电能质量等方面发挥了重要的作用。表 4-2 显示了其中一些应用实例。

国内关于超导磁储能技术的相关研究起步较晚，主要集中在清华大学、华中科技大学和中科院电工研究所的理论和实验性研究。2011 年 4 月 19 日，在国家科技部、中国科学院、国家自然科学基金委员会的支持下，由中科院电工研究所与白银市政府联合建设的全球首座超导磁储能变电站正式投运，容量为 630kVA。它为白银市国家高新技术产业开发区内多家企业供电，大幅提高了电网供电的可靠性和安全性，改善了供电质量，提高了传输容量和降低传输损耗。总体而言，国内的超导磁储能尚处于研发示范阶段，对比其他储能技术而言，其成本相对昂贵，目前的功率成本达到 6500~7000元/kW，能量成本高达 900000 元/kWh。未来成本下降空间大小与其产业化发展程度密不可分。

表 4-2   超导磁储能技术的应用实例

年份	应用地点	基本参数	作用
1982	美国	30MJ/10MW	抑制系统低频振荡和支撑系统电压
1993	美国阿拉斯加电网	1.8GJ	提高电网的供电可靠性
2000	美国威斯康星州公用电力北方环型输电网	6×3MJ/8MVA	避免电压凹陷和短路故障
2002	美国田纳西州 TVA 电管局 500kV 输电网	8×3MJ/8MW	维护输电网电压稳定性
2002	日本 Chubu 电力公司	7.3MJ/5MW	提供瞬时电压补偿
2003	日本 Chubu 电力公司	1MJ，Bi-2212	补偿瞬时电压跌落
2006	日本 Hosoo 电站	10MW	提高系统稳定性和供电品质
2002	德国 ACCEL	150kJ，Bi-2223	用于 20kVA UPS 系统，与电网相连以提高电能质量，同时发挥有源电力滤波器的作用
2001	韩国电力研究所	1MJ/300VA	有效维持系统稳定运行
2006	韩国电力研究所，Hyundai 重工	3MJ/750kVA	提高敏感负荷的供电质量

4.4.3 超导磁储能关键技术分析

超导线圈作为超导磁储能系统的储能元件和核心部件，其性能取决于超导材料，因此超导材料技术的发展是提升超导磁储能技术的前提。超导材料大致可分为低温超导材料、高温超导材料和室温超导材料。低温超导材料现已基本达到了可以在中小型超导磁储能系统上使用的水平，但必须在液氮温区下才能维持超导状态，因此成本高昂，应用受到很大限制。目前已出现的高温超导材料通常被分为两代，第一代为铋（Bi）系高温超导材料，其临界电流密度 JC 易受磁场的影响，而且受原材料成本的限制，Bi 系高温超导材料价格降低到 50 美元 /（kAm）以下十分困难。第二代高温超导以氧化钇钡铜（YBCO）或钕钡铜氧（NdBCO）作为涂层，具有一系列明显的优势。如物理特性上电流密度更高，交流损耗更低，原材料省去了贵金属银，理论成本远低于第一代。

现阶段技术较为成熟、已实现应用的是低温超导材料。在超导磁储能方面，目前较为成熟的产品还是使用低温超导材料和 Bi 系第一代高温超导材料的超导磁储能系统，第二代高温超导材料的超导磁储能系统的应用不多。随着产业规模扩大和工艺提高，成本逐年快速下降，第二代高温超导材料成本 5 年间从 200 美元 /m 下降到目前 50 美元 /m。上海超导国产化目标是在现有的价格基础上至少再下降一半。由于铜材价格 10 年间从 1500 美元 /t 最高上升到 9000 美元 /t，可以预想未来 5~10 年，高温超导材料价格有望下降到和铜导线相当的水平。根据美国"加速涂层导体发展计划（ACCI）"，美国超导公司计划将高温超导材料的价格降低到 10~25 美元 /（kA·m）。如果这个目标能够实现，届时高温超导磁储能技术的各种应用将完全具备实用化推广的可能。

4.5 超级电容器储能

4.5.1 超级电容器储能的基本原理和特点

超级电容器是近年来受到广泛关注的一种新型储能元件，超级电容器的储能原理与电容器相同，其存储能量可由式（4-7）描述：

$$E=\frac{1}{2}CU^2 \tag{4-7}$$

式中：E 为超级电容器所储存的总能量；C 为超级电容器电容，由两极板间距、极板面积以及电介质材料决定；U 为超级电容器端电压。

通过控制超级电容器端电压，可控制电容器的充放电，其充放电深度 DOD 可由式（4-8）描述：

$$DOD=\left(\frac{U}{U_{\max}}\right)^2 \tag{4-8}$$

式中：U 为超级电容器端充放电电压；$U_{\max}$ 为超级电容器最大额定端电压。

超级电容器充放电电压一般在最大额定电压的 50% 以上变化，因此 DOD 一般在 0.25~1 范围内。

超级电容器按照储能原理可以分为双电层电容器（Electric Double Layer Capacitor）和电化学电容器（Electric Chemical Capacitor）两大类。

双电层电容器的应用最为广泛，它采用高比表面积活性炭作为电极材料，通过炭电极与电解液的固液相界面上的电荷分离而产生双电层电容，如图 4-5 所示。在充放电过程中发生的是电极 / 电解液界面的电荷吸脱附过程，而不是电化学反应。目前双电层超级电容器的成本较高，为 100~300 美元 /kW，300~2000 美元 /kWh，循环寿命达到 10 万次以上，能量转换效率大于 80%。

电化学电容器采用 RuO_2 等贵重金属氧化物作电极，在氧化物电极表面及体相中的二维或准二维空间上，电活性物质进行欠电位沉积，发生化学吸脱或氧化还原反应，产生与电极充电电位有关的电容，又称为法拉第准电容器。由于法拉第准电容的产生机理与电池反应相似，在相同电极面积的情况下，它的电容量是双电层电容的几倍，但双电层电容器瞬间大电流放电的功率特性比法拉第电容器好。

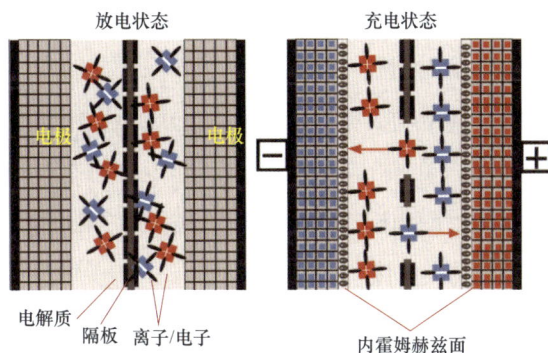

图 4-5 双电层电容器原理图

超级电容器在本质上是以电磁场来储存能量，不存在能量形态的转换过程。其主要优点是：

（1）超高电容量。容值范围在一般在 0.1 法到数万法之间，与同体积的电解电容器相比，容量要高出数千倍。

（2）充电速度快。可以在数秒内到几分钟内达到其额定容量的 95% 以上。

（3）功率密度高。功率密度为一般蓄电池的十倍以上，为典型的功率型电池。

（4）充放电效率高，损耗小，大电流能量循环效率超过 90%。

（5）循环寿命长。深度充放电循环次数可达 1 万 ~50 万次。

（6）工作温度稳定范围宽。可在 -40~80℃温度范围内工作，超低温特性好。

（7）环境友好。产品原材料构成、生产、使用、储存及拆解过程均没有污染，是理想的绿色环保电源。

（8）安全系数高，长期运行免维护。

（9）占地面积极小。

超级电容器的主要缺点是：

（1）能量密度低，不到 10Wh/kg，远低于锂离子。

（2）电池电压低。额定电压一般只有 1~3V，过压工作将会引起内部电解质分解，造成电容器损坏。因此，必须通过串并联组合构成超级电容器模块才能满足实际应用系统对电压和能量等级的要求。

（3）两端电压随着充电和放电过程变化。超级电容器的端电压随着充电而上升，随着放电而下降。所以通常两端都需要与一个 DC/DC 变换器连接，以保持输出电压的稳定。

（4）参数的不一致。同一型号规格的超级电容器在电压、内阻、容量等参数上存在着不一致性，这主要是由制造过程中工艺和材质不均造成的。而在超级电容器使用过程中，工作环境不同及电压不均的积累又加剧了超级电容器参数的不一致性。

超级电容器的高功率密度特性非常适合运行于电动载具的启动阶段，在电力领域，超级电容器可以起到有功支撑、调频等作用。随着环保型电动车、电动汽车研究技术的兴起和发展，超级电容器与其他动力电池配合使用构成新型复合电池，在电动汽车的电源启动系统中得到广泛应用。同时在车辆的制动、起步、加速过程中起到了保护蓄电池且节能的作用，或者其可直接用作电动车的电源。超级电容器也可以为重型汽车发动机和内燃机的启动系统提供瞬时大电流。

4.5.2 超级电容器储能国内外研发应用现状

早在 1879 年德国的赫尔姆霍兹（Helmholtz）就提出了双电层的理论。而液体电解质双电层电容器 1956 年才出现，相隔 10 年后才开始更为广泛的研究、调试工作，进入 70 年代才有商品化产品出现。固体双电层电容于 1965 年出现，但因技术上仍不够成熟，没有形成产业化。超级电容器历经三代及数十年的发展，已形成电容器 0.5~1000F、工作电压 12~400V、最大放电电流 400~2000A 系列产品，储能系统最大储能量达到 30MJ。在超级电容器产业化方面，美国、日本、俄罗斯处于领先地位，几乎占据了全球整个超级电容器市场。

日本 NEC、美国 Maxwell 等公司在电动汽车、小型发电系统、轨道交通系统等领域中也运用了超级电容器技术。西门子公司已成功开发出储能量达到 21MJ/5.7Wh、最大功率 1MW 的超级电容器储能系统，并成功安装在德国科隆市 750V 直流地铁配电网中。该系统由 4800 支 2600F/2.5V 超级电容器组成，重量 2t，体积 2m³，超级电容器组储能效率为 95%。2009 年，巴黎轻轨列车采用超级电容阵列用于回收车辆制动能量。

2005 年，美国加利福尼亚（California）州建造了与风力发电机组相整合的 450kW 超级电容器，用来减小 950kW 风力发电机组向电网输送的功率波动。美国 TVA 电力公司成功开发了 200kW 超级电容器储能系统，用于大功率直流电机的启动支撑。2010 年，美国克利夫兰州立大学研究利用聚苯胺硅纳米材料作为超级电容电极材料以获得高能量密度和功率密度。

近年来，我国也逐渐重视超级电容器技术。上海交通大学、中国人民解放军总装备部防化研究院和成都电子科技大学等开展了超级电容器的基础研究和器件研制工作。国内从事大容量超级电容器研发的厂家，比如北京集星公司、上海奥威公司、洛阳凯迈公司和锦州锦荣公司等具备一定的技术实力和产业化能力。

2005 年中国科学院电工所承担的 863 项目——搭建用于光伏发电系统的超级电容器储能系统通过了专家验收。2006 年 8 月，上海超级电容公交电车投入运营。超级电容公交车队已累计运行了 75 万 km，平均耗电 1kWh/km，行驶费用仅为普通燃油车的 1/3。

2012 年 8 月，北京集星联合电子科技有限公司与其合资企业宁波南车新能源科技有限公司合作研发的超级电容器储能系统，已成功应用于中国南车株洲电机有限公司生产的城市轨道试验列车上。2.7V、3000F/2000A 超级电容器模组，掌握了储能式电力牵引轻轨车辆的"中国芯"。近年来，我国在浙江舟山、南麓岛的微电网示范工程中分别采用了20kW、1000kW 超级电容器作为其中一种储能方式，由于超级电容器能量密度低，所以在其中的作用仅限于平抑风光波动，提高电能质量。

　　超级电容器在规模化应用中面临的主要问题在于，其很短的能量存储时间（仅为秒－分钟级别），低能量密度限制了其应用的规模，其技术定位仅限于短期的功率型应用场合。另一方面，目前其成本很高，暂不具备大规模产业化能力。超级电容器技术自身的发展趋势主要是开发高性能电极及电解液关键材料技术提高储能密度，同时降低成本。现在的研究方向包括复合电极材料和电解液材料技术，提高超级电容器的整体能量密度和功率密度等。

本 章 小 结

　　本章介绍了物理储能技术的技术原理、性能特点及其关键技术。总的来看物理储能技术主要分为能量型、功率型两种。能量型储能技术以抽水蓄能以及压缩空气储能为主导，其中抽水蓄能得益于发展较早，装机量方面占据霸主地位，然而其经济性劣于压缩空气储能。二者均面临选址条件苛刻这一共同问题。着眼未来，压缩空气储能将受市场驱动快速发展，同时抽水蓄能因为其成熟的工艺，在政策鼓励的环境下装机量短期也将持续增长。

　　功率型储能方面，飞轮储能、超导磁储能以及超级电容器储能在我国均处于示范阶段，各自仍有关键技术尚未突破。同时，功率型储能商业化需求成熟的电力辅助服务市场，目前我国此方面刚刚放开，市场仍处于早期发展阶段，受政策影响较大。因此，此类储能技术的高成本目前来看难以回收，一定时间内仍将持续处于示范阶段。

储热技术路线及关键技术 5

　　储热，即热能存储，是指热能的储存和利用，是电力储能技术的一种类型。储热技术解决了热量供应与需求在时间和空间上不一致性的问题，提升了热能利用的灵活性。储热不仅在传统的采暖和制冷领域发挥着不可替代的作用，而且在解决可再生能源消纳、电力系统调节和多能互补等领域承担着越来越重要的角色。根据储热原理的不同，储热技术可分为显热储热、相变储热和热化学储热。

5.1　显热储热技术

5.1.1　显热储热基本原理

　　显热储热是利用材料所固有的热容进行热能存储的技术，通过加热储热材料升高温度、增加材料内能的方式实现热能存储。储热材料的显热储热能力一般可用比热容来衡量，比热容越大，单位温升储存的热能就越多，材料的显热储热能力也就越大。

　　显热储热材料在储存和释放热能时，只是发生温度的变化，因此，显热储热技术具有储热原理简单、技术成熟、材料来源广泛且成本低廉等优点，广泛应用于化工、冶金、热动等热能储存与转化领域。但显热储热材料储能密度低，系统装置庞大，且不适宜在温度较高的环境中工作。

　　显热储热装置一般由储热材料、容器、保温材料和防护外壳等组成。太阳能热水器的保温水箱是典型的利用水作储热介质的显热储热装置。为了使储热装置具有较高的容积储热密度，要求储热材料具有较高的比热容和较大的密度。

5.1.2　显热储热材料

　　显热储热材料大部分可从自然界直接获得，价廉易得。目前，常见的显热储热材料包含气态、液态、固态三态，主要有热空气、水、蒸汽、导热油、高温熔盐、液态金属、岩石、鹅卵石、土壤、砂石混凝土、玄武岩混凝土、耐高温混凝土、浇注料陶瓷等热容较大的物质。其中，水的比热大、成本低，主要用于低温储热领域；导热油、硝酸盐的沸点比较高，可用于太阳能中温储热。

为了适应大规模显热储热的要求，高温载体应当满足以下性能条件：

（1）热力学条件。熔点低（不易凝固）、沸点高（性能稳定）、导热性能好（储热和放热速率快）、比热容大（减少质量）以及数度低（易于运输、热传递损失小）。

（2）化学条件。热稳定性好、相容性好、腐蚀性小、无毒、不易燃、不易爆。

（3）经济性。价格便宜，容易获得。

其中，储热材料的熔点、密度、比热容、导热性、流动性是衡量储热材料的综合储热性能的关键。

（1）熔点。为了便于传输，一般要求储热材料维持在液态。材料熔点会影响储热时的最低保持温度。如果熔点较高，材料与环境的温差将较大，导致散热很大，为了保持其仍为液态，会增加保温所需的费用。

（2）密度。材料的密度越大，则在相同质量的情况下其体积越小，从而可以减少装储热材料容器的体积，减少投资。

（3）比热容。材料储热能力越强，在相同的质量下储存的热量就越多，或者是储存相同的热量时所需要的储热材料的量就相对较少，这样不仅减少了储热材料的费用，而且还减少了用来装储热材料容器的体积及其他相关费用，从而在整体上很大程度地减少了投资成本。反应储热能力大小的特性参数就是比热容，比热容越大，则储热材料的储热能力就越大，反之越小。

（4）导热性。材料在储热时，受热面和远离受热面的温度往往不同，即存在温度梯度，不利于热量的传输，影响热量传输的效率，增加储热所需时间，影响储热的效率。因此，为了提高储热效率，一般要求储热材料具有较好的导热性。

（5）流动性。材料在储存热量和释放热量的过程中一般是不可能一直处在一个容器中的，现在普遍使用的是具有冷罐和热罐的双罐式储热材料储存装置。储热材料会随着储存热量和释放热量的过程变化，从一个罐被泵抽到另一个罐，或是单方向从一个罐抽回到另一罐（比如从冷罐抽回到热罐，而从热罐到冷罐时只是利用重力势能即可），而这时，流动性的强弱就会影响泵，不但会影响其效率、功耗，甚至会影响泵的寿命。

5.1.3 显热储热系统装置

目前大规模显热储热应用最广的是太阳能光热发电中的熔盐蓄热系统，其典型装置主要为熔盐罐和熔盐泵。

1. 熔盐罐

在熔盐蓄热系统中，熔盐罐主要发挥两个作用：一是储存热量，低温熔盐罐中的盐吸收热量后进入高温熔盐罐中，它可将太阳能以热能的形式储存起来，使得太阳能热电厂在阳光不充足时还可以供应发电所需的能量；二是保证发电的稳定性，阴天或傍晚时，热罐中的热量能够保证太阳能热电厂持续稳定地发电，保证供电的稳定性对于太阳能热电厂的并网及普及都是非常重要的。

（1）壁面保温材料。熔盐罐必须设计合适厚度的保温层，才能防止热量的损失，以及熔盐凝固带来的重启动等问题。在设计时，可以根据允许表面热损失值来计算保温层的厚度。壁面保温材料可选用硅酸钙，它具有密度小、强度高、导热系数小、耐高温、耐腐蚀、易加工等特点。能承受高温及冷热循环工作，且有优良的可加工性，不含石棉，绿色环保。

储热罐底部基础的作用是承受盐罐重力并要求具有保温效果。储热罐的基础包括混凝土板、绝热混凝土板、泡沫玻璃保温层、隔热耐火砖、钢衬板。基础的外围由耐火砖墙围成的环组成，以此支持顶部盐罐的质量。混凝土板是整个系统的底部基础，为了提高混凝土强度，一般要求在混凝土中设置钢筋，绝热混凝土板和泡沫玻璃保温层的主要目的都是保温。隔热耐火砖和钢衬板是支撑盐罐质量的底部基础，环形墙起承重作用，罐子和熔盐质量最终靠环形墙来支撑。

（2）底部保温材料。钢衬板下方有两层保温材料，分别为隔热耐火砖和泡沫玻璃。泡沫玻璃是一种以玻璃为原料，掺入适量发泡剂，通过窑炉高温发泡和退火冷却后制得的，具有均匀的独立密闭气隙结构的新型无机绝热材料。由于它完全保留了无机玻璃的化学稳定性，具有密度小、导热系数小，不透湿、不吸水、不燃烧、不霉变、不受鼠啮、机械强度高却又易加工，能耐受除氟化氢以外所有的化学侵蚀等特点，因此可以直接与地面接触。但由于泡沫玻璃的耐热温度并不高，因此在泡沫玻璃的上面加盖一层隔热耐火砖。

2. 熔盐泵

在以熔盐为储热介质或传热介质的太阳能热发电站储热系统中，熔盐泵是其中最为关键的设备之一，泵的设计、材料的选择、工艺等各方面都需要有丰富的经验支持。熔盐泵的作用是驱动熔盐在回路中流动。由于是在高温且有一定腐蚀性的条件下工作，材料的高温机械性能和化学稳定性必须满足一定要求。此外，熔盐泵需要长期运行在220~550℃的温度范围内，熔盐泵在运转前要进行反复测试以验证其工作性能，以免投入使用时出现严重问题。

熔盐泵的结构主要包含动力系统、传动系统和输送系统组成。动力系统主要包括电机及电机支架部分，是熔盐泵的动力源。传动系统包括主轴和轴承支架，负责完成动力传送，将电机的高速运转转化为叶轮运转，用以产生输送高温熔盐的动力。输送系统则主要由输送管组成，用于完成高温熔盐的输送。

在确定熔盐泵的选型前，首先要对所采用的熔盐成本进行分析。包括熔盐的种类、使用温度、熔点、气化点等。整体来看，泵的材料选择要耐高温、耐腐蚀，考虑其强度和使用寿命。熔盐在高温下发生分解释放出的气体具有更大的腐蚀性。熔盐的高速流动也会引起熔盐泵叶轮叶片的快速腐蚀，腐蚀损害速率与介质流速成正比，流速越高则腐蚀速度越快。因此应适当控制熔盐的流速在安全范围之内。

当前主要有立式悬臂泵、立式泵、立式浸没泵和轴流泵四种熔盐泵。立式悬臂泵可安装于罐体内或罐体外，无需在支架上安装轴承，拆卸简单；立式泵则需要安装径向轴承，也可布置于罐体内和罐体外，但拆卸困难；立式浸没泵有更长的导管，只能在罐体外布置，拆卸最困难；轴流泵的泵体一般经过特别设计，安装在固定位置的上方，安装拆卸最为简单。熔盐泵在熔盐罐内的具体安装位置十分重要，既要保持密封防止散热，又要注意隔热防止泵体温度过高。

5.2 相变储热技术

5.2.1 相变储热基本原理

相变储热是利用储热材料在相变过程中吸收和释放相变潜热的特性来储存和释放热能的方法，因此又称为潜热储热，而利用相变潜热进行储热的储热介质常称为相变材料。

相变就是物质相态的变化。物质的存在通常认为有三态即固态、液态和气态。物质从一种相态变到另一种相态成为相变。相变的形式有以下四种：固 – 固相变、固 – 液相变、固 – 气相变和液 – 气相变。相变过程一般是一个等温或近似等温的过程，过程中伴有能量的吸收和释放，这部分能量成为相变潜热。材料的相变潜热值通常比其比热值大得多，甚至超出几个数量级。以水为例：水在固 – 液相变（1atm，0℃）和液 – 气相变（1atm，100℃）时的相变潜热分别为 335.2kJ/kg 和 2258.4kJ/kg，而水的比热容仅为约 4.2kJ/(kg·K)。

由于相变储热拥有更高的储热密度，具有质量轻、体积小、所需装置简单的优点，此外其储 / 放热过程近似等温，因此有利于热源与负载的配合，过程更易于控制。但是由于相变储热介质通常扩散系数小，且存在相分离现象，导致储 / 放热速率较低，以及储热介质老化导致储热能力降低的问题，需要通过一定技术途径解决和优化。

5.2.2 相变储热材料

相变储热材料的种类很多，根据相变形式可分为：固 – 固相变材料、固 – 液相变材料、固 – 气相变材料和液 – 气相变材料。其中固 – 液相变材料的研究起步最早，具有高潜热值、相变体积变化小等优点，是目前相对成熟且应用最广泛的一类材料。

根据材料化学组成可分为有机相变材料和无机相变材料。有机相变材料主要有石蜡、脂肪酸和高分子化合物等，其特点是相变热熔大、过冷度小、腐蚀性弱，但高温稳定性差、导热系数小、成本较高等。无机储热材料主要有水合盐、无机盐和金属合金等。水合盐的特点是容易相分离、过冷度大等。无机盐特点是相变热熔高、性价比好，但导热系数较低，且大多数盐高温腐蚀性能严重。金属合金的特点是导热系数高、密度大，但高温腐蚀性强、易被氧化、成本高昂等。基于单一的储热材料往往具有自己的优点，同时具有自身的缺点，需要解决这些问题需要采用复合技术。因此通常实际应用的相变材料是由多组分构成的，包括主储热剂、相变温度调节剂、防过冷剂、防相分离剂、相变促进剂等组分。

根据相变温度范围的不同，可分为低温、中温和高温三类相变储热材料。低温相变储热相变温度低于120℃，此类材料在建筑和日常生活中应用较为广泛，包括空调制冷、太阳能低温热利用及供暖空调系统，常用的低温相变材料主要包括水合盐、石蜡和脂肪酸等。中温相变材料相变温度范围为120~400℃，中温相变储热适合于规模化应用，可用于太阳能热发电、移动蓄热等相关领域，这类材料有硝酸盐、硫酸盐和碱类。高温相变储热相变温度在400℃以上，主要应用于小功率电站、太阳能发电、工业余热回收等方面。其材料一般分为三类：盐与复合盐、金属与合金、高温复合相变材料。

相变材料作为储热器储存热量的载体，针对不同的应用场合和应用目的，应选择不同的相变储热材料。选择性能优良的相变材料关系到储热装置设计的成败。具体而言，在相变储热过程中，理想的相变材料在热力学、化学方面应具有下列性质：

（1）具有合适的熔点温度；

（2）有较大的熔解潜热，可以使用较少的材料储存所需热量；

（3）密度大，储存一定热能时所需要的相变材料体积小；

（4）具有较高的导热系数，使得储（放）热过程具有较好的热交换性能；

（5）能在恒定的温度或温度范围内发生相变，使得储（放）热过程易于控制；

（6）相变过程中不应发生熔析现象，避免相变材料化学成分的变化；

（7）凝固时无过冷现象，熔化时无过饱和现象；

（8）热膨胀小，熔化时体积变化小；

（9）无毒，腐蚀性小；

（10）蒸汽压低；

（11）原料易购，价格便宜。

实际上很难找到能够满足所有这些条件的相变材料，在应用时主要考虑的是相变温度合适、相变潜热高和价格便宜，注意过冷、相分离和腐蚀问题。

目前，相变储热材料的导热性能普遍较差，且存在相分离现象，导致储（放）热速率较低，因此如何有效地提高相变储热材料的储（放）热效率、解决相变材料的相分离问题是推广相变储热材料应用中亟待解决的问题。另一方面，相变储热材料在长期循环使用过程中会出现渗漏和挥发等现象，会对附属设备产生一定程度的腐蚀作用。因此能否找到具有合适的相变温度、相变焓和一定结构强度的相变材料已成为制约相变储热材料发展的一个关键问题。此外，不断优化系统设计、改进工艺条件、降低生产成本也是今后相变储热工业化应用面临的一大难题。

5.2.3 相变储热系统装置

1. 冰储冷空调

冰储冷是利用冰融化过程的潜热来进行冷量的存储，冰的储冷密度比较大，储存同样的冷量所需冰的体积仅为水储冷的几十分之一。由于冰储冷具有以上优点，再加上冰的价格廉价，因此冰储冷已经在储冷空调等方面取得了广泛的研究和应用。

储冷空调的工作原理是在夜间电力负荷的低谷时段采用电制冷技术，利用水的潜热和显热，以冰或水的形式将冷量储存起来，在用电高峰时段将其释放。在满足建筑物空调降温或生产工业制冷需求的条件下，达到转移高峰期电力负荷的目的。

冰储冷空调利用冰水相变潜热，通过制冷储存冷量，并在需要时融冰释放出冷量。电储冰空调系统通常以 25% 体积浓度的乙二醇水溶液作为载冷剂，由冷水机组、储冰装置、板式换热器、自动控制系统，以及泵和阀门组成。

目前我国冰储冷空调中使用最多的是冰球和盘管式储冰装置，如图 5-1 和图 5-2 所示。

2. 相变储热式换热器

工业过程的余热既存在连续型余热又存在间断型余热。对于连续型余热，通常采取预热原料或空气等手段加以回收，而间断型余热因其产生过程的不连续性未被很好地利

图 5-1　储冰球及在储冰罐中的放置

图 5-2　盘管式储冰槽

用。如有色金属工业、硅酸盐工业中的部分炉窑在生产过程中具有一定的周期性，造成余热回收困难，因此，这类炉窑的热效率通常低于 30%。

相变储热技术突出的优点之一就是可以将生产过程中多余的热量储存起来并在需要时提供稳定的热源。它特别适合于间断性的工业加热过程或具有多台不同时工作的加热设备的场合，利用相变储热技术进行热能存储和利用可以节能 15%~45%。根据加热系统工作温度和储热介质的不同，应用于工业加热的相变储热系统包括储热换热器、储热室式储热系统和显热 / 潜热复合储热系统等多种形式。

储热换热器适用于间断性工业加热过程，是一种储热装置和换热装置合二为一的相变储热换热装置。它采取管壳式或板式换热器的结构形式，换热器的一侧填充相变材料，另一侧则作为换热流体的通道。当间歇式加热设备运行时，烟气流经换热器式储热系统的流体通道，将热量传递到另一侧的相变介质使其发生固—液相变，加热设备的余热以潜热的形式储存在相变介质中。当间歇式加热设备重新工作时，助燃空气流经储热系统的换热通道，与另一侧的相变材料进行换热，储存在相变材料中的热量传递到被加热流体，达到预热的目的。相变储热换热装置另一个特点是可以制造成独立的设备，作为工业加热设备的余热利用设备使用时、并不需要改造加热设备本身，只要在设备的管路上进行改造就可以方便地使用。

5.3　热化学储热技术

5.3.1　热化学储热基本原理

热化学储热利用的是储热材料的可逆热化学反应。当储热材料吸收热量时，分解成两种及两种以上易于分离的物质，需要使用热量时，只需将分解物充分混合，在适宜条件下使其发生逆反应，释放出储存的热量。若能将储能介质构成闭式循环，并妥善储存，其无热损的储能时间就可以很长，且储能密度和效率很高，特别适用于兆瓦级太阳能的高温高密度储能。

按照反应类型的不同，热化学储热可以分为热化学吸附储热和热化学反应储热。热化学吸附储热与热化学反应储热的区别在于储、释能过程中不发生物质分子结构的破坏与重组。其原理为储热材料对特定物质进行捕获和固定并释放出反应热，其实质为吸附分子与被吸附分子之间接触并形成强大的聚合力，如范德华力、静电力、氢键等，并释放能量。热化学吸附储热对热源品质要求不高，适合于以家庭为单位的太阳能跨季节储能的应用，同时还能用于收集低品位的热能，并可以广泛应用于分布式冷热联动系统以及低品位余热废热收集。一般水合物体系属于热化学吸附储热类型，如 $MgSO_4 \cdot 7H_2O$ 体系。此外，还有一些以 H_2O 和 NH_3 作为吸附质分子的吸附工质也属于这种类型。按照能源品位不同，热化学储热又可以分为高温热化学储热、中温热化学储热和低温热化学储热。

5.3.2 热化学储热材料

热化学储热系统的性能在一定程度上由所选的储热材料决定，比如工作条件、动力学特性以及可逆性等，因此，选取一种合适的储热材料至关重要。理想的热化学储热材料应当具备以下几个特征：

（1）能量密度高；

（2）导热系数高，正、逆反应速率快；

（3）无毒无害，对环境友好，温室效应低，不破坏臭氧层；

（4）循环稳定好且反应物转化率高，副反应较少；

（5）工作压力不能太高，也不能高度真空；

（6）材料费用低；

（7）反应物和生成物都能很容易地分离和储存。

常见的热化学储热材料主要包括：

（1）无机氢氧化物，如 $Ca(OH)_2/CaO$、$Mg(OH)_2/MgO$、$Ba(OH)_2/Ba$、$Sr(OH)_2/SrO$ 等；

（2）有机物，如甲烷；

（3）氨；

（4）金属氢化物，如 Mg_2NiH_4、MgH_2 等；

（5）金属氧化物，如 BaO、Co_3O_4、Mn_2O_3、CuO、Fe_2O_3 和 V_2O_5 等；

（6）碳酸盐，如 $CaCO_3$、$MgCO_3$、K_2CO_3、$SrCO_3$、Li_2CO_3 和 Na_2CO_3 等；

（7）结晶水合盐，如 $LiOH \cdot H_2O$、$Ba(OH)_2 \cdot 8H_2O$、$Na_3PO_4 \cdot 12H_2O$、$Na_2S \cdot nH_2O$、$H_2SO_4 \cdot H_2O$、$MgCl_2 \cdot H_2O$、$NH_4NO_3 \cdot 12H_2O$ 等。

5.3.3　热化学储热系统装置

化学反应器是热化学储热系统的核心部件，所有的热化学反应都是在化学反应器内完成的。按物料的聚集状态可以分为均相反应器和非均相反应器；按操作方式可以分为间歇操作反应器和连续操作反应器；按物料在反应器内是否固定可分为固定床反应器和动态床反应器，其中动态床反应器又可分为流化床反应器和动力辅助反应器。

固定床反应器又称为填充床反应器，填装有固体催化剂或固体反应物以实现多相反应的一种反应器。固体反应物通常呈颗粒状，堆积成一定高度的床层。床层静止不动，流体通过床层进行反应。固定床反应器主要用于实现气固相催化反应，如催化重整、氨合成等。此外，不少非催化的气固相反应也都采用固定反应床。

流化床反应器是一种利用气体或液体通过颗粒状固体层而使固体颗粒处于悬浮运动状态，并进行气固相反应过程或液固相反应过程的反应器。在用于气固系统时，又称沸腾床反应器。

热化学储热可以应用于太阳能热力发电。太阳能热化学储热发电系统主要有太阳能集热器、热化学储热系统和热电转换装置。热化学储热系统中的热化学反应器是太阳能热化学储热发电系统的主要部件。对于特定的化学反应，需要复杂的反应器是限制热化学储热应用的重要原因之一。太阳能热化学储热系统将太阳能和反应器相结合，所以热化学反应器不同于传统的反应器。

太阳能热化学反应器根据操作方式不同，可以分为直接操作式反应器和间接操作式反应器。直接操作式反应器中，传热流体直接流过反应床的表面并将热量直接传递给反应物，所以传热效果比较好，但带来反应床内部的高压降，尤其当系统被放大时，这种操作方式很不经济。间接操作式反应器中传热流体通过热交换器将热量传递给反应物，避免反应床内的高压降，但是采用间接操作式反应器也有一定的缺陷，比如由于某些储热材料的低导热系数所导致的反应床内较差的传热性能。

根据反应物受热方式不同，可以将热化学反应器分为间接辐射式反应器和直接辐射式反应器。在间接辐射式反应器中，吸收的太阳辐射用于加热传热流体，然后高温的传热液体再将热量传递给反应物。然而，对于直接辐射式反应器，所吸收的太阳辐射直接加热反应物，无需换热器。

与间接辐射式反应器相比，直接辐射式反应器能够给反应物提供充足的太阳辐射，但需要一个透明的窗口，这就使反应器结构较间接辐射式结构复杂。直接辐射式反应器最典型的一个就是回转窑反应器，已被应该用于多个领域，与其他的反应器相比，回转窑反应器具有很多优点：

（1）旋转会加强反应物间的传热传质，增强颗粒的运动，有效缓解颗粒聚集的问题；

（2）可以有效地减少辐射热损失并且获得相对均匀的内壁温度。

因此，回转窑反应器在太阳能热化学储热系统研究中已经引起越来越多的关注。

热化学储热是三种储热技术中储能密度最大的（约为显热储热的 10 倍及相变储热的 5 倍），通过化学键之间静电引力实现热能长期储存、季节性储存。但热化学储热的应用技术和工艺较为复杂，其安全性、转化效率、经济性等问题目前难以突破。大多数热化学储热材料体系处于早期研发阶段，距离规模化商业化仍然有很长一段时间。热化学储热的关键技术是如何控制热化学反应的速度，从而控制热化学储热的储热和放热速率。当前研究热点包括：①选择合适的储能体系，包括反应可逆性好、腐蚀性小、无副反应；②完善反应器和换热器的设计；③加快热化学储热系统能量储放循环的动态和稳态特性及建模；④深入热化学储热式发电系统中试及技术经济性分析等。

显热储热、潜热储热和热化学储热三种储热方式的对比见表 5-1。

表 5-1　　　　　　　　　　　三种储热方式的对比

特性	显热储热	潜热储热	热化学储热
能量密度	低（0.2GJ/m³）	中等（0.3~0.5GJ/m³）	高（0.5~3GJ/m³）
热损失	较大	较大	低
工作温度	水：110℃；混凝土：400℃；地下含水层：50℃	水合盐：30~80℃；石蜡：20~40℃	Ca(OH)₂：500~600℃；CaCO₃：800~900℃
寿命	长	有限	取决于副反应及反应物的衰减
运输	短距离	短距离	理论上无限制
优点	成本低、技术成熟、材料来源广泛	储能密度中等、系统体积小	储能密度高、适合长距离运输、热损失小
缺点	热损失大、储能系统装置庞大	材料导热系数低、腐蚀性强、热损失大	技术复杂、一次性投资成本高、整体效率不高

目前，能够实现规模化储热的技术还仅限于显热储热技术。相变储热主要应用于小型分布式储热领域，在大型火电厂灵活性改造及电力消纳领域还尚无应用先例，依然停留在试验阶段。热化学储热技术相对更加前沿，虽然较显热储热和相变储热技术具有储热密度大及温度范围更广等优点，但仍处于实验室研究阶段。成熟的规模化储热技术包括热水蓄热罐技术、熔盐蓄热技术和固体蓄热技术。

5.4 规模化储热技术

5.4.1 热水蓄热罐技术

热水蓄热罐技术是一种显热储热技术，主要利用水的显热来储存热量。采用单罐斜温层的储热方式，利用不同温度下水的密度不同，罐体内的水天然分层。

储水设备主要采用热水蓄热罐，蓄热罐的型式有多种，根据区域供热系统的特点，主要可以分为常压蓄热罐和承压蓄热罐两类。常压蓄热罐结构简单，投资成本相对较低，最高工作温度一般不超过95℃，蓄热罐内为微正压，如同热网的低压膨胀水箱。承压蓄热罐最高工作温度一般不超过120℃。通常，蓄热罐热网循环水管道与热电厂集中供热首站并联，蓄热罐与热网的连接方式见图5-3及图5-4。

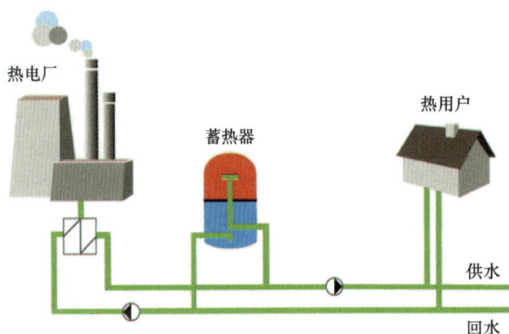

图 5-3 蓄热罐与热网直接连接示意图   图 5-4 蓄热罐与热网间接连接示意图

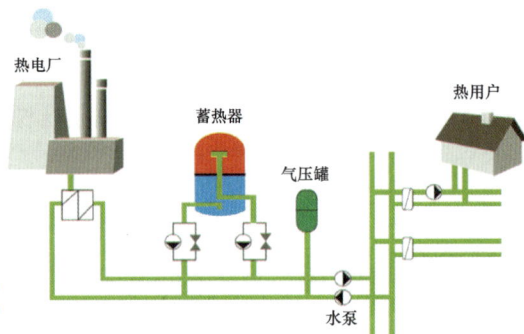

采用蓄热罐的目的主要是打破热电联产机组"以热定电"的传统生产模式，提升火力发电机组的深度调峰能力，解决电力深度调峰时影响供热的问题，满足用电与用热的不一致性，实现火电机组电力生产和热力生产的解耦运行，同时为可再生能源消纳提供必要的发电空间。其调峰主要原理如图5-5所示。

对热电厂而言，在储热阶段，蓄热罐相当于一个热用户，使得用户热负荷需求曲线变得更加平滑，有利于机组保持在较高的效率下运行，提高经济性。放热阶段时，蓄热罐相当于一个热源，弥补不足的供热负荷。

蓄热罐的主要功能如下：①实现热源与供热系统的优化与经济运行，实现深度调峰，热电解耦；②热网中热源与用户之间的缓冲器；③尖峰热源；④备用热源；⑤紧急事故补水；⑥系统定压。

热水蓄热罐技术的特点主要包括：①热水蓄热罐主要应用水箱、水坑或人造水池等

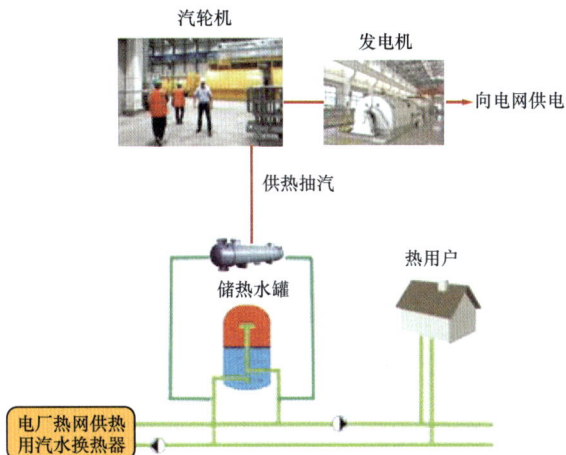

图 5-5 热水蓄热罐调峰原理示意图

进行热水蓄热，原理简单、排热取热快捷和热损失小；②储热介质为水，具有价格低、无毒、无腐蚀、易于运输；③蓄热罐占地面积小；④投资成本低。

热水蓄热罐的关键技术为蓄热罐及布水器的设计，罐体的合适高径比和布水器的优化设计是罐体内水分层和系统储/放热效率的保证。

热水蓄热罐技术起源于 20 世纪 80 年代初的北欧地区，已有三十年的运行经验。目前，国际上工程应用较多的热水蓄热罐技术是斜温层储热技术，斜温层的基本原理是以温度梯度层隔开冷热介质。斜温层储热系统是利用同一个蓄热罐同时储存高低温两种介质，比起传统冷热分存的双罐系统，投资大大降低。目前斜温层储热技术已经应用于光热发电储热、燃煤供热调峰等系统中，在欧洲等国家发展较为成熟。

大型蓄热罐是一个大型的储能设施。在白天电负荷高峰期，电厂内停止供热抽汽以增加发电量，而临时由蓄热罐放热来供热。在夜间，可以通过厂区内的电锅炉生产热水进而减少上网电量，在管网侧，可以结合电锅炉实现利用谷电夜间蓄热的目的。大型蓄热水罐按罐内压力分为常压罐和承压罐，常压罐内压力 0.1MPa，供水温度在 95℃左右。承压罐分低压罐和高压罐，目前北欧最多数量的是低压罐，内部压力 0.2MPa，个别高压罐案例内部压力可达 1.8MPa。目前，世界上最大的热水蓄热罐项目在丹麦和德国，丹麦热水蓄热罐案例的总体积达 70000m³，净容积 66000m³。

国际上已经投入运行的斜温层热水蓄热罐项目较多，表 5-2 中列出了部分国外已经投入商业运行的带有热水蓄热罐系统的热电厂（Combined Heat and Power，CHP）。

图 5-6 为丹麦 Fyn 热电厂，该电厂向 Odense 市供热，供热量为 7700TJ。电厂现有两台机组，其中 3 号机组发电功率为 285MW、供热能力为 325MW，7 号机组发电功率 400MW、供热能力为 450MW。规划扩建 2 台垃圾焚烧机组，并将热量供给热水蓄热罐，

表 5-2   国外投入商业运行的热水蓄热罐项目

序号	项目名称	投运时间	类型	温度（℃）	高（m）	直径（m）	蓄热罐体积（m³）
1	Slagelse CHP	1990	常压	95	22	15	3600
2	Hillerød CHP	1991	常压	85	25	22	16000
3	Esbjerg CHP	1992	常压	100	47	40	55000
4	Helsingør CHP	1993	常压	98	43	24	14500
5	Avedøre CHP	1993	承压	120	50	26	2×22000
6	Madsnedø CHP	1995	常压	95	33	14	5000
7	Silkeborg CHP	1995	常压	85	31	28	2×14000
8	Østkraft CHP	1995	常压	90	40	15	6700
9	Studstrup CHP	1998	承压	125	55	29	33000
10	Skærbæk CHP	1998	承压	120	48	28.5	28000
11	Nordjylland CHP	1998	常压	85	30	40	25000
12	DTU CHP	1998	常压	98	28	18	8000
13	Maribo CHP	2000	常压	85	25	18.5	6000
14	Asnæs CHP	2002	常压	100	65	20	20000
15	Amager CHP	2003	承压	120	49	26	24000
16	Fyn CHP	2003	常压	92	40	50	73000

图 5-6   丹麦 Fyn 热电厂[①]

其发电功率和供热能力分别为 10MW 和 29MW 以及 14MW 和 35MW，热水蓄热罐总容积 73000m³。电厂冬季最高热网循环水供水温度不超过 92℃，热水蓄热罐为常压型，罐体高约 40m，罐体直径约 50m，蓄热罐的储热量为 13500GJ，供热能力为 600MW。

北京左家庄热电厂的热水蓄热罐于 2005 年投运，是我国第一座区域供热用常压热水蓄热罐装置。蓄热罐直径 23m，总高度 25.5m，总容积 8000m³，蓄热罐热水区温度

---

①   图片来源：http://www.prelectronics.cn/about-pr/why-pr/case-fynsvaerket-vattenfall.

98℃，冷水区温度65℃，最大储热能力628.05GJ。

我国在跨季节储热方面研究和示范应用起步较晚，最具代表性的项目是2013年投入运行的河北经贸大学跨季节储热太阳能采暖工程，太阳能集热器面积为11592m²，水箱储水量为20000t。中科院工程热物理研究所以水为蓄热介质，研发了电锅炉蓄热水箱，并对分层取水进行了研究，很好地解决了蓄热水箱取水温度不稳定的问题。

5.4.2 熔盐蓄热技术

熔融盐（又称熔盐）是熔融态的液态盐。高温熔盐导热系数大、黏度小、储热量大，在一定温度范围内热稳定性和化学稳定性好，被认为是一种较好的储热材料，可以通过冷热流体的温差进行热能的储存和释放。

熔盐蓄热技术是一种显热储热技术，采用双罐储热方式，低温熔盐储存在低温熔盐罐，高温熔盐储存在高温熔盐罐。在储/放热过程中利用高、低温熔盐泵将熔盐从罐内泵出进入换热器，可以实现很高的放热效率。

熔盐蓄热系统一般由高温熔盐罐、低温熔盐罐、泵和换热器组成。当蓄热时，可利用不稳定电能或低谷电将低温熔盐罐中的低温熔盐加热至设计工况的高温状态，然后将高温熔盐储存在高温熔盐罐中，此过程实现了电能向热能的转化。当需要用电或用电高峰期时，高温熔盐罐顶部的熔盐泵启动，将高温熔盐不断输送到盐/水换热器系统即蒸汽发生器中对水进行加热。在夏季可产生过热蒸汽用于发电或工业生产，在冬季产生的蒸汽则进入城市供热换热系统进行供暖。整个系统都是通过微电脑控制器智能控制实现的，该微电脑控制器通过管路上安装的温度传感器、流量传感器等反馈的信号来智能调节熔盐电加热器的启停及加热功率。调节高温、低温熔盐罐中熔盐泵的频率来控制熔盐的流量以满足用户端的不同需求。其原理如图5-7所示。

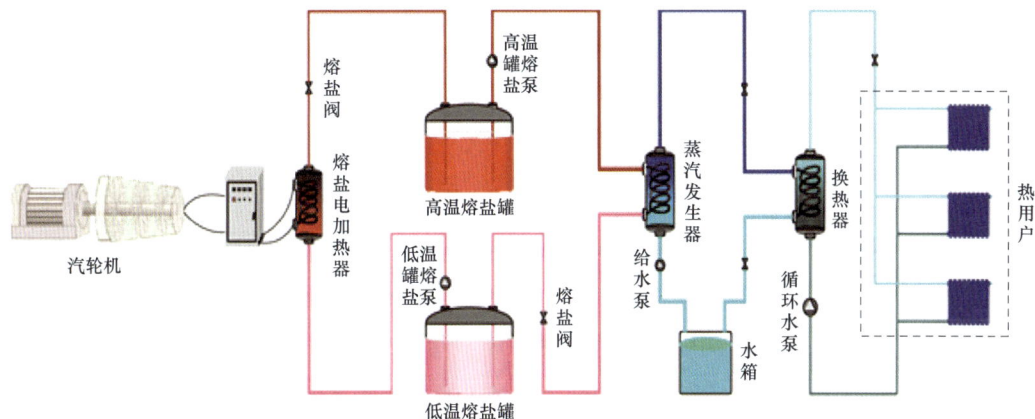

图5-7 熔盐蓄热技术原理示意图

熔盐作为热载体，在蓄热系统中，往往同时起着传热和蓄热的双重作用。其基本物性包括熔点、结晶点、潜热、比热、密度、热稳定性、导热系数、表面传热系数、蒸气压、腐蚀性、毒性、可燃性、表面张力、热扩散率、黏度、热膨胀系数等。熔盐的热物性决定了熔盐的流动与传热特性，进而直接关系到熔盐蓄热循环系统的整体设计和布置，最终影响到蓄热系统的效率。熔盐的种类很多，常见的熔盐主要包括碳酸盐、硝酸盐、氯化盐、氟化盐和混合盐。表 5-3 为太阳能光热发电站中可供选择的熔盐蓄热材料的基本性能和蓄热成本。

表 5-3 熔盐蓄热材料基本参数及蓄热成本

材料	温度（℃）	密度（kg/m³）	导热系数[W/（m·K）]	比热容[kJ/（kg·K）]	价格（$/kg）	蓄热成本（$/kWh）
$NaNO_3$	308	2257	0.5	200	0.2	3.6
KNO_3	333	2110	0.5	267	0.3	4.1
KOH	380	2044	0.5	150	1.0	24.0
盐陶瓷 Na_2CO_3– $BaCO_3$/MgO	500~850	2600	5.0	420	2.0	17.0
NaCl	802	2160	5.0	520	0.15	1.2
Na_2CO_3	854	2533	2.0	276	0.2	2.6
K_2CO_3	897	2290	2.0	236	0.6	9.1

考虑熔点、密度、导热系数、比热容、成本等因素，硝酸盐具有最好的综合性能，目前正在运行的太阳能光热电站大多采用硝酸盐系列蓄热材料。大规模熔盐蓄热系统应用最为广泛的商业用复合熔盐有二元熔盐 Solar Salt（40%KNO_3–60%$NaNO_3$），三元熔盐 Hitec（40%$NaNO_2$–7%$NaNO_3$–53%KNO_3）、HitecXL[48%Ca（NO_3）$_2$–45%KNO_3–7%$NaNO_3$] 等。

熔盐蓄热储能的主要优点是规模大、可配合常规汽轮机发电机组使用，目前实践已经证明了熔盐蓄热在太阳能光热发电站中的应用价值。部分在运熔盐蓄热太阳能光热电站如表 5-4 所示。熔盐蓄热技术的发展趋势主要是突破与热量储存和输送有关的关键设备材料及工质的选择。此外，高温熔盐储罐的罐体设计以及基础的保温设计、罐体的热应力也是熔盐蓄热需要突破的关键技术。

2009 年 3 月，西班牙 Andasol 槽式光热发电成为全球首个成功运行的配置熔盐蓄热系统的商业化太阳能光热电站。2010 年，意大利阿基米德 4.9MW 槽式太阳能光热电站运行，成为世界上首个使用熔融盐作为传热介质和储热介质的光热电站。2011 年 7 月，

表 5-4　　　　　　　　　　　部分在运熔盐蓄热光热电站列表

序号	项目名称	国家	装机容量（MW）	储热时长（h）
1	中控 10MW 塔式电站	中国	10	2
2	首航节能 10MW 塔式电站	中国	10	15
3	MEGHA	印度	50	8
4	NOOR I	摩洛哥	160	3
5	KAXU SOLAR ONE	南非	100	2.5
6	SOLANA	美国	280	6
7	CRESCENT DUNES	美国	110	10
8	ANDASOL Ⅰ Ⅱ Ⅲ	西班牙	150	7.5
9	ASTE 1A 1B	西班牙	100	7.5
10	EXTRESOL 1 2 3	西班牙	150	7.5
11	MANCHASOL 1 2	西班牙	100	7.5
12	VALE 1 2	西班牙	100	7.5

注　储热时长为汽轮发电机组的满发小时数。

西班牙 Torresol 能源公司 19.9MW 的塔式光热电站 Gemasolar 投入运营，是世界上第一个 24h 可持续发电的太阳能光热电站。美国新月沙丘塔式光热电站于 2016 年 2 月在内华达州正式并网发电装机 110MW，配置了 10h 熔盐蓄热系统，首次在 100MW 级规模上成功验证了塔式熔盐技术的可行性。

配置熔盐蓄热系统可以使太阳能光热电站实现 24h 持续供电和输出功率可调节的特性，解决了太阳能不连续、不稳定、不可调的问题，实现平滑波动、跟踪计划、调峰填谷，使其有能力与传统的煤电、燃气发电、核电等电力生产方式相媲美，具备了作为基础支撑电源与传统火电厂竞争的潜力。

中国储热市场刚刚起步，也是随着光热发电的发展而发展的。在太阳能光热技术领域，高温熔盐技术与国外先进技术相比，尚存在较大差距。中科院电工研究所于 2012 年在北京市延庆县建设了塔式太阳能热发电实验电站，该电站的发电功率为 1MW，采用主动型的直接蒸汽储热与双罐间接储热相结合的二级储热系统，储热介质为熔盐和高温水蒸气。在高温熔盐蓄热方面，江苏太阳宝新能源有限公司于 2014 年建成了 20MWh 熔盐蓄热发电系统，高温熔盐被加热至 550℃，可实现温度在 350℃ 以上的过热蒸汽输出。2016 年，我国开始了第一批 20 座太阳能热发电示范电站的建设工作，储热系统也将配套建设。目前我国已有两座 10MW 太阳能光热发电站在运行，分别为浙江中控德令哈 10MW 熔融盐塔式光热电站和首航节能敦煌 10MW 熔融盐塔式光热电站。我国第一批太阳能热发电示范电站如表 5-5 所示。

表 5-5　　　　　　　　　我国第一批太阳能光热发电示范电站

序号	项目名称	装机容量（MW）	储热时长（h）
1	青海中控德令哈熔盐塔式 50MW 光热发电	50	6
2	首航节能敦煌熔盐塔式 100MW 光热发电	100	11
3	共和熔盐塔式 50MW 光热发电	50	6
4	哈密熔盐塔式 50MW 光热发电	50	8
5	德令哈水工质塔式 50MW 光热发电	135	3.7
6	金塔熔盐塔式 100MW 光热发电	100	8
7	尚义水工质塔式 50MW 光热发电	50	4
8	玉门鑫能熔盐塔式 50MW 光热发电	50	6
9	北京国华玉门熔盐塔式 100MW 光热发电目	100	10
10	常州龙腾玉门东镇导热油槽式 50MW 光热发电	50	7
11	阿克塞 50MW 熔盐槽式光热发电	50	15
12	中海阳玉门东镇导热油槽式 50MW 光热发电	50	7
13	中核龙腾乌拉特中旗导热油槽式 50MW 光热发电	50	4
14	中广核德令哈导热油槽式 50MW 光热发电	50	9
15	中节能古浪导热油槽式 100MW 光热发电	100	7
16	中阳察北熔盐槽式 64MW 光热发电	64	16
17	兰州大成敦煌熔盐线性菲涅尔式 50MW 光热发电	50	13
18	北方联合乌拉特中旗导热油菲涅尔 50MW 光热发电	50	6
19	中信张北水工质类菲涅尔式 50MW 光热发电	50	14
20	张北华强兆阳水工质类菲涅尔式 50MW 光热发电	50	14

注　储热时长为汽轮发电机组的满发小时数。

5.4.3　固体蓄热技术

固体蓄热技术是一种显热储热技术，同样采用单罐斜温层的储热方式，采用电阻直接加热固体，利用热空气作为传热介质将固体中储存的热能传递给水。在低负荷条件下，该技术可以通过加热蓄热介质将多余的电能转化为热能进行储存，并在高负荷下利用热交换技术，然后把储存的热能向采暖或生活热水系统释放。其蓄热介质一般都具有比热大、密度大、耐高温等特点，常见的固体蓄热介质有耐高温固体合金材料、MgO 含量为90% 以上的压缩砖等。

固体蓄热系统设备由蓄热体、绝热保温层、电加热元件、内循环系统和热交换系统组成，蓄热体温度最高可达到 800℃。在负载需要热量供给时，设备可按预先设定的温度和供热量，由自动变频风机提供的循环高温空气，通过 PLC 程序控制，汽水换热器对

负载循环水进行热交换,由循环水泵将热水提供至末端设备中。其结构工作原理如图 5-8
所示。

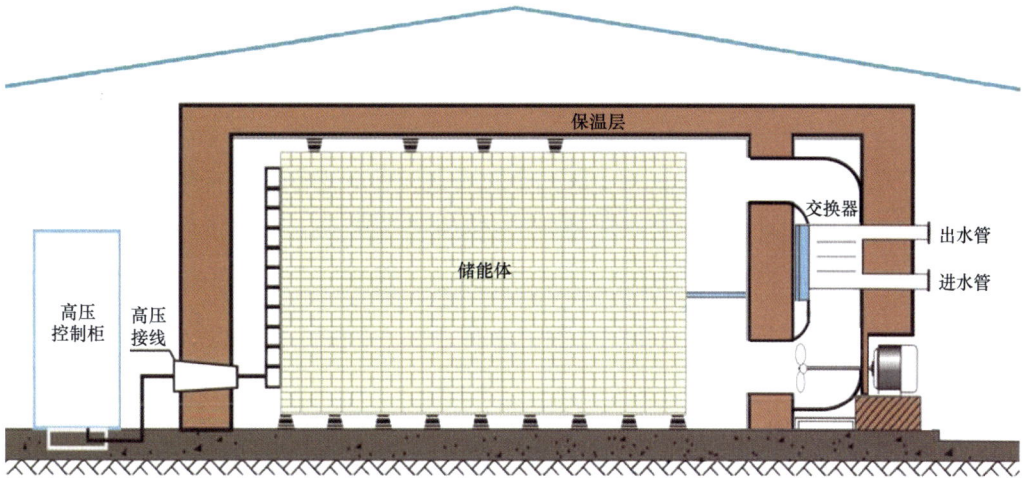

图 5-8　固体蓄热锅炉结构示意图

固体蓄热技术的特点为高电压、大功率,但在放热过程中存在死角,无法将所储存
的热能完全释放。目前未解决的关键技术是如何提高系统储/放热效率。

本 章 小 结

本章介绍了储热技术的技术原理、储热材料以及系统装置。储热是储能中重
要的一部分,它可以解决热能供求在时间和空间上不匹配的问题,进一步提高能
源利用效率。

储热技术主要分为显热储热、相变储热、热化学储热三种类型。目前储热
的大规模应用是显热储热,尤其以热水蓄热罐、熔盐蓄热和固体蓄热为主。但
是显热储热的储热密度较低,相变储热和热化学储热结合自身的优点在未来会
蓬勃发展。

储氢技术路线及关键技术

氢能，泛指以氢及其同位素为主体的反应中或氢的状态变化过程中所释放的能量，包括氢核能和氢化学能两大部分。通常所说的氢能是氢气与氧气反应时所产生的能量。作为一种清洁的可再生能源，氢能的开发涉及制取、储存、运输、利用等环节，只有四方面有机结合起来、协调同步发展，才能使氢能迅速走向规模化和实用化。

6.1 氢气的制取技术

6.1.1 电解水制氢

电解水制氢，即通过电能将水分解为氢气和氧气，是一种技术成熟的制氢方法。电解水制氢具有产品纯度高、操作简便的特点。耗电量大是制约电解水制氢技术应用的最主要因素。随着可再生能源的大规模接入，利用清洁能源发电继而电解水制氢在经济和环境上都具有极高的价值，因此也被认为是未来氢气制取的主要方式。电解水制氢技术工艺过程简单、产品纯度高。根据电解槽生产技术的不同，电解水制氢方法可以分为碱性电解、固体高分子电解质电解和高温固体氧化物电解三种。

1. 碱性电解法

在碱性电解领域，工业上广泛采用在工作温度 70~80℃下具有高传导率的高浓度氢氧化钾溶液（25%~30% 水溶液）作为电解质。使用铁、镍和镍合金等在电极反应中过电压小的耐碱性材料作为电极。在标准状态下，水的理论分解电压为 1.23V，相应电耗为 2.95kWh/m³。但碱性电解中实际电耗达 4.5~5.5kWh/m³，电解效率为 53.6%~62%，总制氢系统效率最高仅达 30%。碱性电解虽然对设备投资的要求不高，但是 80% 的运行成本都集中于用电上。

2. 固体高分子电解质电解法

固体高分子电解质（Solid Polymer Electrolyte，SPE）电解中的固体高分子膜承担固体电解质的作用，被用于隔离电极并将质子从阳极运送到阴极，因此在 SPE 中只需供给纯水即可。对于实际 SPE 电解水制氢系统，工作温度约为 80℃，电解电压为 1.5~1.6V，相应的电耗为 3.6~3.8kWh/m³，电解效率为 77.6%~82%，总制氢系统效率约为 35%。SPE 所使用的固体高分子膜多为全氟磺酸型膜，被水浸润时酸性较强。为兼顾耐酸性和催化活性，电极中通常加入铂系贵金属，而且膜本身价格昂贵，因此降低 SPE 的成本是当前的重要课题。SPE 可实现高电流密度电解，功耗低，系统小巧，生成的气体纯度高，容易实现高压化。较适于电能来源丰富、价格低廉，尤其是水力、风力、太阳能等可再生能源丰富的场合。

3. 高温固体氧化物电解法

高温固体氧化物电解（Solid Oxide Electrolysis Cell，SOEC）采用氧化钇掺杂的氧化锆陶瓷作为固体电解质，高温水蒸气通过阴极板时被离解成氢气和氧离子，氧离子穿过阴极板、电解质后到达阳极，在阳极上失去电子生成氧气。SOEC 在 800~950℃下工作，能够极大增加反应动力并降低电能消耗，电解效率高达 90% 以上，总制氢系统效率可达 52%~59%。此法具有优良的性能，但由于在高温下（1000℃）工作时材料损耗大，且需要持续供给高质量的水蒸气，在目前技术条件下难以规模化。目前电解水制氢的主要问题是能耗高、效率低。关键技术的突破应集中在减少设备成本、提高电解槽的能源效率以及如何搭建集中式大规模生产系统等方面。

6.1.2 化石能源制氢

化石能源制氢是以煤炭、天然气、石油等化石能源为原料，与水蒸气在高温下发生转化反应，化石能源中的碳先氧化为一氧化碳，再通过水煤气反应进一步转化为二氧化碳和氢气。

化石能源制氢主要有天然气水蒸气重整制氢、煤气化制氢、甲醇重整制氢等三类，表 6-1 总结了不同化石能源制氢技术的反应原理和特点。

表 6-1　　化石能源制氢技术的反应原理和特点

序号	制氢技术	反应原理	特点
1	天然气水蒸气重整制氢	$CH_4+H_2O \rightarrow CO+3H_2$ $CO+H_2O \rightarrow CO_2+H_2$	（1）天然气资源丰富、成本低廉； （2）工艺流程短，操作简单，能源利用合理，具有经济性； （3）反应在高温下进行，能耗高； （4）燃料费用占制氢生产费用的比例高
2	煤气化制氢	$C+H_2O \rightarrow CO+H_2$ $CO+H_2O \rightarrow CO_2+H_2$	（1）制氢过程复杂； （2）氢气中会含有大量杂质气体，需要净化处理； （3）制氢过程排放大量 CO_2
3	甲醇重整制氢	$CH_3OH+1/2O_2 \rightarrow 2H_2+CO_2$ $CH_3OH+H_2O \rightarrow 3H_2+CO_2$	（1）原料甲醇价格适中，制氢成本低； （2）设备简单，规模灵活，可以实现现场制氢； （3）能连续运行，氢气纯度高，适合于燃料电池使用

化石能源制氢过程不可避免地会释放二氧化碳气体。二氧化碳的释放量取决于原料中氢元素的含量。为了达到制氢过程中零碳排放，还需要捕集和封存二氧化碳，即脱碳。从长远角度看，不论原料来源还是环境影响，化石燃料制氢都无法满足氢经济时代大规模用氢的需要。

不同制氢方法在氢气纯度上有所差异，因此所制取氢气的应用领域也各不相同。通常在合成氨、冶金等工业部门，氢气是反应原料，氢气中掺杂的少量水蒸气、二氧化碳、一氧化碳并不影响反应进行，可以使用煤制氢、天然气重整制氢等方法制取的氢气。然而对于质子交换膜燃料电池而言，氢气中即使存在微量的一氧化碳，会使铂催化剂中毒，引起燃料电池性能的持续下降，因此只能使用电解水制氢、甲醇重整制氢等不产生一氧化碳（CO）副产物的制氢方法。随着氢能和燃料电池应用的普及，对低成本、高纯度制氢工艺的需求也将不断加大。

6.2 氢气的存储技术

通常条件下，氢以气体形式存在，并且化学性质非常活泼，极易在空气中发生燃烧或爆炸，因此氢气的储存和运输成为氢能系统推广和应用的关键环节。在实际应用中，储氢技术应当满足安全、高效、无泄漏等基本要求。按照氢气在储存介质中存在状态的不同，储氢方式可以分为高压气态储氢、低温液态储氢和固态储氢三种。衡量一种氢气存储技术的依据有储氢成本、储氢密度和储氢安全性等方面。

6.2.1 高压气态储氢

高压气态储氢是在临界温度以上压缩氢气，再存储在特定装置中的一种储氢方法。高压钢瓶是最常用的一种氢气存储装置，内部的储氢压力一般为10~15MPa。高压气态储氢具有技术成熟、方便使用和运输、动态响应好、充放氢速度快等优点，但也存在着质量储氢密度低、安全隐患大等问题，无法适应大规模储氢的要求。

近年来由碳纤维复合材料制成的新型轻质储氢容器，储氢压力已经可以达到35~70MPa，质量储氢容量也提高到5%~7%（质量百分数）。新型复合高压储氢罐以铝合金为内胆，外层是缠绕碳纤维增强的复合材料层。这种储氢罐的自重比常用的钢瓶轻很多，所用材料也几乎没有氢脆问题。目前，耐压35MPa和70MPa的储氢容器在美国、欧洲和日本等国家已通过质量验证和商品化，并成功示范应用在不同型号的燃料电池车上。此外100MPa的高压储氢容器也在研制开发过程中。

根据高压储氢容器的不同使用要求，可以将高压储氢分为高压固定式储氢、车载移动式储氢和运输用高压储氢。

高压固定式储氢主要应用于大规模加氢站，是一种低成本存储方式。加氢站应用的高压储氢容器以整体无焊缝结构居多，是由无缝高强钢管经两端锻造收口而成。这种容器受其成型技术限制，容量比较小，此外其健康状态检测较为困难且无抑爆抗暴功能。目前我国已经研发且应用一种钢带错绕式压力容器，是在较薄的内筒外面倾角错绕多层扁平钢带，钢带与筒体环向成一定倾角，相邻层绕向相反，且仅将每层钢带两端与半球形封头和加强箍相焊接所构成的高压储氢容器。设计压力可达 100MPa，具有抑爆抗爆、健康状态可在线监控、制造成本低且缺陷分散等优点。表 6-2 对比了采用不同储氢罐储存 480m³ 氢气时的储氢特性。

表 6-2　　　　　　　　　　几种储氢罐储存 480m³ 氢气时的储氢性能

序号	方式	压力（MPa）	尺寸（直径 × 高度）（m）；个数	密度（kg/m³，H_2）	安装空间储氢密度（kg/m³，H_2）	造价（万元）
1	低压大型储氢	3	2.2 × 5.3；1 个	2.2	2.0	16
2	标准钢瓶	15	0.235 × 1.4；100 个	7.1	5.4	18
3	纤维缠绕罐	35	0.5 × 1.5；10 个	14.9	7.2	50
4	合金固态储氢罐	5	0.56 × 3.5；1 个	50.2	19	60

车载移动式储氢主要应用于氢燃料电池汽车，美国能源部提出的车载轻质高压储氢单位质量和单位体积密度（氢气质量与系统体积之比）要求分别为 6.5%H_2（质量比）和 62kgH_2/m³，且目前应用的车载储氢容器压力达到 70MPa。为进一步提高车载轻质高压储氢容器的安全性，在铝内胆和纤维绕层之间覆盖一层金属间化合物，若内胆发生氢气泄漏，化合物会快速吸收氢气并膨胀，导电性发生改变，通过传感器转化为电信号作为氢气泄漏的信号指标，这大大增强了车载氢气容器的安全性。

运输用高压储氢主要是将氢气从产地运到使用地或者加气站，是由多个高压气瓶组成，大容积运输容器单车存储量可达 600kg，工作压力为 25MPa。

6.2.2　低温液态储氢

液态氢是一种能量密度很高的无色透明低温液体燃料，沸点 -252.7℃，冰点为 -259.1℃，密度为 0.07077g/cm³，是一种高能火箭燃料。低温液态储氢技术主要是将气态氢降温到 20K 的低温，变为液态氢后储存在高绝热的杜瓦容器中。常温、常压下液态氢的密度为气态氢的 845 倍，液态储氢的体积能量密度比高压气态储氢高好几倍。因此，液态储氢尤其适合于存储空间有限的运载场合，如航天飞机火箭发动机、汽车发动机和洲际飞行运输工具等。液氢存储的质量最小，存储容器体积也比高压气态储氢小得多。因而，若仅从质量和体积上考虑，液态储氢是一种极为理想的储氢方式。

液态储氢虽然在单位体积储氢容量方面占有优势，但面临两大技术难题。一是氢液化过程能耗量大，理论上液化 1kg 氢气约需耗电 4kWh，占 1kg 氢气自身能量的 10%，而工程实际中约为此值的 3 倍，即氢液化消耗的能量大约占到待储存氢气总能量的 30%。二是液氢存储容器的绝热问题，液氢只能存在于极低的温度环境中，液氢的温度与外界的温度存在巨大的温差，稍有热量从外界渗入容器即可造成液氢的快速沸腾而损失。如何保持超低温是液态储氢技术的核心难题。为了避免和减少液氢蒸发或沸腾损失，液氢燃料储罐多采用双层壁式结构，内外层罐壁之间除保持真空外，还要放置碳纤维和多层薄铝箔以防止热量传递。

由于氢的液化十分困难，导致液化成本较高；其次是对容器绝热要求高，使得液氢低温储罐体积约为液氢的 2 倍，因此目前只有少数汽车公司推出的燃料电池汽车样车上采用液态储氢技术。2000 年，美国通用公司在北京展出其带有液氢储罐的轿车，其整个储氢系统质量为 95kg，可以储氢 5kg。后来该公司又推出改进型轿车，其使用的液氢储罐长 1m，直径 0.4m，质量 90kg，可储氢 4.6kg，质量和体积储氢密度分别为 5.1% 和 36.6kg/m³。另外，德国宝马（BMW）公司也将液氢作为其内燃机车燃料，氢的液化是通过压缩机、换热器、扩张机和节流阀等部件将氢气冷却到 20K 后储存于液化罐中来实现的，该公司的样车燃料箱可以储存 140L 的液氢，充满液氢的燃料箱可以使汽车续驶 1000km 以上。墨西哥 SS-Soluciones 公司采用了一种能循环冷却的装置，其内部是一种称作 CRM 的特殊冷却材料，其最大特性是热焓变化大，该液化储氢系统有望很快应用到燃料电池车供氢装置中。

总之，液态储氢技术是一种高效的储氢技术，其优点是非常明显的。其存在问题主要是氢气的液化成本太高，如果能够有效降低氢气的液化成本，液态储氢技术将是一种非常有前景的储氢技术。

6.2.3 固态储氢

固态储氢是通过化学反应或物理吸附将氢气储存于固态材料中，可以根据需要进行稳定的吸放氢，具有体积储氢密度大、工作压力低、安全性好等优点。从储氢密度来看，固态储氢技术的体积储氢密度比压缩气态储氢大得多，是 3MPa 大型储罐的 10 倍，是 15MPa 标准钢瓶组的 4 倍，是 35MPa 纤维缠绕罐的 3 倍。固态储氢具有比压缩气态储氢高得多的体积储氢密度，这可以大大节省安装空间，减少占地面积，特别适合对场所有严格限制的应用场合。如楼宇 / 园区 / 家用燃料电池热电联供系统、燃料电池备用电源、分布式氢储能系统等，被认为是最具发展前景的一种氢气存储技术。

固态储氢材料具有在特定条件下吸附和释放氢气的能力。在实际应用中，因为需要经常补充氢燃料，要求材料对氢的吸附具有良好的可逆性能。衡量储氢材料主要性能指标有理论储氢容量、实际可逆储氢容量、循环利用次数、补充燃料所需时间以及对杂质（空气中和材料中）的不敏感程度等。目前，固态储氢材料主要分为金属氢化物储氢材料、复合氢化物储氢材料和物理吸附储氢材料等三类。

1. 金属氢化物储氢材料

金属氢化物储氢是氢以原子形式储存在金属或合金中的一种储氢技术。储氢合金材料能在一定的温度和氢气压力下，发生放热反应吸收氢气生成金属氢化物，并在加热的情况下发生吸热反应释放所吸收的氢气，不同材料的反应温度和压强是不同的。其吸收氢气的微观机理是氢分子首先吸附在金属表面，随着氢键断裂而解离成氢原子，氢原子通过内部扩散进入金属原子的间隙形成金属固溶体（称为 α 相），之后固溶体中的氢原子进一步向金属内部扩散，达到固溶转化为化学吸附的活化能后从而形成氢化物（β 相）。储氢合金材料吸放氢反应的简化模型如图 6-1 所示。

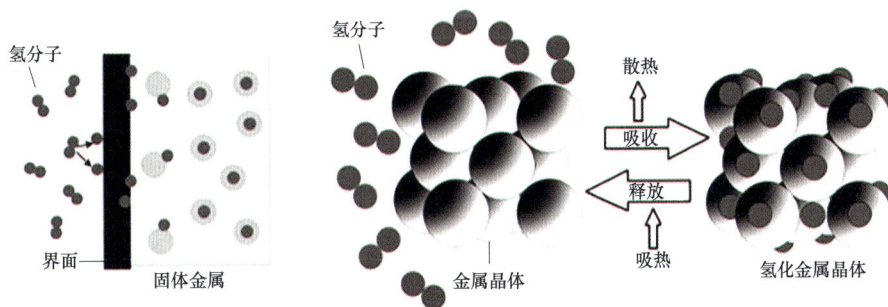

图 6-1　储氢合金材料吸放氢反应的简化模型

储氢合金材料通常在初始时并不具备吸放氢的性能，需要先处于高温高压的氢气氛下，然后再减压抽真空，经过多次循环处理后逐步提高合金的吸放氢性能，这个过程称之为储氢合金材料的活化过程。一般通过改变合金表面性质和基体性质来改善储氢合金材料的活化性能。提高合金表面性质的方法主要是采用球磨处理和酸碱处理，从而去除合金表面的氧化层并形成具有高催化活性的表面层。改善合金基体性质的方法主要是改变合金的相结构和晶格参数，以此来降低氢原子与金属原子形成氢化物时需要克服的能量。热处理工艺可以消除合金的结构应力，减少组分偏析，使合金均质化，同样可以用来改善合金的活化性能。

金属氢化物储氢材料具有安全可靠、储氢能耗低、单位体积储氢密度高、可逆性好等优点，同时还兼具氢气纯化和压缩功能，是目前最常用的化学储氢方法。储氢合金（A_mB_n）通常由一种与氢有很强亲和力的元素 A 与另一种吸氢量很小的元素 B 组成。A 元素控制着储氢量，是组成储氢合金的关键，主要有 Ti、Zr、Mg、V、Y、稀土等元素；B 元素控制着吸放氢的可逆性，起着调节生成热与分解压力的作用，主要有 Fe、Mn、Co、Ni、Al 等元素。两种元素可以组成 AB_5 型、AB_2 型、AB 型、A_2B 型等储氢合金。根据 A 元素的不同，储氢合金分为镁系、钛系、钒系、稀土系等类别，不同类别金属氢化物的储氢材料性能如表 6-3 所示。

表 6-3　　　　　　　　　　不同类别金属氢化物储氢材料性能

类别	储氢量（%，质量百分数）	代表性合金	优点	缺点
镁系储氢合金	7.6	Mg_2Ni、Mg_3La 等	储氢容量较高，镁资源丰富、成本较低	氢化物稳定性强和吸放氢要求温度过高，通过金属镁的合金化虽然能降低材料的吸放氢温度，但距常温常压下吸放氢的性能要求差距较大
钛系储氢合金	2.6	TiFe、TiMn、TiCr 等	储氢能力优良；成本较低且能在室温下进行吸放氢；循环寿命达 2000 次以上	合金表面容易生成氧化膜，增加活化难度；常温常压下放氢不彻底，实现大范围应用仍有一定难度
钒系储氢合金	3.8	VH、VH_2 等	储氢量大，能在常温常压下进行吸放氢，反应速度快	合金表面容易生成氧化膜，增加活化难度；由于合金具有很高的熔点，所以其制备成本高；常温常压下放氢不彻底等
稀土系储氢合金	1.4	$LaNi_5$（用 Ce、Nd、Pr 等代替 La）	活化性能好，吸放氢反应速度快滞后小，不易中毒	合金在吸氢后晶体会膨胀，从而导致合金粉化，而且原料成本过高等
锆系储氢合金	1.8~2.4	$ZrMn_2$、ZrV_2、$ZrCr_2$ 等	储氢量大，吸放氢速度快，循环寿命长	原料成本高、吸放氢平台压力低、不易活化等

传统储氢合金由质量较大的过渡族金属组成，不可避免地会导致合金的储氢量过低（质量百分数 <2%）。要想实现高压储氢合金储氢量 3%~4%（质量百分数）的目标，就必须开发由轻质元素如 B、N、Al 等组成的储氢材料。例如，碱金属和碱土金属铝氢化物具有较高的储氢量（质量百分数 >5%）。过渡族配位氢化物热力学稳定性较低，在室温甚至更低的温度下即可以实现储放氢。然而到目前为止，这些不稳定氢化物的研究相对较少，且这些氢化物的动力学和可逆性的信息非常有限，因此需要进一步探索，寻找性能优异的不稳定氢化物。

储氢合金尚处于探索阶段，未来的发展需要解决一些重要的基础科学问题，主要包括：①如何发展高压储氢材料设计的理论，进而通过材料设计和组织调控进一步提高平台压和储氢量；②如何准确揭示高压条件下储氢材料的动力学变化和循环寿命的变化并认识储氢性能衰减的机理，从而解决高压储氢合金在循环过程中的稳定性；③如何提高理论计算的准确性，缩小理论计算和实验工作的差距从而为开发新型高压储氢合金提供可靠的理论依据。

2. 复合氢化物储氢材料

复合氢化物储氢材料是由轻质元素组成的高容量复合氢化物体系，主要包括金属铝氢化物、金属硼氢化物、氨基硼烷化合物、金属氨基氢化物等。

金属铝氢化物是由 AlH_4 或 AlH_6 配体与锂、钠、镁等轻质金属组成的一类复合金属氢化物。典型代表有铝氢化钠 $NaAlH_4$、铝氢化锂 $LiAlH_4$、铝氢化镁 $Mg（AlH_4）_2$ 等，对应的理论储氢容量分别为 7.5%、10.6% 和 9.3%。

金属硼氢化物是由 BH_4 配位基团与锂、钠、镁、铝等轻质金属组成的一类复合金属氢化物，典型代表有硼氢化钠 $NaBH_4$、硼氢化锂 $LiBH_4$、硼氢化镁 $Mg（BH_4）_2$、硼氢化铝 $Al（BH_4）_3$ 等，对应的理论储氢容量分别为 10.6%、18.5%、14.9% 和 16.9%。

氨硼烷 NH_3BH_3 是一种最简单的氨基硼烷化合物，它具有非常高的储氢质量分数和体积储氢密度（分别为 19.6% 和 0.145kg/L）。加之氨硼烷可以在适中的温度范围（90~150℃）内热分解释放出 13.4% 的氢，它成为现场制氢应用的重要材料。利用金属原子超强的供电子性能，通过金属原子部分替代氨中的原子氢，可以提高氨硼烷的化学活性，由此也衍生出锂氨基硼烷 $LiNH_2BH_3$、钠氨基硼烷 $NaNH_2BH_3$ 等一系列氨基硼烷储氢化合物。

3. 物理吸附储氢材料

物理吸附储氢是基于氢分子与吸附剂表面的分子间相互作用，实现氢气的吸附和储存。这种分子间相互作用属于范德华力的范畴，并不会导致氢分子解离和吸附剂结构的变化。通常材料比表面积越大，储氢性能越好。常见的物理吸附储氢材料有沸石分子筛、金属有机骨架（Metal-Organic Frameworks，MOFs）材料和碳质储氢材料等。

沸石分子筛是一种水合结晶硅铝酸盐，因具有规整的孔道结构、分子大小的孔径尺寸、可观的内表面积和微孔体积而表现出良好的吸附性能。沸石材料储氢容量有限多是因为其孔径远大于氢分子直径以及骨架质量大，包含了大量硅、铝、氧离子。

MOFs 材料是一种将特定材料通过相互铰链形成的支架结构，具有晶体结构丰富，比表面积高等优点，从而表现出良好的储氢性能。但是 MOFs 内含有部分溶剂分子，在保持骨架完好的前提下仅仅依靠升温来除去骨架中的全部溶剂分子是很困难的。

碳质储氢材料包括活性炭、碳纳米管、石墨烯等材料。利用超高比表面积的活性炭吸附并储存氢气，具有经济、储氢量高、解吸速度快、循环寿命长等优点，但却只能在低温高压条件进行操作。材料的储氢量受比表面积的影响明显，并且随温度升高而大幅降低。

吸附储氢用的碳纳米纤维管，是目前最主要的物理吸附方法。1991 年 Lijima 第一次描述了一种新的碳材料即碳纳米管，如图 6-2 所示。按照碳纳米管结构的不同可以把碳纳米管分为单壁碳纳米管和多壁碳纳米管。碳纳米纤维是近年来为吸附储氢而专门开发的一种碳纳米材料。

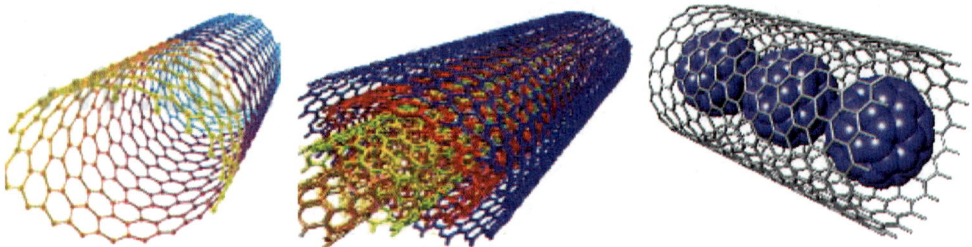

图 6-2　单壁碳纳米管和多壁碳纳米管

碳纳米材料具有性质稳定、质量轻、成本较低、比表面积大和内部体积大等特点。其储氢方式为物理吸附，依靠氢气和碳纳米材料之间的范德华力，无需克服能量壁垒，而且氢气对材料本身的物理性能影响可忽略不计。优化碳纳米材料储氢能力的主要方面在于利用过渡元素的掺杂来提升碳对氢气的亲和力，过渡金属 Sc、Ti 或 V 掺杂的碳纳米材料具有较大直径，内部具有可功能化的较大空间，每个金属原子无论是在内壁还是外壁都可以吸附 4 个 H_2，在具有良好的结合能的情况下有 8wt% 的高储氢量。利用 Li 包覆的碳纳米材料可达 13.45wt% 容量，结合能接近最高理论值。

6.3　氢气的利用技术

目前比较成熟的燃料电池技术，根据电解质不同可分为以下类型：质子交换膜燃料电池（Proton Exchange Membrane Fuel Cell，PEMFC）、磷酸燃料电池（Phosphoric Acid Fuel Cell，PAFC）、熔融碳酸盐燃料电池（Molten Carbonate Fuel Cell，MCFC）、固体氧化物燃料电池（Solid Oxide Fuel Cell，SOFC），以及碱性燃料电池（Alkaline Fuel Cell，AFC）和直接甲醇燃料电池（Direct Methanol Fuel Cells，DMFC）等。各类燃料电池最根本的反应式完全相同，其两极反应式及总反应式分别为：

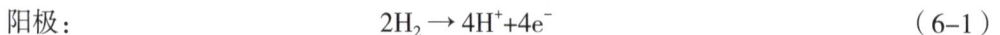

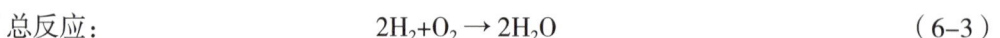

阳极：
$$2H_2 \rightarrow 4H^+ + 4e^-$$
（6-1）

阴极：
$$4H^+ + O_2 + 4e^- \rightarrow 2H_2O$$
（6-2）

总反应：
$$2H_2 + O_2 \rightarrow 2H_2O$$
（6-3）

6.3.1 质子交换膜燃料电池

质子交换膜燃料电池，又称聚合物电解质膜燃料电池，最早由通用电气（GE）公司为美国宇航局开发。1983年，加拿大国防部资助Ballard Power公司进行PEMFC的研发，通过采用杜邦公司的Nafion全氟磺酸膜、以铂/碳催化剂代替纯铂黑和电极－膜－电极三合一组件（Membrane–Electrode–Assembly，MEA）工艺，PEMFC系统性能取得了突破性的进展。

质子交换膜燃料电池以全氟磺酸膜固体聚合物为电解质，铂/碳或铂－钌/碳为电催化剂，氢或净化重整气为燃料，空气或纯氧为氧化剂，带有气体流动通道的石墨或表面改性的金属为双极板。阴极和阳极均为多孔气体扩散电极，由扩散层和催化层组成。

质子交换膜燃料电池占到全球燃料电池设备总量的88%，是应用范围最广的一种燃料电池技术。质子交换膜燃料电池以能量密度高，运行温度（70~85℃）低，启动速度快，安全、噪声低、操作简便等优点，成为车用燃料电池动力系统的最佳方案，并且可以满足移动发电设备的使用要求。

6.3.2 磷酸燃料电池

磷酸燃料电池是以浓缩磷酸为电解质的燃料电池。磷酸燃料电池在工作时，阳极通以富氢并含有CO_2的重整气体，阴极通以空气，氢和氧在各自多孔气体扩散电极的气（反应气体）－液（磷酸）－固（铂催化剂）三相界面上发生电化学反应，在200℃左右的工作温度下分别生成氢离子和水。

磷酸燃料电池阳极使用天然气等矿物燃料经裂解或重整转化为包含CO_2的富氢气体为燃料，阴极以空气为氧化剂，二者均不需要做CO_2提纯处理。但是由于会导致铂催化剂中毒，CO、H_2S等杂质气体的存在对磷酸燃料电池的性能会有较大影响。

磷酸燃料电池具有构造简单、性能稳定等优点，是一种技术最成熟、发展最快、最早接近于实用的燃料电池技术。PAFC在燃料电池技术发展的历史上所起的示范和技术借鉴作用是其他燃料电池所无法替代的。磷酸燃料电池的功率从数千瓦到数兆瓦，适合作为分布式电源，安装在居民区、学校、医院、小型电站等场所，可以实现高效、紧凑、无污染的发电和热电联供。

6.3.3 熔融碳酸盐燃料电池

熔融碳酸盐燃料电池（MCFC）是一种工作在较高温度下（600~700℃）的燃料电池系统。MCFC既可以使用氢气、煤气作燃料，又可以使用粗重整气作燃料，因此燃料范围大大增加。此外，MCFC排出的废热温度高，可以直接驱动燃气轮机/蒸汽轮机进行复合发电，进一步提高系统的发电效率。

熔融碳酸盐燃料电池是以碳酸锂、碳酸锂、碳酸钠等熔融态碱金属碳酸盐的混合物为电解质，镍粉烧结体为电极材料的燃料电池体系。在较高的工作温度下（600~700℃），熔融态的碱性碳酸盐会电离产生碳酸根离子，使体系具有很强的导电性能。因此，与其他燃料电池不同，熔融碳酸盐燃料电池的阴极不但需要氧气同时需要 CO_2，以便生成碳酸根离子并在电池的两极之间形成离子传输。

与低温燃料电池相比，MCFC 的成本和效率很有竞争力，其优点体现在以下四个方面。首先，在工作温度下，MCFC 可以进行内部重整。燃料的重整可以在阳极反应室进行，重整反应所需的热量由电池反应的余热提供。这既降低了系统成本，又提高了效率。其次，MCFC 的工作温度为 600~650℃，能够产生有价值的高温余热，可以用来压缩反应气体，提高电池性能，也可以用于供暖或锅炉循环。最后，几乎所有燃料电池重整都产生 CO，它可使低温燃料电池电极催化剂中毒，但却可以成为 MCFC 的燃料。第四，电催化剂以镍为主，不使用贵金属。

6.3.4　固体氧化物燃料电池

固体氧化物燃料电池（SOFC）是一种高温型全固体燃料电池，其电解质是固体氧化物陶瓷材料。在工作时，阳极可以通入氢气、一氧化碳、天然气、液化气、煤气及生物质气等多种碳氢燃料作为燃料气，阴极通入空气或氧气，氧气在阴极被还原成氧离子，在电解质中通过氧离子空穴导电从阴极传导到阳极，氢气在阳极被氧化，结合氧离子生成水。

在所有的燃料电池中，SOFC 的工作温度最高，SOFC 排出的高温气体具有较高的利用价值。既可以提供天然气重整所需热量，也可以用来生产蒸汽，更可以和燃气轮机组成联合循环应用于分布式发电，不但具有较高的发电效率，同时也具有低污染的环境效益。

在 SOFC 技术的发展史上，美国西屋电气公司无论在系统发电规模，还是在实际运行寿命上都做了里程碑式的工作。但 SOFC 在高温下运行时，存在着电堆制备成本高、启动慢和连接体材料的选择受到极大限制等问题，使得高温 SOFC 一直未能商业化。目前国际上 SOFC 的研发正在朝中低温化（＜800℃）努力，这样使得许多工程和材料问题可以迎刃而解。

6.3.5　碱性燃料电池

碱性燃料电池（AFC）是最早得到实际应用的一种燃料电池，主要用于航空航天领域。早在 19 世纪 60 年代，美国航空航天局（NASA）就成功地将培根型碱性燃料电池用于阿波罗宇宙飞船，不但为飞船提供电力，还为宇航员提供饮用水。

AFC 采用质量分数不同的氢氧化钾溶液作为电解液，浸在多孔石棉网或膜中，或装载在双孔电极碱腔中，两侧分别放置多孔的阴极和阳极构成电池。为保持电池连续工作，除了需要等速地向电池供应消耗的氢气、氧气外，还需连续、等速地从阳极排出电池反应生成的水，以维持电解液碱浓度的恒定。排除电池反应的废热以维持电池工作温度的恒定。由于电解质是循环使用，AFC 电池堆多为单极结构。

由于 AFC 在陆地上使用会受到空气中 CO_2 的毒化，导致其使用寿命较短，因此除在航空航天领域外，大部分的碱性燃料电池研究工作都在 20 世纪七八十年代中止了。目前只有英国和比利时等国家的少数几个公司在继续碱性燃料电池在地面上应用的研究与开发。如果在今后的发展中，能够克服如电解质 CO_2 毒化的技术难关，AFC 有可能再次回到人们的视野中。

6.3.6 直接甲醇燃料电池

直接甲醇燃料电池（DMFC）是质子交换膜燃料电池的一个延伸，是在 PEMFC 基础上，以醇类代替纯氢作为燃料的燃料电池系统。近年来直接甲醇燃料电池成为研究和开发的热点，并取得了长足进步。

DMFC 特别适合作为各种用途的可移动动力源。甲醇作为一种低价燃料，来源丰富价格便宜，有完整的生产销售网，水溶液易于携带和储存。理论上，消耗 1mol 甲醇得到约 195.1Wh 电量，因此，尽管 DMFC 能量转化效率只有 20%~40%，DMFC 却在近年来受到越来越多的重视。

6.4 氢气的应用领域及发展趋势

6.4.1 新能源发电应用领域

随着新能源装机规模快速增长，可再生能源电力消纳成为需要解决的重要问题。氢能存储在发电侧电力消纳方面的应用价值也日益受到各方重视。

在新能源发电领域，氢能存储的应用主要表现为风电场弃风制氢。利用风电场所生产的清洁电力，采用电解水制氢的方式大规模地制取氢气，产生的氢气经过压缩存入储氢装置，并利用管道或车辆运输到周围的用氢部门。氢气一方面可以通过燃料电池发电转化为电能，用于交通或电力领域，另一方面还可以应用于工业领域制取化工产品。

电解制氢属高能耗产业，用电成本是电解制氢的主要瓶颈，大规模、低成本的可再生能源制氢技术必将推动氢能发展。把电解水制氢与调整并网风电品质的技术路线相结合，利用闲置的风能支撑电解水制氢消耗的电能，不仅可能提升风电系统的能源利用效率，减少为控制发电品质和电网调峰等要求而采用的刹车制动或其他系统调整动作，降低发电控制系统的运行和维护成本，而且生产出附加产品氢气，实现了风能资源的综合利用。

6.4.2　分布式电源及微电网应用领域

在燃料电池和微电网技术的结合方面，燃料电池提供可靠地电力输出，微电网系统进行智能的调配控制。这种结合是创造可靠、具有经济性能源非常重要的途径。与传统微电网系统的多个间歇性能源系统组合相比，燃料电池能够连续提供24h、数周甚至是每年365d的稳定的电力输出（只要由足够的燃料供给）。然而对于太阳能、风能以及二次电源等组成的微电网系统是无法实现的。因此，燃料电池可以作为微电网系统的主要电力来源，与社区电网一起提供可靠地电力输出。通过调配燃料电池与其他电力供应系统之间的配比关系，从而控制成本、可靠性以及环境表现等既定的目标。

燃料电池与微电网系统的结合可以实现其他微电网系统所无法实现的功能——热电联供。燃料电池在发电的同时也会产生大量热能，通过热能的综合回收利用，为社区的居民户提供生活所需热水以及供暖服务，实现热能与电能的综合利用。这样可以实现燃料能量效率95%以上的有效利用。热电联供的安装方式主要分为两类，即离网和并网安装，前者为避免受负载波动的影响，使得系统的复杂性和价格提高，而后者可在用电高峰阶段实现电网补充供电，当用电量较少时可向电网输入多余电量，为了得到更高的效率，热存储单元对于两者都是不可或缺的。

6.4.3　氢燃料电池汽车

作为一类电动汽车，燃料电池汽车同样具有无噪声、零污染等优势。燃料电池汽车与纯电动汽车的主要差别在于作为主动力的化学电源的不同。因此，燃料电池汽车在能量密度、续驶里程、燃料加注速度等方面具有独特优势。

在能量密度和续驶里程方面，氢燃料电池电源的能量密度取决于储罐储氢量，从这个角度氢燃料电池电源更容易通过提高储罐氢容量而提高整个电源系统能量密度。在燃料补给速度方面，燃料电池电源系统氢气填充是气体压缩过程，放出的热量较小，因此燃料电池系统充氢过程则可以在几分钟内完成。与之相比，锂离子电池充电过程必须以较慢的速度进行，否则过多的热量会带来电池安全性问题，通常理想的充电时间要几个小时。

燃料电池系统是燃料电池电动汽车的核心，目前燃料电池汽车主要采用质子交换膜燃料电池提供动力，采用高压储氢罐实现车载储氢。车载燃料电池系统主要包括燃料电池电堆和辅助设备（Balance of Plant，BOP）两部分，二者在燃料电池控制单元的控制下，实现燃料电池系统的正常运行。

从全球来看，燃料电池汽车还处于实现商业化的推进阶段，燃料电池汽车的性能、成本和加氢站的布局数量是燃料电池汽车发展程度的决定性因素。未来十年将是燃料电池汽车高强度的研究开发阶段。

6.4.4 氢气天然气综合利用

以德国为代表，电解水制氢逐渐成为消纳可再生能源发电的一种重要手段，由此带动着氢能产业链下游的氢气－天然气综合利用快速发展应用。

基于可再生能源消纳的氢能－天然气综合利用（Power-to-Gas）是利用风力发电电解水制取氢气，再将氢气以一定比例注入现有的城市天然气管网中，借助纵横东南西北的管线进行输送，从而满足了全国的用能需求。氢气的高渗透率和氢脆现象的存在，使得天然气管道对于氢气混合掺入的比例有着严格的要求，通常氢气混合掺入天然气管网的体积比控制在 2%，目前也在以 10% 为目标进行进一步的探索。未来要实现现有管道输送氢气和天然气的混合物，还需要对管道重新进行缺陷检测、修复和更新。

除了把氢直接混合到城市燃气中，利用氢气制取甲烷也是德国氢气－天然气综合利用的一种形式。利用氢气制取甲烷的出发点是利用氢还原 CO_2 制造 CO 和水的反应，称为"逆向转移反应"。之后在产生的 CO 中再次混入氢气，通过甲烷化反应大量合成甲烷。

6.4.5 氢能利用发展趋势

随着可再生能源的快速发展，氢能存储也越来越多地受到各国政府的重视。全球各国在制定分布式发电、温室气体减排、可再生能源发电、电动汽车等领域的政策时都对氢能存储和燃料电池的应用给予了特别强调。

在美国，备用电源、分布式主供电电源及物料搬运设备是氢能和燃料电池应用的三大主要领域。美国的氢能及燃料电池产业得到联邦政府、能源部、州政府和相关企业的广泛重视，奥巴马政府在制定清洁能源安全法案、开展新能源领域投资时也都将氢能纳入了计划范围。按照 DOE 能源效率与可再生能源办公室制定的美国氢能和燃料电池产业发展路线图，如图 6-3 所示。首先美国将近期氢能和燃料电池的发展目标定位于备用电源和分布式主供电电源市场，中期市场定位于燃料电池热电联产、燃料电池物料搬运设备以及公共交通示范运行，长期目标将集中于燃料电池汽车在个人交通领域的推广应用。

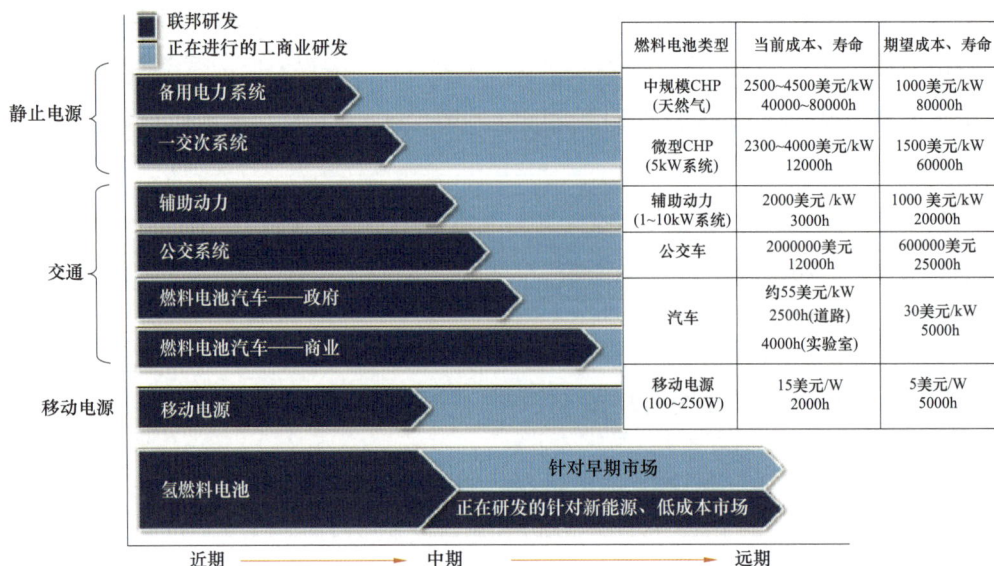

	燃料电池类型	当前成本、寿命	期望成本、寿命
	中规模CHP（天然气）	2500~4500美元/kW 40000~80000h	1000美元/kW 80000h
	微型CHP（5kW系统）	2300~4000美元/kW 12000h	1500美元/kW 60000h
	辅助动力（1~10kW系统）	2000美元/kW 3000h	1000美元/kW 5000h
	公交车	2000000美元 12000h	600000美元 25000h
	汽车	约55美元/kW 2500h(道路) 4000h(实验室)	30美元/kW 5000h
	移动电源（100~250W）	15美元/W 2000h	5美元/W 5000h

图 6-3　美国氢能和燃料电池产业发展路线图[①]

日本已经将发展氢能视为保障国家能源安全、实现温室气体减排的重要途径。日本自 1974 年开始实施《新能源开发计划（阳光计划）》以来，就已经将燃料电池技术定为国家战略。在日本提出的面向 2050 年的中长期技术发展项目"Cool Earth-Innovative Energy Technology Program"中，规划了未来重点发展的 21 项低碳能源利用和能效提升技术，其中有 4 项涉及氢能产业，分别是燃料电池汽车、固定式燃料电池在民用和商业领域的应用、新型炼钢技术（氢气替代碳炼钢）、氢气的规模化制储输用。为实现氢能发展目标，日本经济产业省（METI）、日本新能源产业技术开发机构（NEDO）以及各企业在氢能和燃料电池领域投入大量资源，以燃料电池汽车、家用燃料电池热电联产（CHP）系统和氢气制取储藏技术为主要着力点，快速推进氢能和燃料电池技术的商业化应用和普及。

在中国，氢气的主要用途仍然是化学工业领域的制氨和甲醇，氢能作为一种高效能量载体和清洁燃料的应用市场十分有限。可以说，氢能产业尚处于起步阶段，产业链的各个环节普遍面临着技术不成熟、成本高、规模化难以实现等问题。国内企业和科研机构的工作重点主要集中在通过开展基础研发和试点示范，寻找和开拓氢能市场。近两年，受国际氢能产业发展趋势的带动和可再生能源大规模接入的影响，中国氢能产业的发展方向和应用渠道也逐渐多样化，与燃料电池汽车、可再生能源制氢、燃料电池备用电源、氢气天然气综合利用等有关的示范项目纷纷启动。

① 资料来源：DOE Office of Energy Efficiency & Renewable Energy, Hydrogen and Fuel Cells Program.

虽然我国在氢能领域的研发和示范都取得了一定进展，但是氢能尚未成为一种被公众广泛接受的清洁能源。如何把制氢、储氢、输氢、用氢等产业链上下游联系起来，如何把氢能与可再生能源、交通、电力、天然气等结合起来，尚没有明确的实施路径。氢能若要作为一个独立的产业体系得到快速发展，除了要解决产业链各个环节存在的技术难题，还必须综合考虑诸多非技术因素。这些非技术因素包括氢能在国家未来能源战略中的地位；公众、媒体对于氢能产业的认知、态度和预期；氢能发展过程中的技术选择序列；氢能系统的综合评价，包括市场选择、商业模式、安全防控、环境影响等；国家在其他能源领域（可再生能源、电力）的相关政策和规划对氢能的影响；发达国家能源环境政策、技术发展路径、市场推广方向等对我国氢能产业的影响等。

本 章 小 结

氢既是一种重要的化工原料，又可以广泛应用于交通、电力和热力领域，因此，氢能存储也成为一种重要的能源储存和转化手段。与电能存储和热能存储不同，氢能存储的实现是需要将氢气制氢、储存、运输和利用整合为一体的综合能源体系。

随着可再生能源的快速发展，氢能存储也越来越多地受到各国政府的重视，新能源汽车、备用电源、分布式电站、加氢站、氢气天然气综合利用等领域的示范运行或规模化推广应用日益加快。电解水制氢，氢气的储存运输，以及氢气在天然气、交通、电力、热力、工业等领域的应用等多个环节共同构成了一个完整的可再生能源－氢能利用体系。

储能技术典型应用场景与商业运营模式 7

储能技术包括电化学储能、物理储能、储热、储氢等具备诸多特性使其得以在电力系统的发、输、变、配、用及调度等各个环节的不同应用场景均能得到广泛应用。而储能技术的应用场景不同，其使用目的及所带来的各方面经济收益也有很大不同，合理的商业运营模式是引导储能技术发展的关键。

7.1 储能技术在电力系统的典型应用场景

电力系统对储能技术的需求大体可以分为功率服务和能量服务两类。对于功率服务，储能应对电网的暂态稳定和短时功率平衡需求，作用时间从数秒到数分钟，因此需要响应快速的储能技术，如飞轮储能、超导磁储能及超级电容器储能等功率型储能技术。对于能量服务，储能用于长时间的功率调节和电能存储，作用时间可从数小时延伸至季节时间尺度，用于应对系统峰谷调节以及输配电线路的阻塞问题，则需要具备一定规模和时间尺度的存储能力、高的能量转换效率及较低的经济成本，实现电能在时间维度上的转移，如抽水蓄能、压缩空气储能、电化学储能等能量型储能技术。而具备规模化可能的储热和储氢技术则可为冗余的电能提供向其他能源形式转换的途径。

根据电力系统对储能技术的应用功能需求，将储能技术在发、输、变、配、用及调度等各个环节的不同应用场景下所发挥的功能和效应归纳在表 7-1 中。

表 7-1　　储能技术在电力系统不同应用场景发挥的功能和效应

应用领域	应用场景	储能的功能和效应
发电侧	辅助动态运行	（1）通过储能技术快速响应速度，在进行辅助动态运行时提高火电机组的频率，减少碳排放； （2）避免动态运行对机组寿命的损害，减少设备维护和更换设备的费用
	取代或延缓新建机组	储能可降低或延缓对新建发电机组容量的需求
	提升机组灵活性运行	储能可实现"热电解耦"，提高传统机组的调峰能力和系统灵活性

续表

应用领域	应用场景	储能的功能和效应
电力辅助服务	二次调频	（1）通过瞬时平衡负荷和发电的差异来调节频率的波动； （2）通过对电网的储能设备进行充放电以及控制充放电的速率，来调节频率的波动； （3）减少对火电机组的磨损
	电压支持	电力系统一般通过对无功的控制来调整电压，将具有快速响应能力的储能装置在负荷端，根据负荷需求释放或吸收无功功率，以调整电压
	调峰	在用电低谷时储电，在用电高峰时释放电能，实现削峰填谷
	备用容量	备用容量应用于常规发电资源的无法预期的事故，在备用容量应用中，储能需要保持在线，并且时刻准备放电
输配侧	无功支持	通过传感器测量线路的实际电压，调整输出的无功功率大小，进而调节整条线路的电压，使储能设备能够做到动态补偿
	缓解线路阻塞	储能系统安装在阻塞线路的下游，储能系统会在无阻塞时段充电，在高负荷时段放电从而减少系统对输电容量的需求
	延缓输配电扩容升级	在负荷接近设备容量的输配电系统内，将储能安装在原本需要升级的输配电设备的下游位置来缓解或者避免扩容
	变电站直流电源	变电站内的储能设备可用于开关元件、通信基站、控制设备的备用电源直接为直流负荷供电
工商业用户侧	用户分时电价管理	帮助用户实现分时电价管理的手段，在电价较低时给储能系统充电，在高电价时放电
	容量费用管理	用户在自身用电负荷低的时段对储能设备充电，在需要高负荷时，利用储能设备放电，从而降低自己的最高负荷，达到降低容量费用的目的
	电能质量	提高供电质量和可靠性
分布式发电与微网	小型离网储能应用	（1）提供稳定电压和频率； （2）备用电源
	海岛微网储能应用	（1）提供稳定电压和频率； （2）备用电源
	商业建筑储能（储能的多重应用）	（1）解决可再生能源发电的间歇性问题； （2）降低用户侧用电成本； （3）提高供电质量； （4）可靠的备用电源
	家用储能系统（储能的多重应用）	（1）解决可再生能源发电的间歇性问题； （2）降低用户侧用电成本； （3）提高供电质量； （4）可靠的备用电源
大规模可再生能源并网	可再生能源电量时移、发电容量固化、平滑出力	（1）平抑可再生能源发电出力波动； （2）跟踪计划出力； （3）避免弃风； （4）减少线路阻塞； （5）进行电价管理； （6）在电网负荷尖峰时，向电网提供功率支持； （7）减少其他电源的调峰压力； （8）减少备用电源预留量

7.2 发电侧领域

7.2.1 储能应用场景与市场应用状况

储能技术应用在发电领域，具有提高机组效率和动态响应、取代或者延缓新建机组以及提升机组灵活性运行的特性。

储能技术帮助提高发电机组效率和动态响应，主要指的是储能装置按照日前发电曲线和调度中心的实时指令进行充放电，调节整个发电机组的总输出，使发电机组运行在接近额定功率运行状态下。这既提高了机组的运行效率，又减少动态运行对发电机组寿命的损害，也减少了传统发电机组的温室气体排放，同时增强了发电厂整体的调峰能力。这类项目包括 GE 公司和南加州爱迪生公司合作开发的全球首个燃气轮机 – 储能混合发电系统，其中燃气轮机 50MW，电池储能系统 10MW/4.2MWh（之后投运了第二个同等规模的燃气轮机 – 储能混合发电系统）；以及美国能源部支持的佩恩斯维尔市火电厂 – 钒电池示范项目，其中火电机组 32MW，全钒液流电池储能系统 1MW/8MWh。

储能技术帮助取代或者延缓新建机组，主要指的是负荷较低时，发电机组给储能系统充电，在尖峰负荷时，储能向负荷供电，等于利用高效的储能系统取代了低效的尖峰负荷机组。同时，储能还可以为系统提供调频、旋转备用、黑启动等辅助服务，使得整个电力系统更加可靠、稳定，这是传统尖峰负荷机组不能或不能高效实现的功能。这类项目主要分布在美国，尤其是加州。受加州 Aliso Canyon 储气库泄漏事件的影响，为了保持电网稳定，加州 2016 年加速安装调峰 / 备用储能项目，新增储能装机规模达到 104.5MW。

储能技术帮助提升机组灵活性运行是指储能设备厂商可以与传统火电企业结合，利用储能技术从爬坡速率和调峰深度两方面增强火电机组运行灵活性，既可实现电力和热力供应的解耦，又能使火电机组更好地满足电网 AGC 调峰指令、调频指令等。目前我国已有多个利用热水蓄热罐技术和固体蓄热技术等储热技术提升火电机组运行灵活性的实际案例，这类项目主要集中在东北地区。例如国家电投阜新电厂、国电江南热电厂通过安装大型热水蓄热罐，当热电机组增加出力时，储存富裕热量，当热电机组降低出力时，输出热量补齐热力缺额，实现"热电解耦"运行。华能长春热电、华能伊春热电、华电丹东金山热电等电厂则采用了固体蓄热技术。

7.2.2 应用价值分析

辅助动态运行方面，由于储能技术具备快速响应速度，通过应用储能技术进行辅助动态运行可以提高发电机组的效率，减少碳排放。动态运行会使机组部分组件产生蠕变，造成这些设备受损，提高了发生故障的可能，即降低了机组的可靠性。同时，增加了更换设备的可能和检修的费用，最终降低了整个机组的使用寿命。储能技术的应用可以避免动态运行对机组寿命的损害，减少设备维护和更换设备的费用，进而延缓或减少发电侧对新建发电机组的需求。

取代或延缓新建机组方面，在电力系统内，有些情况下，储能可以延缓新建发电站或者直接替代新建发电站。在美国，峰荷机组主要是联合循环燃气机组，在负荷增长或者机组淘汰引起的发电不能满足负荷的情况下，美国的电力企业一般会选择建设新的单循环燃气机组应对尖峰负荷。当然应对这种情况还有一些其他的选择，如大型煤电机组、分布式机组、负荷响应以及节能技术。在中国，往往是煤电机组承担调峰的作用。而这些作为调峰的煤电机组经常不能处于满发状态，都要为负荷尖峰留有一定的余量，这就影响了经济性。假设发电端选择联合循环燃气机组作为尖峰负荷发电机组，通过与单循环燃气机组的比较，那么储能在该应用场景里实现的价值如下：

（1）更经济。当发电端具有峰谷电价时，储能的效率达到一定高度时，尖峰负荷放出电量对应的收益远高于夜间负荷低时充电购买的电价；

（2）更高效。单循环燃气机组的热耗为 10000~11000BTU/kWh，而联合循环燃气机组的热耗为 7000BTU/kWh，如果用后者给储能充电，按照储能 80% 的效率计算，储能的热耗低于 9000BTU/kWh，低于单循环燃气机组；

（3）更灵活。储能相对其他发电机组来说，调峰调频特性要好得多；

（4）更清洁。储能在向电网放电的过程中不排放温室气体，如果用联合循环燃气机组充电，考虑到联合循环燃气机组的温室气体排放，依然低于单循环燃气机组。

提升机组灵活性运行方面，设置储热系统是提升热电机组灵活调节能力、挖掘机组深度调峰潜力的主要技术路线之一，如热水蓄热罐、固体蓄热装置或熔盐蓄热装置等。在电网调峰困难时段利用储热装置对外供热，补充热电联产机组由于发电负荷降低带来的供热能力不足。热电解耦时间对储热系统的设计选型和投资有较大影响，解耦时间越长，储热装置的容积越大，这增加了储热系统投资，但机组调峰的灵活性增大。2018 年 3 月 23 日，国家发展改革委和能源局印发《关于提升电力系统调节能力的指导意见》明确提出要加快新型储能技术研发创新，重点在大容量液流、锂离子、钠硫、铅炭电池等电化学储能电池、压缩空气储能等方面开展创新和推广，提高新型储能系统的转换效率和使用寿命。

7.2.3　商业运营模式

1. 辅助动态运行方面

目前，应用在发电侧辅助动态运行方面的储能项目还不多，尚没有形成多样化的商业运营模式。

美国南加州爱迪生公司的燃气轮机－储能混合发电项目的投资方和资产拥有方是公共事业公司南加州爱迪生公司，Wellhead Power Solutions 提供解决方案，GE 提供设备。在整个模式中，公共事业公司或发电公司通常是业主和需求方，出于提高发电机组的响应速度，降低燃气轮机的发电成本，减少排放等考虑，公共事业公司或发电公司对电池储能的需求正在增加。西班牙的一家电力公司 Endesa 在 2017 年 2 月规划为其最大的一座火电站配置电池储能系统，以提高火电机组的发电效率，降低排放并延长机组的寿命。同时，类似于 Wellhead 这样提供解决方案的公司也开始出现，例如，西门子在 2017 年初发布利用电池储能提高燃气机组发电性能的混合系统方案——SIESTART 解决方案；GE 在欧洲的合作伙伴 Procom 也可以通过提供储能系统与其他设备之间联合运行的整套方案，包括技术选型、容量配置、运行策略等在内的完整方案，帮助用户实现效益最大化。预计短期内，业主出资，设备厂商提供设备，解决方案提供商提供 EPC 的这种模式将在欧美发电侧储能项目中得到一定程度的复制。

2. 取代或延缓新建机组方面

目前这类项目主要以加州应对 Aliso Canyon 储气库泄漏而加速布局的储能项目最为典型。这些项目的投资方和拥有方是公共事业公司，储能厂商或集成商提供储能系统，整个商业运营模式较为简单和明晰。但这种模式具有一定的特殊性，首先，公共事业公司是需求方，储气库泄漏事件使其不得不在最短的时间内采购足以替代储气库的灵活性资源，而储能则是可以在最短时间内进行布局与上线的灵活性资源。因此，为了尽快保障电网的稳定与安全，同时也为了达成 AB2514 规定的储能采购目标，公共事业公司纷纷加快安装储能资源，而非新建传统调峰机组。

一般情况下，储能取代或延缓新建机组需要比较和衡量两者的成本与收益，在单一收益模式下，以目前储能的成本水平，还无法与传统发电机组相竞争。未来随着储能成本的持续下降，加上储能多元化价值的挖掘与实现，在多重收益叠加的情况下，储能取代或延缓新建发电机组的市场空间将增大。

3. 提升机组灵活性运行方面

在发电侧建设储能装置，增强机组灵活性运行能力的价值可通过机组参与深度调峰辅助服务来体现。作为独立主体参与电力辅助服务市场交易，按照应用效果获得应有的调峰补偿收益，具体补偿见下节电力辅助服务领域。

可建立储能装置参与调峰辅助服务共享新机制，在电力市场下，通过出台稀缺电价机制，以合理的价格保证调峰电源能够通过峰荷电价回收成本，远期适时建立容量市场，以合约方式锁定调峰电源成本。电力市场未建立地区，先行开展调峰辅助服务市场，细化补偿标准，差别化对待机组调峰能力，适应火电、储能电池等不同类型调峰设施运行模式。

7.2.4 典型案例分析

本文以美国南加州爱迪生公司的燃气轮机 – 储能混合发电项目为例，分析储能帮助传统发电机组降低发电成本、增加收益的可行性。

1. 项目目的

通过使用储能设备，使燃气机组提高机组运行收益，降低碳排放的同时节约燃料和用水的成本。

2. 项目内容

2016 年起，南加州爱迪生公司（SCE）开始尝试储能与传统发电机组联用的新型应用模式。2017 年 4 月，SCE、GE、Wellhead Power Solutions 合作安装运行了全球首个燃气轮机 – 储能混合发电系统。该系统安装于 Norwalk 配电站，包括 50MW 的 LM6000 型号燃气轮机和 10MW/4.2MWh 电池储能系统。预计该储能系统的服役年限为 10 年，在服役期间，电池主要提供快速启动、快速爬坡等功能。

在整个项目中，南加州爱迪生公司投资并拥有整套混合系统，GE 是储能技术提供商、燃机设备等电力电子设备提供商和系统集成商；Wellhead Power Solutions 是整个项目的开发商和 EPC。

3. 项目分析

该混合系统的核心是控制系统，控制系统需要控制电池和燃机进行无缝切换。而储能的容量也是经过特殊设计的，储能的容量要能够支撑并提供足够的时间等待燃机启动并达到指定的电力输出水平。另外，整个混合系统还具有如下特点：

（1）没有了最小发电功率的限制；

（2）运行范围可以从 0MW 至 50MW；

（3）50MW 零排放的旋转备用容量；

（4）50MW 应对突发事件的高峰容量；

（5）–8~ +5MVAR 的电压支持（无燃料成本）；

（6）提供一次调频的能力（无燃料成本）；

（7）优越的瞬时响应能力；

（8）具备黑启动的能力。

鉴于该混合系统具备上述这些能力，一方面，SCE 利用该混合系统提升响应时间，将削峰机组转变成旋转备用机组，当电力需求激增时，混合系统既能够立即接受调度，且在备用模式时不需要消耗燃料和水。另一方面，储能系统还可以配合燃气轮机，以更快的响应速度竞标参与美国加州独立系统运营商（CAISO）的调频市场。

总体来看，储能系统不仅可以帮助降低燃气机组 60% 的温室气体排放和运行成本，每年还能够节省 200 加仑的水资源消耗，延长燃气轮机的运行寿命。该项目也因为创新的应用模式和良好的应用效果，获得了北美储能峰会的储能项目大奖。鉴于该项目良好的运行效果，SCE 还计划在其他燃气电站和水电站中安装储能系统提高调频响应能力和机组灵活性，帮助加州实现到 2030 年 50% 的电力消费来自可再生能源的目标。

7.3 电力辅助服务领域

7.3.1 储能应用场景

电力市场辅助服务是指为维护电力系统的安全、稳定运行，保证电能质量，除正常电能生产、输送、使用外，由发电企业、电网经营企业和电力用户提供的服务，可分为基本（义务）辅助服务和有偿辅助服务两大类。基本辅助服务是指为确保电力系统安全、稳定运行，发电机组必须提供的服务，包括一次调频、基本调峰、基本无功调节等。基本辅助服务不进行补偿。有偿辅助服务是指发电机组在基本辅助服务之外提供的其他辅助服务，包括自动发电控制（AGC）、有偿调峰、备用、有偿无功调节和黑启动等。有偿辅助服务在电力市场建设初期采取补偿机制，电力市场体系完善以后采取竞争机制。

在传统的电力生产模式下由于实行统一调度，统一管理，能较好地保证电力生产的安全、可靠。随着我国电改的逐步深入，电力生产者的自主性得到了增强，同时也对电网的安全、可靠运行带来了巨大的挑战。发电竞争的引入和电网开放的实施及新技术应用，增加了电网运行和控制的复杂性，因而会产生一些新的引起电网功角稳定、电压稳定、过负荷和系统崩溃等问题的因素，使得辅助服务问题越来越受到广泛的重视。

储能技术在辅助服务中的应用场景主要包括四种，分别为：二次调频、电压支持、调峰、备用容量。通过对电网中的储能设备进行充放电以及控制充放电的速率，达到调节系统频率的目的。储能设备与火电机组相结合共同提供调频服务，可以提高火电机组运行效率，大大降低碳排放。储能设备还能经济运行在非满负荷状态，可以提供本身容量两倍的调节能力。因此，储能设备非常适合提供调频服务。利用储能装置的快速响应能力，可以在几秒内快速响应负荷需求，并为负荷提供连续几分钟以上甚至一个小时的服务。如果将具有快速响应能力的储能装置布置于负荷端，根据负荷需求释放或吸收无功功率，能很好地避免无功功率远距离输送时的损耗问题。利用抽水蓄能、热水蓄热罐、熔盐蓄热等技术能够很好地为电力系统提供调峰服务，在用电低谷时储电，在用电高峰时释放电能，实现削峰填谷。储能设备可以为电网提供备用容量辅助服务，通过对储能设备进行充放电操作，可实现电网有功功率平衡的目的。

7.3.2 市场应用状况

2016 年 6 月国家能源局下发《关于促进电储能参与"三北"地区电力辅助服务补偿（市场）机制试点工作的通知》，首次给予电储能独立身份参与调峰调频辅助服务。2016年底东北能监局先后出台《东北电力辅助服务市场专项改革试点方案》和《东北电力辅助服务市场运营规则（试行）》，特别提出电储能参与辅助服务市场调峰应用的价值，即蓄电设施通过在低谷或弃风弃核时段吸收电力，在其他时段释放电力，从而提供调峰辅助服务。储能系统应用于火电机组辅助服务领域运营模式，如图 7-1 所示。

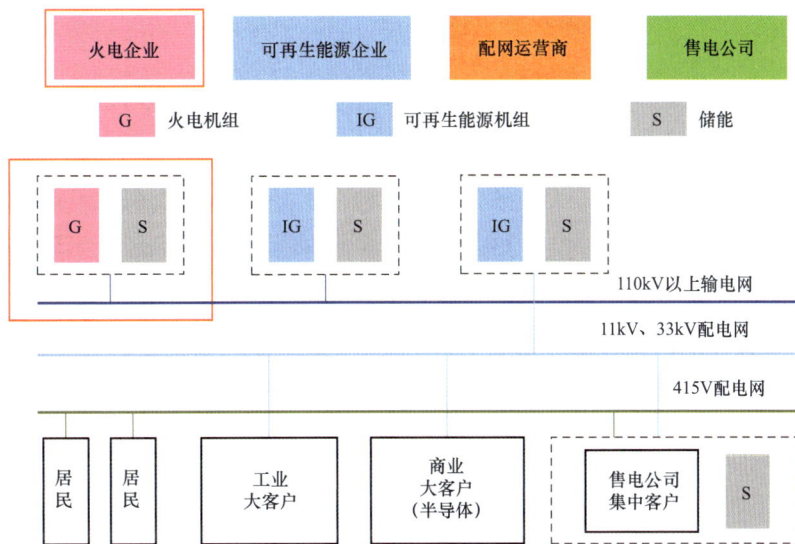

图 7-1 储能系统应用于火电机组辅助服务领域运营模式图

调峰方面，目前主要以储热技术的形式（大型热水蓄热罐、熔盐蓄热、固体蓄热）安装于火电供热机组园区内。通过储热系统在用电低谷时将电能以热能形式存储，用电高峰时将存储热量放出，突破原有以热定电的运行模式，实现热电完全解耦，极大增加了机组调峰深度，进而提高机组运行灵活性，增强机组在辅助服务市场竞争补偿电价的竞争力。因此目前主要应用区域为已经或即将推出辅助服务市场的地区及省份，例如东北地区。随着初始目标为鼓励电厂参与调峰而设立的辅助服务市场正在逐渐推向全部存在新能源消纳难题的地区（例如"三北"地区），未来以增强火电机组调峰深度为目标而配备的相关储热技术产品发展前景看好。

调频方面，根据 CNESA 储能项目数据库的不完全统计，截至 2017 年底，中国调频辅助服务领域已投运的电化学储能项目总规模为 35.1MW，占中国已经投运的电化学储能项目总装机规模的 9%。从应用技术来看，由于调频辅助服务对电池响应速度、电池寿命等的高要求，目前已经开展的项目全部采用的是锂离子电池技术。从应用区域来看，这些项目全部分布在采用了按"效果付费"调频机制的华北区域。未来调频储能项目能否在华北以外的区域开展，还取决于电力市场改革的推进速度以及各电力区域辅助服务新政的发布和实施。从已经开展的项目来看，由于储能尚未作为独立主体参与 AGC 调频，因此投运的储能项目全部采用与火电机组绑定联合调频的形式参与辅助服务交易。

7.3.3　商业运营模式

配置储能装置参与电力辅助服务在国外有丰富的经验可以借鉴。储能已经在美国多个电力市场的 AGC 服务中实现规模化应用。美国 FERC 负责监管美国批发电力市场和设计顶层市场规则，以保证电力市场的公正、公平和充分竞争。FERC 早在 2005 年就针对电储能参与调频辅助服务构建市场收益机制。2007 年 FERC 890 号法令规定电力市场允许储能、需求侧响应等非发电资源参与辅助服务和电网服务，储能系统参与调频辅助服务的独立电源身份获得认可。2011 年 FERC 发布 755 号法令，制定电力零售市场调频辅助服务按效果付费补偿机制。要求 ISO 和 RTO 对能够提供迅速、准确调频服务的电力供应商进行补偿，支付给供应商的费用主要包括基本电价和调频费用，同时要考虑调频服务的准确性、响应速度以及输出电量。FERC 755 号法令的颁布营造了一个公平竞争的调频服务市场，为来自储能系统快速响应的调频服务支付更加合理的价格，为优质的调频电源参与辅助服务市场提供了良好的政策环境。

2013 年 9 月 16 日，北京京能电力股份有限公司石景山热电厂（以下简称"石景山热电厂"）3 号机组 2MW 锂离子电池储能电力调频系统正式挂网运行。这是中国第一个以提供电网调频服务为主的兆瓦级储能电池示范项目，也是全球第一个将储能系统与火电机组捆绑联合响应电网调频指令的项目。该项目采用 BOT（建设—经营—转让）的投资方式，北京睿能世纪科技有限公司（简称"睿能公司"）负责储能项目投资、建设、运行和维护，电厂提供场地和电网接入，电厂仍然是调频服务供应主体，获得的电网补偿按协议分成。其运营模式被称为"联合调频"，简而言之，即按照电厂原有的基本调频准则进行调频，包括技术、补偿方式等，只是进行一些优化。相当于把储能电池系统看作一个发电厂，而不是单独看作一个调频的储能元件，无需单独为其制定办法和准则。联合调频模式找到了进行调频市场的良好切入点，得到了能源局、电网和电厂各方的支持。

目前的辅助服务考核政策不仅对不满足一次调频和二次调频（AGC）要求的机组进行处罚，而且对提供优质辅助服务的机组进行补偿。从已经投运的调频储能项目来看，相比其他区域电网，华北电网已经建立了初步的发电辅助服务市场机制，储能系统也因此可以通过提升传统火电机组的调频性能而帮助火电厂得到辅助服务补偿和减少考核罚款。

以华北区域为例，储能用于调频辅助服务时的价值收益如下：

$$I=R_{AGC\,补偿收入增加} +R_{一次考核费用减少} +R_{AGC\,考核费用减少} \qquad (7-1)$$

式中：I 为储能系统的年收益，元 / 年；$R_{AGC\,补偿收入增加}$ 为配置储能系统前后 AGC 补偿收入增加额度，元 / 年；$R_{一次考核费用减少}$ 为配置储能系统前后一次考核费用的减少额度，元 / 年；$R_{AGC\,考核费用减少}$ 为配置储能系统前后 AGC 考核费用的减少额度，元 / 年。

从已经投运的调频储能项目来看，所有项目都采取 BOT 的投资方式。项目投资、建设、运行和维护全部由项目开发商承担，电厂提供场地和电网接入，运行净收益由双方按协议分配。从已经投运的调频储能项目经验来看，这类项目的投资回收期通常在 5~6 年，具有一定的经济性，但也同时面临一些问题：

（1）由于储能设施兼有电源和用户两种功能性质，在电网企业现有的接网、调度、结算模式下，在目前的政府核准、许可以及电力市场规则下，储能设施既没有现成的归类和独立、清晰的身份地位，更没有可以充分体现储能调频辅助服务价值的考核标准和付费补偿机制。因此在辅助服务领域，储能普遍采取与火电机组或者风电场联合运行的方式参与调峰、调频，即所谓"藏在"电厂里面运行的模式。

（2）在现行体制下，储能参与 AGC 调频获得收益以及对应的商业运营模式是构建在各电力区域"两个细则"基础之上的。而各区域"两个细则"针对调频的补偿办法不同。目前所有储能调频项目都落地在了华北区域，主要就是因为华北的"两个细则"设计了'按效果'补偿的公式，在考虑了容量补偿和可用时间补偿以外还考虑了调节性能，一定程度上使得调节性能更优的储能电站可以获得更多的补偿，从而保障高成本的储能项目具备经济性。但在大多数区域，由于"两个细则"制定的补偿方式没有考虑调节性能，因此，储能在与其他调节资源竞争时，其优势无法以补偿资金的形式体现，导致其难以推广。此外，在现有补偿机制的作用下，只有安装储能的电厂规模小才能获利，一旦大范围的电厂都装备储能，彼此的调频效果接近，将导致所有电厂都无法获利。

（3）从中长期来看，依靠"两个细则"获得补偿收益的模式难以持续，电力市场改革提出要根据电网可靠性和服务质量，按照"谁受益、谁承担"的原则，建立用户参与的服务分担共享机制。电改新思路突破了原有的辅助服务补偿和分摊均在发电企业内部流通的局限性，将用户纳入到买单机制中，"谁受益、谁承担"体现了电力市场以"公平"

为基础的精神。因此，应加快推进电力市场改革，逐步解决辅助服务补偿资金来源的根本问题，允许包括储能在内的优质服务资源进入市场，在提升市场运行效率的同时，有效保障电网的安全运行。

《关于促进电储能参与"三北"地区电力辅助服务补偿（市场）机制试点工作的通知》首次给予电储能独立身份参与调峰调频辅助服务，通知要求各方应促进发电侧、用电侧电储能设施参与调峰调频辅助服务。在发电侧建设的电储能设施，可与机组联合参与调峰调频，或作为独立主体参与辅助服务市场交易。其中，作为独立主体参与调峰的电储能设施，充电功率应在 10MW 及以上、持续充电时间应在 4h 及以上。电储能发电电量等同于发电厂发电量，按照发电侧相关合同电价结算。在用户侧建设的电储能设施，充电电量既可执行目录电价，也可参与电力直接交易自行购买低谷电量，放电电量既可自用，也可视为分布式电源就近向电力用户出售。用户侧建设的一定规模的电储能设施，可作为独立市场主体或与发电企业联合参与调频、深度调峰和启停调峰等辅助服务。

参考该通知，无论新能源基地、发电厂，还是分布式储能系统都具备参与"三北"地区调峰调频的身份。从目前市场看，此应用收益情况取决于调峰调频的结算方式，但其为集中及分布式储能系统提供了新的市场空间。储能的投资主体可以是发电企业、售电公司、电力用户、独立辅助服务供应商、工商业企业、小区用户或楼宇用户等。

国家能源局东北监管局于 2016 年 11 月 18 日印发《东北电力调峰辅助服务市场运营规则（试行）》，2017 年 1 月 1 日起开始执行。规定区域内所有未参与调峰辅助服务的并网发电厂（包括火电、风电、光伏、核电、抽水蓄能电厂）为参与调峰辅助服务的电力单位（主要为火电厂、抽水蓄能电厂、经市场准入的电储能和可中断负荷电力用户）提供调峰收益。系统需要时，降到有偿调峰基准以下的火电出售调峰服务，风电、核电以及未达到有偿调峰基准的火电购买服务，火电日前报次日低谷调峰价，启动调峰时按价格排序调用，计量结算周期为 15min。实时深度调峰交易采用"阶梯式"报价方式和价格机制，发电企业在不同时期分两档浮动报价，具体分档及报价上、下限见表 7-2。

表 7-2 《东北电力调峰辅助服务市场运营规则（试行）》火电厂深度调峰交易报价

时期	报价档位	火电厂类型	火电厂负荷率	报价下限（元/kWh）	报价上限（元/kWh）
非供热期	第一档	纯凝火电机组	40%＜负荷率≤50%	0	0.4
		热电机组	40%＜负荷率≤48%		
	第二档	全部火电机组	负荷率≤40%	0.4	1
供热期	第一档	纯凝火电机组	40%＜负荷率≤48%	0	0.4
		热电机组	40%＜负荷率≤50%		
	第二档	全部火电机组	负荷率≤40%	0.4	1

东北能监局于 2017 年 10 月 27 日印发《东北电力调峰辅助服务市场运营规则补充规定》，对火电厂获得实施深度调峰补偿费用计算方式进行调整，将非供热期实时深度调峰费用减半处理。同时将供热期风电、核电电量按照两倍计算分摊费用。尖峰时刻全厂机组出力累加达不到合计机组铭牌容量 80% 的，火电厂获得的补偿费用减半。通过东北电力辅助服务市场的实际运行，2017 年取得的市场效果如下：①火电多挖掘调峰潜力 300~500 万 kW；②火电减至最小技术出力以下电量 90 亿 kWh；③ 2018 年春节完全解决单机供热隐患；④风电发电量增加 22%，弃风电量下降 21%；⑤发电企业意识发生改变；⑥电力调度工作压力骤减。

随着东北电网辅助服务市场试点的成功推出，广东、山东、宁夏、新疆等多个地区相继开始推进当地电力辅助服务市场的开启。在煤价高企、火电利用小时数下降导致传统盈利模式盈利能力降低的背景下，未来配置储能系统的高灵活性机组在辅助服务市场将更具竞争优势，以提供调峰、调频等辅助服务的方式实现更大盈利。储能技术应用于电力辅助服务领域的商业运营模式，如表 7-3 所示。

表 7-3　　　储能技术应用于电力辅助服务领域的商业运营模式

应用领域	应用区域	储能技术	商业运营模式
调峰	东北地区	热水蓄热罐、熔盐蓄热、固体蓄热	可与电锅炉联合调峰，增强供热机组调峰深度能力，赚取市场调峰补偿电价
调频	华北地区	锂离子电池	与火电机组绑定联合调频，提高爬坡速率，赚取调频补贴

7.3.4　调峰领域典型案例分析

储热技术在火电机组灵活性改造方面发挥重要的应用价值，利用热水蓄热罐、熔盐蓄热及固体蓄热等技术路线实现火电机组深度调峰要求，参与电力辅助服务市场竞争。其中，热水蓄热罐技术最为成熟，也是各个电厂竞相尝试的主要技术方案。以下以国电江南热电厂热水蓄热罐项目为案例，分析储热技术在火电厂调峰领域的应用情况。

1. 项目目的

根据目前东北电网实际情况，在采暖期内用电高峰时段内，由于社会总用电负荷较高，需要热电厂提供的电负荷较高。由于热电联产机组发电功率与供热功率之间的耦合关系，发电负荷较高的同时，供热能力也较高。根据国电江南热电厂的实际情况，在用电高峰时段除满足热网供热需求外，还有一定余量。

由于蓄热罐只是对热量进行了重新分配而并没有增加供热能力，因此设置蓄热罐后，在非热电解耦时段，电厂的发电负荷不应低于目前采暖期平均负荷 211MW，以保证机组总的供热能力能够满足热网全天的需求。

2. 项目内容

（1）热水蓄热罐设计。根据国电江南热电厂的实际供热情况，其热网循环水温度不超过 95℃，因此考虑采用常压热水蓄热罐系统，热水蓄热罐设计总储热量为 1302MW，设计配置一台蓄热罐。热水蓄热罐介质的高温为 91℃，低温为 38℃。热力设计参数如表 7-4 所示。

表 7-4　　　　　　　　　　　　　　储罐主要热力设计参数

序号	项目	单位	数值
1	罐体设计温度	℃	100
2	罐体设计压力	MPa	0.107
3	罐内高温	℃	91
4	罐内低温	℃	38
5	介质有效容积	m³	22000

（2）蓄热罐系统运行方式。常压蓄热罐系统的储热及放热标准过程考虑以采暖期一日 24h 内完全储热并完全放热一次作为基准。在实际运行时，只要热电联产机组与热泵组成的热源系统的对外供热量满足热网热负荷需求并有富裕量，便可以进行储热，与此同时，由于参与热电解耦深度调峰而降低负荷造成对外供热量不足时，就可以启动热水蓄热罐系统的对外放热，即可以根据需要调整储热与放热的次数。

对于储热过程，原则上，在一天中除热电解耦放热时间段外的时间均可用来进行储热。储热过程开始前，应首先判断以下两个条件是否满足：一是热电联产机组与热泵组成的热源系统对外供热量是否高于热网需求量；二是目前热水蓄热罐内是否还有热水充入的空间，即充水温度高于蓄热罐下部设定位置传感器的温度。如果上述两个条件均满足，则可以开启蓄热罐热网循环水系统与原有机组热网循环水系统的隔离阀门，开始储热。针对电厂实际情况，其常压热水蓄热罐系统热水温度不会超过设计最高值 91℃。因此，仅考虑直接储热工况即可，不再考虑蓄热罐的温度调节。

对于放热过程，根据目前东北电网实际情况，社会总用电负荷在晚间 22：00 至第二天凌晨 4：00 左右最低，此时风电等可再生能源发电功率增加，电网调峰困难。在这一时段，根据电网调度指令，对机组进行深度调峰，实现热电解耦，按照热电联产机组的特性，随着发电功率的降低，机组供热量也相应减少，为满足热网热负荷需求，不足的供热量需要由热水蓄热罐系统进行补充，蓄热罐启动放热过程。在放热过程中，实际是热电联产机组与热水蓄热罐进行联合供热，两个系统作为两个独立的热源分别向热网中供热。当蓄热罐内的温度传感器的平均温度与蓄热罐的进水温度基本相同时，可以认为放热过程结束。为尽可能增加热电解耦时间，充分利用蓄热罐的功能，放热过程中应通过放热水量调整放热功率，满足热网的热量需求及水量平衡。

3. 项目分析

（1）系统运行分析。对于国电江南热电厂热水蓄热罐项目，设置热水蓄热罐系统后，热电厂对外供热量基本不变，因而对外供热部分的收益与改造前相同。根据现行《东北电力调峰辅助服务市场监管办法》，参与深度调峰热电解耦的电厂能够获得调峰补贴收益。与此同时，热电厂由于参与深度调峰，也将存在以下几方面收益损失：首先，在储热系统对外放热的过程中，机组负荷率降低，导致电厂发电量减少，发电收益降低；其次，由于电厂的平均负荷率降低，厂用电率偏高，发电、供电煤耗会有所上升。

根据储热系统特性及相关参数，可以计算出设置热水蓄热罐后电厂的主要经济性指标，热电解耦时段发电负荷率为40%，对应单台机组发电负荷120MW，配置储热系统前后主要技术指标对比详见表7-5。

表 7-5　　　　　　　　　　配置储热系统前后主要技术指标对比

序号	指标	单位	未设置蓄热罐方案	设置蓄热罐方案
1	机组容量	MW	300	300
2	机组台数	—	2	2
3	年发电设备利用小时数	h	5000	4698
4	年发电量	×10^8kWh	30	28.188
5	采暖期供热量	×10^4GJ	576.46	576.46
6	采暖期天数	d	166	166
7	采暖期发电量	×10^8kWh	16.812	15.000
8	采暖期发电量变化	×10^8kWh	基准	−1.812
9	采暖期发电标煤耗	g/kWh	239.3	252.6
10	热电解耦标煤耗增加量	g/kWh	基准	+13.3
11	采暖期供电标煤耗	g/kWh	258.1	272.4
12	采暖期供热标煤耗	kg/GJ	39.77	40.09
13	采暖期燃煤量变化（标煤）	×10^4t	基准	−2.341

（2）经济效益分析。在国电江南热电厂热水蓄热罐项目中，发电机组总容量为600MW，年供热量和供热标准煤耗在改造前后保持一致，厂用电率在改造后增加0.2%。结合表7-6中所列举的项目运行成本参数，对比配置储热系统前后，项目主要经济性指标如表7-7所示。

表 7-6 国电江南热电厂运行成本参数

序号	项目	单位	数值
1	机组总容量	MW	600
2	机组运行期	年	20
3	标准煤价	元 /t	480
4	修理费	%	2
5	定员	人	234
6	年平均工资	元 / 人年	5 万
7	福利劳保系数	%	60
8	所得税税率	%	25
9	折旧年限	年	15

表 7-7 配置储热系统前后项目主要经济性指标对比

序号	项目	单位	改造前	改造后
1	静态投资	万元	基准	增加 7098
2	改造增加投资	万元	—	7098
3	发电标煤耗	kg/MWh	268	277
4	热价（不含税）	元 /GJ	30	30
5	采暖期发电量	GWh	1681.2	1500
6	全暖发电量	GWh	3000	2818.8

　　财务分析以项目不改造为基准，锁定投资各方收益率 8%，给定热价 30 元 /GJ，测算出上网电价（242.92 元 /MWh）。再以改造后增加的投资 7098 万元、改造前相同电价和热价，以及其他相应变化的基础数据（发电量、煤耗及厂用电率变化），满足改造前的各项财务指标，测算年所需补贴收入。计算结果如表 7-8 所示。

表 7-8 财务收益结果

序号	项目	单位	改造前	改造后
1	年燃料成本（不含税）	万元	32271	31296
2	年燃料成本增量（不含税）	万元	—	−975
3	售电价格（不含税）	元 /MWh	242.92	242.92
4	年所需补贴收入（不含税）	万元	—	2610
5	折算至全年补贴电价（不含税）	元 /kWh	—	0.009259
6	折算至采暖期补贴电价（不含税）	元 /kWh	—	0.0174

　　要达到改造前的各项财务指标，测算年所需补贴收入为 2610 万元，折算至采暖期每千瓦时电量需补贴 0.0174 元。其中制约项目分别为改造投资、发电量、煤耗及厂用电

变化。如果年补贴收入能达到 2610 万元，相当于在 3 年内收回改造所需投资 7098 万元。

7.3.5 调频领域典型案例分析

以我国第一个捆绑火电机组进行 AGC 调频的储能项目——石景山热电厂电池储能项目为例，分析储能项目的安装情况、建设投资模式以及储能在该热电厂中实现的功用等。

1. 项目目的

在中国，大量的燃煤电厂参与了电力系统的频率调节。但大部分火电厂运行在非额定负荷以及做变功率输出时，效率并不高，并且由于调频需求而频繁调整输出功率，会加大对机组的磨损，影响机组寿命。因此，火电机组并不十分适合提供调频服务，如果储能设备与火电机组相结合共同提供调频服务，可以提高火电机组运行效率，大大降低碳排放。另外，储能设备还能经济运行在非满负荷状态，可以提供本身容量两倍的调节能力，例如，1MW 的储能设备在放电和充电时可分别上调和下调系统频率 1MW，从而调节能力为 2MW。因此，储能设备非常适合提供调频服务。

为探索兆瓦级锂离子电池储能系统与火力发电机组进行联合调频的适用性，石景山热电厂、睿能公司、北京源深节能技术有限责任公司三方合作在石景山热电厂安装一套锂离子电池储能系统，开展火电与储能联合调频的模式探索。

2. 项目内容

石景山热电厂装机规模为 1180MW，一套 2MW/0.5MWh 的储能系统采用与其中一台（3 号机组）200MW 的机组并网运行的方式，辅助火电机组对电网提供 AGC 调频服务。2013 年 9 月 16 日，石景山热电厂储能电力调频系统正式挂网运行，至 2015 年 3 月热电厂停运，累计运行超过 18 个月，项目试运行和正式运行期间各项性能指标均达到或超过设计目标。

该项目是国内运行的首个为电网提供调频辅助服务的储能电池项目，睿能公司负责开发和运营，采用的是 A123 公司的电池系统和 ABB 公司的控制系统。

3. 项目分析

与传统发电机组相比，储能设备提供调频服务的最大优点是响应速度快，调节速率大，可以在几分钟甚至几秒钟的时间内，在无输出状态以及满放电状态（或充电状态）间转换，动作正确率高，能避免火电机组响应 AGC 信号时出现向相反方向调节等错误动作。根据美国 PJM 储能调频项目的经验，储能系统调频效果是水电的 1.7 倍，是天然气机组的 2.7 倍，是火电机组的 28 倍，储能调频技术无论在响应速度还是在调节精度上均远超过火电机组的调节装置。

针对石景山热电厂的调频储能项目，根据《电池储能系统与火电机组联合调频的性能及经济性分析》一文中石景山的项目数据，针对调频性能方面储能对传统机组提升效果比较显著，K_p 值从 2.98 上升到 3.2 左右。分指标看储能对调节精度和响应时间的提升效果最为明显，投入前 K_2 和 K_3 的平均值分别在 1.4 和 1.5 左右，投入后上升到 1.5 和 1.6 左右。实际上，在后期通过进一步优化使得 K_p 值提升到接近 5，体现了储能在调频方面具有非常优越的性能。

4. 经济性分析

根据目前的辅助服务考核政策，对不满足一次调频和二次调频（AGC）要求的机组要进行考核处罚，而对提供优质辅助服务的机组要进行补偿。该电厂的储能机组投运后，理论上可以帮助火电机组降低一次调频考核和 AGC 调频考核的费用。但从储能项目运行经验来看，这部分费用比较少且难以评估。

对该项目来说，储能能够帮助火电机组提高的一个主要收益是 AGC 调频日补偿费用的提高。该项目的总投资 2260 万元，其中电池为 1200 万元，PCS 为 600 万元，施工费用 460 万元，设备残值为 5%，根据睿能公司对该项目的投资测算，项目的投资回收期约为 5 年。未来，由于同一储能可以应用到不同的场景中，通过多种场景叠加来获得更多的收益，也进一步缩短投资回收期。

7.4 输配侧领域

7.4.1 储能应用场景

储能技术在电力输配侧领域的应用场景主要包括四个方面：无功支持、缓解线路阻塞、延缓输配电扩容升级和变电站直流电源。

无功支持（也称电压支持）是指在输配线路上通过注入或吸收无功功率来调节输电电压。传统无功调节手段包括发电机、调相机、静态无功补偿装置、电容器和电感器等。电池在动态逆变器、通信和控制设备的辅助下，可以调整其输出的无功功率大小，进而调节整条线路的电压，使储能设备能够做到动态补偿。

由于用电负荷随时间不断波动，当负荷处于尖峰时，输配电线路的容量可能低于尖峰负荷，导致输配电线路阻塞。在竞争性电力市场中，线路阻塞将增加输配电成本，提高电网拥堵节点的电价，从而吸引对灵活性调节资源的投资。输配电线路阻塞往往只出现在一年中的特定时段，用户可根据实际需求定制模块化的储能设备，安装在阻塞线路的上游位置。当线路负荷超过线路容量，即发生线路阻塞时，储能系统充电，将无法传输的电能储存于储能设备内；当线路负荷低于线路容量时，储能系统再向线路放电。

当输配电线路负荷接近其设计输电容量时将出现输电线路拥堵现象，而当输配电线路容量低于输电需求时，电网则需要大量投资来进行输配电线路及设备扩容，提升了电力运行的边际成本。储能设备往往可以通过较小的装机容量有效提高电网的输配电能力，从而延缓甚至替代新建输配电设施成本，延长现有输配电设施工作寿命，提高现有输配电资产利用效率。

变电站内的储能设备可用于开关元件、通信基站、控制设备的备用电源直接为直流负荷供电。

按照目前的成本，储能做无功支持和变电站直流电源，相对原有选择（电容器组、铅酸电池）价格较为昂贵。储能在缓解输电线路阻塞和延缓输配电扩容两个方面的应用，相对简单的扩容升级，更加灵活，既可以提高电力资产的利用率，更高效地利用电力企业的资金，而且还可以减少大规模资金投入产生的风险。由于输配电网的稳定决定着整个电网的可靠性和安全性，所以要求对储能系统的可靠性进行论证，需要经过必要的示范项目进行检验。

7.4.2 市场应用状况

配电网运营商或拥有配电网资产的售电公司通过在拥有的配电网资产内部署储能设备，通过储能设备能量的冲放影响配网潮流的大小、方向以帮助缓解电网阻塞、延缓输配电网线路升级，同时针对其签约的工业大用户或对电能质量要求较高的高科技成产企业，提供高水平电能质量、供电安全性与可靠性等。其运营模式如图 7-2 所示。

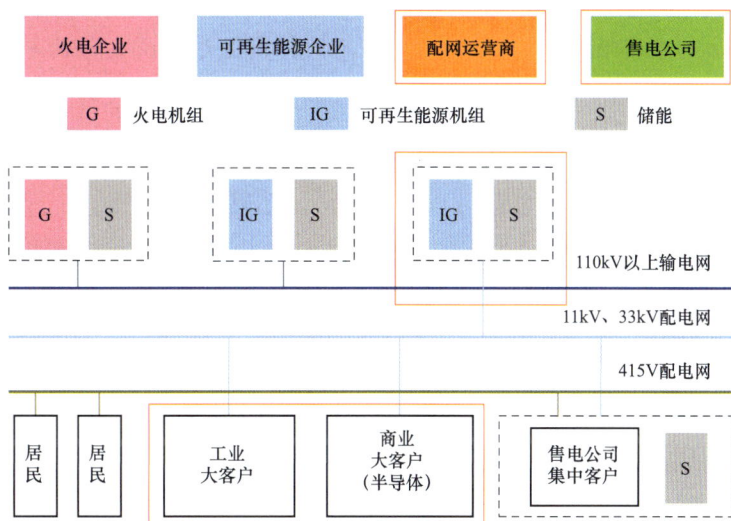

图 7-2 储能系统应用于输配电网领域运营模式图

在配电网中负荷因用户用电需求增长而升高或接入分布式能源后，电网中某一线路的潮流将可能出现由于超过其容量而发生阻塞或过载的问题，需要对配电网进行升级改造。传统的升级改造措施仅包括线路升级改造或者增建变电站变压器等。由于配电网覆盖区域广，且大部分以地下电缆形式铺设，升级扩建成本和电网线路规划成本很高，尤其是在拥挤的城市区域，2011—2014 年中国配网建设改造投资占电网总投资的比例超过 50%。

而现有输配网络是以历史负荷曲线中的最大尖峰负荷为依据来设计电网容量的。大多数时间里，电网的运行都处于容量冗余状态，电力资产利用率不到 50%。与此同时，电力系统负荷的变化也具有一定规律，通常负荷会随着季节的变化而变化，如果因为未来一年或数年内个别小时的尖峰负荷而导致持续进行配电网扩容改造，由此追加的大笔投资必然是一种巨大的资源浪费。

增量配电网方面，随着国家开发增量配电业务，同时鼓励分布式能源（多以新能源的形式）、智能微电网发展。新增配电网的潮流分布将不可避免地受到大比例分布式能源出力波动性影响。潮流将在短时间内出现较大变化，甚至造成潮流的反向，除造成线路阻塞之外，还容易导致新能源消纳成为难题。同时，国家目前缺乏针对分布式能源接入配电网位置以及容量的最优化规划，加剧了新增配电网在线路升级、供电可靠性等方面出现的问题。

随着储能技术性能的提升和储能系统单位成本的下降，储能系统应用于配电网，不仅可以替代传统电网的升级改造措施，以延缓线路和变压器的投资，实现"无线路解决方案"，还可以向电力用户提供增值服务。例如，针对半导体、芯片制造等精密制造行业客户，储能系统可以改善电网供电可靠性，保证高于设计标准的电能质量。针对园区内含分布式能源的增量配电网，储能系统还可以增加配电网调度灵活性，与可再生分布式能源形成网 – 源互补，增强可再生能源消纳能力，实现园区电力系统最经济运行。

根据 CNESA 储能项目数据库的不完全统计，截至 2017 年底，中国输配侧已投运的电化学储能项目总规模为 20.1MW，占中国已经投运的电化学储能项目总装机规模的 5.2%。从应用技术来看，由于我国目前输配侧储能项目较少，以宝清电站为代表的已投运项目大都采用了锂离子电池技术，由此带动锂离子电池成为目前我国输配侧储能项目的主要技术，占比达到 98%。

与国内鲜有输配电储能项目不同，美国、英国等国家由于电网基础设施老旧，近年来开展了大量"智能电网计划"，储能作为智能电网的关键支撑技术以及非线路电网改造方案，被应用到输配电领域中。

7.4.3　应用价值与商业运营模式

储能系统接入配电网具有多方面的应用价值，主要包括：减小或延缓配电网升级投资、提高配电网运行的安全性与经济性、提高供电可靠性、提升接纳分布式电源的能力以及为大电网提供辅助服务等。其中，延缓配电网投资是目前输配侧储能项目实现的首要价值。

储能系统在延缓配电网升级改造领域的应用收益是项目规划过程中需要量化的重要指标之一。储能系统在该领域的应用价值实际上体现为被延缓的配电网建设所需资金的时间价值，缓建价值或者收益可按照式（7-2）计算。

$$R_{\mathrm{def}} = C_{\mathrm{d}} \times \left(1 - \frac{1}{e^{\rho \tau}}\right) \qquad (7\text{-}2)$$

式中：C_{d} 为配电网扩建所需投资；ρ 为年利率；τ 为延缓时间。

可以看出，延缓价值与投资成本和资金延缓的时间有关，而后者又与储能装置的容量大小和负荷增长的速度有关。

延缓配电网建设投资是储能系统最直接的应用价值，其他潜在收益还包括减少电网损耗、减少尖峰电价的出现（自由化电力市场中）、改善现有电网设施在峰荷时段的利用效率、提高供电可靠性、减少停电等。

目前国内掌握输配电资产的企业主要有两家公司，即国家电网公司和南方电网公司，由于目前我国电网资产核算机制较为复杂，很多情况下，电网基础设施的投资没有将经济性置为决策依据的首要因素。因此，在输配领域推动的储能项目较少，也没有成型的商业运营模式。

随着配售电放开，市场中将出现新的市场主体即配售电公司，即拥有配电网资产的售电公司。这些公司不仅要为用户提供高质量的电能以及额外增值服务，同时还要考虑供能成本，这就需要配售电公司一方面要向原来的电网企业一样为用户提供供电服务，另一方面还要通过管理和技术的提升确保电能供应质量和成本有效，而储能正是解决该问题的重要手段。

首先，对于配售电公司而言，投资配电资产数额巨大，投资回收期长，可能面临较大的投资风险，通过安装储能装置可缓解配电资产投资，永久削减区域内高峰负荷。而配电公司可通过储能装置向用户提供电能，这部分系统投入同样会像输配电资产投资一样体现在最终的销售电价中。

另外，配售电公司要确保电力用户能够安全稳定的用电，避免停电事故发生，尽管电网企业仍会在其中充当"兜底"的角色，故电力用户无电可用的可能性相对较小。但对配售电公司来说，配电资产成为其盈利的工具，这些配电资产的运营维护由其负责，配电公司需在供电区域内配备应急抢修队伍和物资，以应对可能出现的电力事故。而储能的配备在很大程度上降低了风险事故的发生概率，一方面在高峰期缓解供电压力，另一方面可充当应急电源，对提高配电网运行可靠性具有重要意义。

未来，配售电公司的盈利模式将不会像电网企业一样仅靠购售电差价争取利润，在利用自身配售电牌照吸引聚集用户后，对用户进行细分，针对不同类型用户提供差异化增值服务，将成为配售电公司独有的盈利模式。应用范围广泛的储能设备是这类增值服务的保障性技术，对于配售电公司提供增值服务的最终质量起到关键影响作用。

所以，未来储能在输配领域的商业运营模式将更多的存在于运营新增配电网的配售电公司的业务中。配售电公司不会像原来的电网企业一样仅靠购售电差价回收配电成本，未来他们要用最少的投资，创造多元化的产品服务，获取最大的价值，努力衡量节电收益和售电收益之间的平衡点，既要满足用户需求且创造用户价值利益最大化，又要谋求自身价值利益的最大化，储能技术将在其中发挥"提质增效"的重要作用。

7.4.4 典型案例分析

理论上，储能技术可应用于输电网络和配电网络的升级延缓，但是高电压大容量的输电网络与配电网在规划理论和建设原则方面不尽相同，而且目前实际应用更多的集中于配电网络，因此选取北美电力公司开展的一个配电储能项目为例，分析储能在延缓配网升级改造方面的应用价值。

1. 项目目的

该项目是北美地区的第一个分布式储能项目，具有一定前瞻性。北美电力公司做这个项目主要是从长远和短期两个目的来考虑的。从短期来看，由于储能的成本相对昂贵，北美电力公司希望找到一种最能体现储能在配网中价值的应用，最终选择了其在延缓输配电线路扩容升级的应用。从长远看，未来北美地区的智能电网会有越来越多的分布式电源，会给电网结构、稳定运行都带来一定影响，随着分布式电源比例的提高，相应的影响也会大。而储能系统是可以缓解分布式电源给电网带来的影响，并且能够在通信、控制设备的支持下更好控制利用分布式电源。

2. 项目内容

美国电力公司的第一个储能商业运行项目，安装在美国西弗吉尼亚 Charleston 市的 Chemical Station 变电站，采用日本 NGK 公司的钠硫电池，容量为 1.2MW/7.2MWh，于 2006 年 6 月 26 日正式投运。同时，这也是北美地区第一个分布式储能项目。

Chemical Station 是一个混合变电站，输电线路电压 138kV，配电线路电压 12kV。其

20MVA，46kV/12kV 配电变压器和调压器共同连接三条 12kV 的馈线，2005 年夏天，尖峰负荷已经非常接近变压器的额定容量，而且很有可能在下一年超出。美国电力公司决定在其中一条馈线安装钠硫电池以应对接下来几年的尖峰负荷，延缓变压器、线路等设备的扩容。

3. 项目分析

图 7-3 显示了 NGK 的钠硫电池在这个项目具有的充放电特性，8 个放电曲线和 1 个充电曲线，其中放电曲线又分 1MW 和 1.2MW 两种情况，在此基础上放电功率又分为 100%、90%、50% 和 33% 四种情况。运行人员可以通过调节放电时间和深度来调整放电曲线，但不可随便地、频繁地修改放电过程，因为这样会影响电池的温度。

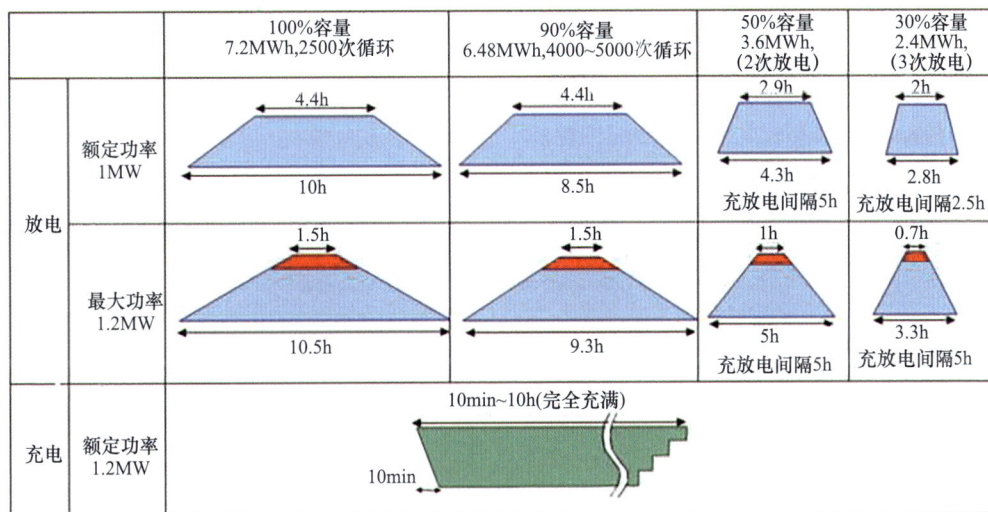

图 7-3　美国 Chemical Station 变电站钠硫电池储能项目的放电预设曲线[①]

北美电力公司在考虑电池放电输出时主要基于以下几点：

（1）电池的额定输出为 1.2MW，但实际应用过程中，大部分时间只使用 1MW。多出的 0.2MW 主要是针对突发事故或意外多出来的负荷；

（2）多数情况下使用 1MW，即额定容量的 90%，这种放电深度可以提高电池的使用寿命；

（3）在冬天晚上，当地负荷会有两个尖峰，50% 放电的这种模式主要是针对这种情况的；

（4）33% 的放电主要是针对需要频繁、短时充放电的情况。

该储能系统的首要功能是通过削峰来延缓输配电的扩容升级，同时该储能系统还可以调高变压器相应馈线的功率因数，从原来的 0.75 提高到 0.8，降低网络损耗。同时，当输电线路出现故障时，电池可以向本地供电，保证了系统有更多的时间恢复供电，提高了本地负荷的可靠性。

---

① 资料来源：Sandia, Electric Utility Transmission and Distribution Upgrade Deferral Benefits from Modular Electricity Storage.

另外，从该项目可以看出，安装储能系统来延缓配电网设备扩容升级是有适用条件的。在考虑安装储能之前，应该重点考虑以下几点原则是否符合：

（1）过负荷情况较少出现，且在日负荷曲线出现时刻较为集中，只发生在单日的几个小时以内，即持续时间相对较短；

（2）配电网内负荷增长速度相对较慢；

（3）配电网升级改造的成本较高，小容量的储能系统可以延缓相对较大的投资，"杠杆"作用明显；

（4）传统的升级方法行不通，比如无线路走廊，考虑环境和美观因素等不能铺设线路。

上述条件符合任何一项，都可以考虑采用储能来解决问题。电力系统负荷的变化具有一定规律，不是一成不变的，负荷会随着季节的变化而变化，如果建设输配电设备完全按照最高负荷去设计，电力资产的利用率会很低，储能技术给电网规划人员提供了另一种可选择方案，增加了电网规划的柔性。

7.5　工商业用户侧领域

7.5.1　储能应用场景

储能技术在工商业用户侧领域的应用场景主要集中在用户分时电价管理、容量费用管理和电能质量三个方面。其中分时电价管理和容量费用管理的实现要依赖于电力市场中存在的分时电量和容量电价体系。

在进行分时电价的售电市场，用户可基于分时电价体系对用电负荷进行调节。将电价较高时段的电力需求转移至电价较低的时段，从而达到降低总体用电成本的目的。利用储能设备可在电价较低时充电、电价较高时放电，从而在不改变用户行为的前提下，帮助用户降低整体用电成本。

电力用户支付的电价分为电量电价和容量电价。在我国，工商业等电力用户中受电变压器容量在 100kVA 或用电设备容量在 100kW 以上时，实行电量加容量的两部制电价。容量费用管理指电力用户采取管理措施，在尽量不影响正产生产工作的情况下，降低最高用电功率，从而降低容量费用。电动汽车有序充电和设置储能设施是实现用户容量费用管理的有效方法，用户可根据其用电特性，在其用电高峰时段释放充电需求以达到降低用电功率峰值的目的。

电能质量涉及电力系统发、输、配、用各个环节，前文中的系统调频和无功补偿便是在发电及输配电环节上提升电能质量的具体形式。而在用户端，利用储能装置能够帮助电力用户平滑电压、频率波动，减少谐波干扰，从而提高用户电能质量。此外，储能设备也可作为电力用户的备用电源，在电网供电不足时向用户供电，提升供电可靠性。

7.5.2 市场应用状况

随着未来电力市场的开放及售电公司的成立，售电公司的核心是聚集分散用户并代替其在电力市场进行交易，通过用户数量的叠加减少负荷变化，降低市场交易风险，以实现盈利。因此售电公司通过在处于电网末端的电力用户直接配置储能系统，平滑用户用电曲线，可进一步降低负荷波动率，进行用户侧"削峰填谷"，以根据峰谷电价主动调整自身用电行为，进行峰谷价差套利或赢得需求侧响应补贴。另一方面，售电公司也可以通过储能技术，针对其有电能质量额外需求的用户提供额外增值服务，扩充其盈利手段。储能技术应用于工商业用户侧的运营模式如图7-4所示。

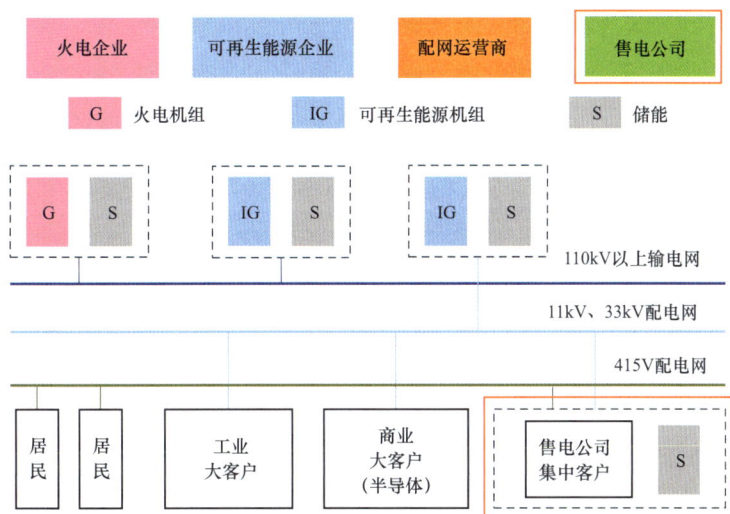

图 7-4 储能技术应用于工商业用户侧的运营模式图

根据 CNESA 储能项目数据库的不完全统计，截至 2017 年底，中国应用于工商业用户侧领域的电化学储能项目总规模为 231.1MW，占中国已经投运的电化学储能项目总装机规模的 60%。从技术选型来看，铅酸电池和锂离子电池是两种最主要的储能技术，规模占比分别为 77% 和 22%，此外还有少量工业园区储能项目应用液流电池储能技术。从应用场景来看，主要为无电地区、海岛的微电网应用和工商业园区的削峰填谷应用。2016 年以来，中国工商业用户侧储能项目朝着商业化方向快速迈进，成为中国用户侧储能应用最主要的模式。

工商业领域的储能项目主要分布在长江三角洲、珠江三角洲等经济发达区域，这些地区峰谷价差大，电费支出高，具有一定的电费管理空间。从选用的技术类型来看，工商业用户侧对储能技术的要求主要是成本低、占地空间小且安全性要高，因此已有的项目主要采用的是技术发展较为成熟的锂离子电池和铅炭电池。

从已经开展的项目来看，已经投运的工商业用户侧储能项目中，位于无锡新加坡工业园的 160MWh 储能电站是国内已经投运的规模最大的用户侧储能项目。短期内，工商业储能项目还将得到快速部署与建设推动。

7.5.3 应用价值分析

储能在用户侧主要有五个价值点，包括：峰谷价差套利、需量电费管理、需求响应补偿、提高供电可靠性以及提高电能质量。

（1）峰谷价差套利。峰谷价差套利的价值收益主要通过电价差和用电计划的调整而获得，是这类项目最主要的收益方式。在全国大部分地区的峰谷价差不甚合理的情况下，单纯靠这部分收益，项目投资回收期长，经济性差。

$$I = P_{out} Q_{out} - P_{in} Q_{in} \tag{7-3}$$

式中：I 为储能系统年收益，元 / 年；P_{in} 和 P_{out} 分别为储能电价和用电电价，元 /kWh；Q_{in} 和 Q_{out} 分别为储能电量和用电量，kWh/ 年。

（2）需量电费管理。对于按照最大需量收取容量电费的用户，若安装储能系统，可以帮助用户降低最大需量电费。但实际情况中，大部分用户都是选择按照受电变压器的容量进行交纳容量电费的方式，且用户一旦选择缴纳方式后难以更改，因此，储能在容量电费管理这一领域的应用不多。未来，这一现象可能会因 2016 年 6 月国家发改委发布的《关于完善两部制电价用户基本电价执行方式的通知》而改变。该政策明确用户可选择并按照一定的周期变更基本电价的计费方式，这将有助于用户根据自身用电负荷特性，更灵活的利用储能等手段管理容量电费，削减用电成本。

每年最大需量电费管理的价值收益计算如式（7-4）：

$$B\ (DCM) = \sum \left[(Q_1 P_1) - (Q_2 P_2) \right] \tag{7-4}$$

式中：Q_1 和 Q_2 分别为未投入储能前的最大需量和投入储能后的月最大需量，kW；P_1 和 P_2 分别为未投入储能前和投入储能后的月需量电费，元 /kW。

（3）需求响应补偿。储能系统用于需求响应补偿，是指利用储能系统参与需求响应，获取需求响应项目的补偿收益。目前，在国家层面，尚无现行的、统一的补贴类需求响应政策，但在地方层面，仍有部分省市正在施行其出台的带有经济补偿的这类政策，但总体上，补偿力度仍然不够。

根据《北京市电力需求侧管理城市综合试点工作财政奖励资金管理办法》，项目临时性削减电力需求认定公式见式（7-5）：

$$\Delta P = (E_B - E_R)/T \qquad (7-5)$$

式中：E_R 为实施需求响应时段内用户负荷实测电量，kWh；E_B 为实施需求响应时段内基准线用户负荷耗电量，kWh；T 为本地区电网高峰时段小时数，h。

（4）提高供电可靠性。可靠性的经济价值计算一般来说会很困难。一方面，提高可靠性对应的经济效益跟停电损失有关，而在某次停电事件中不同的负荷所受影响是不同的；另一方面，有些重要负荷涉及公共安全、灾后救援以及战时的一些特殊情况，这样的情况下提供电力供应保证服务的价值是非常难量化的。因此，影响该部分收益主要取决于电力服务对用户来说的价值，另外停电损失的赔偿也是该部分收益的一部分。

在提高供电可靠性方面，降低断电事故，减少损失是储能给用户带来的主要价值点。

$$I = \sum (tQP) \qquad (7-6)$$

式中：I 为配置储能系统后的年收益，元 / 年；t 为断电时间，h；Q 为断电时储能提供的发电功率，kW；P 为电力服务的价值，元 /kWh。

（5）提高电能质量。与提高供电可靠性类似，通过储能提高电能质量获得收益，主要跟发生电能质量不合格事件的次数，及低质量的电力服务给用户造成的损失程度有关，同时配备的储能系统的容量等指标也能影响该部分的收益。

根据停电时间的长短，储能放电时间可从几秒到几分钟。投入储能所获得的收益，可以通过计算电能质量事件发生造成的损失（即价值）来量化：

$$I = nP \times \min\{Q_H, Q_0\} \qquad (7-7)$$

式中：I 为配置储能系统后的年收益，元 / 年；n 为年发生电能质量事件的次数；P 为电能质量的时间价值，元 /kW；Q_H 为高峰负荷，kW；Q_0 为设备容量，kW。

7.5.4 商业运营模式

目前，工商业储能项目的商业运营模式主要是储能厂商在用户侧投资安装建设储能系统，通过峰谷价差套利，并与用户分摊电费节约部分的收益的"投资+运营"模式。国外多由售电公司作为主体，通过租赁或电力购买协议等多样化商业运营模式，根据用户规模灵活配置储能设备，将储能与用户侧结合，把储能视为调节用户负载侧响应的技术支撑，从而降低其在电力现货市场代替用户进行交易时的风险，赚取（特别是在尖峰负荷时段）更多差价利润。相比于国外模式，国内的这种"投资＋运营"的模式会造成储能厂商的资金压力大、投资风险高、项目开发难度大等多重问题。而造成国内这种现象的原因主要包括以下几个方面：

首先，储能项目开发商在用户选择、合作洽谈、设备销售等方面存在较大困难。一般来讲，对电能质量要求高、白天用电高峰时段用电负荷高且夜晚用电低谷时段用电负荷低的工商业是储能开发商的目标用户。但用户对储能的认知程度普遍不高，通常会在电池系统安全、占地、对自身原有负荷或生产方式的影响等方面疑虑重重，不愿意支付先期投资资金，储能项目开发商向用户销售设备的难度大，故不得不采取"投资＋运营"的商业运营模式。

其次，现阶段电力现货市场未大规模开启，且已开启的试点地区仍存在较大比重计划电量，导致价格刺激信号较弱，大部分国内工商业储能项目普遍面临着投资回报期过长的问题。目前我国大部分地区居民及工商业的峰谷价差较小，且没有能够反映电力供需的实时电价机制，单纯依靠峰谷价差收益的储能项目，其投资回收期通常在7年以上。

最后，这种商业运营模式还受到政策及电价机制的影响。另外，已经开展的工商业储能项目经验表明，许多用户选择按照受电变压器的容量进行交纳容量电费的方式，不存在需量电费管理的需求，需量电费管理的合同签订难度较大。最后，国家层面的需求响应补贴政策已经于2015年底到期，并且除了江苏省等少部分省市维持对需求响应资源的经济补偿外，全国大部分省市没有出台需求响应补贴政策，导致用户侧储能系统向电网提供服务的一条有效途径被关闭。

然而在未来电力市场现货市场开放的背景下，电力现货具有的高价格波动风险直接影响到用户经济利益。售电公司作为大量用户集成者，通过在用户侧增加储能设备来主动调整自身负荷需求，增强负荷需求弹性，以有能力在电力现货市场竞争中调整自己报价。从而大大降低交易风险，降低尖峰负荷期间购电成本。

总的来说，工商业侧储能项目尚没有形成多元化、灵活成熟的商业运营模式，未来建议采取如下措施进行调整和完善：①在电力市场化机制建立前，对采用相对成熟技术、在分布式发电或用电侧安装应用的商业化储能示范项目给予适度的补贴激励，推动分布式储能的市场化应用；②研究制定合理的容量电价机制、扩大峰谷电价，构建有利于"分布式光伏＋储能"应用的电价体系；③研究并制定电力需求侧服务补偿机制，增加储能系统的应用收益；④创新融资模式，运用市场手段帮助解决储能项目建设过程中遇到的初始投资问题。

7.5.5　典型案例分析

本文以位于广东省深圳市坪山比亚迪工业园的新能源微电网项目（用户侧磷酸铁锂电池储能电站）为例，对该储能项目的安装情况、建设投资模式，以及储能在工商业领域能够实现的功用进行分析。

1. 项目目的

过去，一些重要用户或设备通过配置不间断电源（UPS），在电网停电的情况下 UPS 仍然能够持续工作一段时间，可大幅度减小停电损失。随着储能技术的进步和政策的支持，储能将在用户侧获得越来越多的应用，其作用包括提高供电可靠性、降低用电成本（价格套利）、提高新能源发电的消纳比例、参与需求侧响应、提高电能质量等。本项目的主要目的就是通过配置"光伏＋储能"技术，一方面，实现平滑光伏发电，有效地抑制光伏发电波动，提高工业园电能质量。另一方面，通过削峰填谷，降低电费支出。

2. 项目内容

比亚迪工业园新能源微电网示范项目包括容量为 7.4MW 的并网型太阳能光伏发电系统及 20MW/40MWh 储能系统及相应的配套并网设施。该示范项目系统配置如表 7-9 所示。

表 7-9　　　　比亚迪工业园新能源微电网示范项目系统配置表

序号	名称	型号及规格	数量
1	光伏组件	LDK-235P-20	7.4MW
2	逆变器	根据各屋顶配置容量	7.5MW
3	储能系统	磷酸铁锂电池、PCS 等	20MW/40MWh
4	太阳能组件安装支架及平屋面方阵基础工程	热浸镀锌钢支架	1 套
5	交流配电柜	根据各屋顶配置容量	1 套
6	升压	每个区域 1 套	1 套
7	监控显示系统	含整个项目监控显示系统及气象站	1 套
8	电缆	各种型号	1 套
9	辅材	金属桥架、连接器、接线端子、线管等	1 套

能量监控系统如图 7-5 所示。整个系统中，7.4MW 光伏采用固定式光伏方阵安装在建筑屋顶上，以 10kV 并网的方式并网，主要用于自发自用，节省电费开支。储能部分，占地 $1500m^2$，采用 10kV 并网的方式并网，主要平滑光伏发电，峰谷电量搬移。

该项目由比亚迪电力科学研究院自主承建，20MW/40MWh 储能电站总投资为 14800

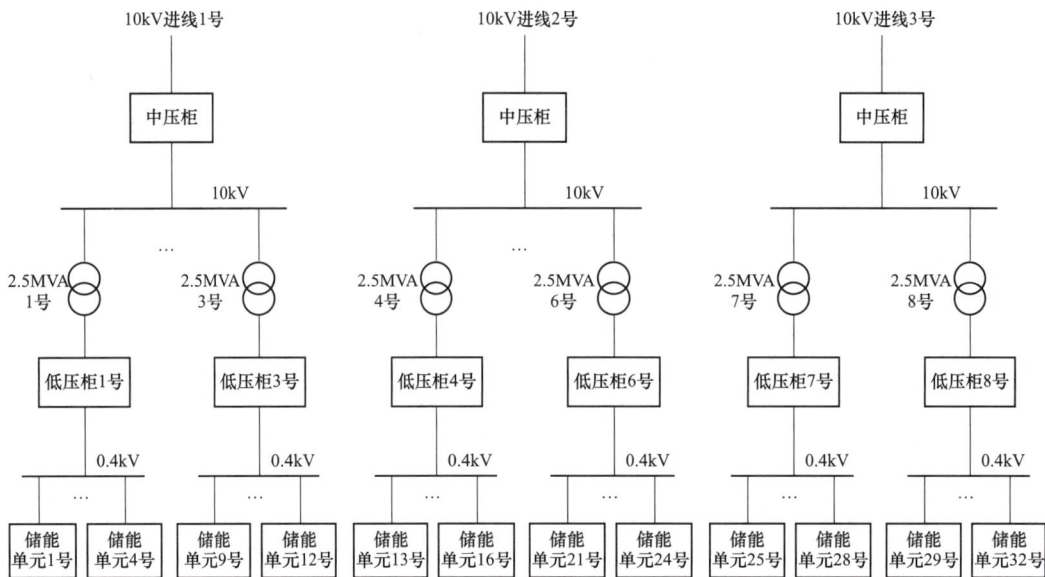

图7-5 比亚迪工业园新能源微电网示范项目中的储能电站设计电路图

万元，其中30%为自有资金，70%通过银行贷款进行融资。该项目已经于2014年7月完成安装并投入运行。

3. 项目分析

该光储系统应用的主旨在于利用储能电池的能量可存储性，从而改善整个光伏发电系统的时间功率输出曲线，匹配厂区负荷，并减少分布式电源接入对电网的不利影响。通过对不确定性较大的光能的存储与释放，可以使不稳定的能源变成稳定的具有较高价值的产品，增加电网对可再生能源的吸收接纳程度。此外，由于本微电网系统为用户侧并网系统，要求本系统不向电网馈出电能，为此需要储能配合在建筑物内负荷不能消纳所发出光伏时将电能暂时储存起来，在负荷较大的时候再释放出来。因此，本工程配置储能电池可实现的功能包括：平滑电站的功率输出曲线，削峰填谷功能、跟踪计划输出曲线匹配负载运行，以及孤网运行。

基于储能能够实现的这些功用，该光储电站依托深圳市坪山区工、商业低谷电价0.3259元/kWh、高峰电价1.0147元/kWh的峰谷电价机制，结合园区屋顶光伏发电系统，利用储能进行峰谷电量搬移、获得峰谷价差收益。经测算，该项目在此运行模式下，不到八年可以收回成本，考虑到充放电效率、维护时间、送出线路损耗等，投资回收期会有一定延长。总体来看，这类项目在峰谷价差较大的地区，已初显商业化潜力。

4. 经济性分析

该20MW/40MWh储能电站总投资为14800万元，建设资金30%为自有资金，70%通过银行贷款进行融资。根据当地的峰谷电价（每天3个峰；高峰时段电价1.0147元，平段电价 0.7099 元，谷段电价 0.3259 元），假设每天充放三次，每年工作 365 天，那么可以计算出储能进行削峰填谷的收益为 1895.664 万元，预计投资回收期 7.8 年。

7.6　分布式发电与微电网领域

7.6.1　储能应用场景与应用价值分析

分布式发电是指利用各种可用和分散存在的能源，包括可再生能源（太阳能、生物质能、小型风能、小型水能、波浪能等）和本地可方便获取的化石类燃料（主要是天然气）进行发电供能的技术。

储能可为分布式电源接入提供重要的支持：抑制分布式电源的功率波动，减少分布式电源对用户电能质量的影响；为未来可能出现的直流配电网及直流用电设备的应用提供支持；增强配电网潮流、电压控制及自恢复能力，促进配电网对分布式发电的接纳；提供时空功率和能量调节能力，提高配电设施利用效率，优化资源配置。在分布式发电系统中，储能系统的接入还可为电能与其他能源的融合和灵活转换提供媒介，以实现电力、天然气、太阳能、生物质能、热能、氢能等多种一次和二次能源的互补和高效利用，可为用户提供所需的终端用能服务。

微电网是指由分布式电源、储能系统、能量转换装置、相关负荷和监控、保护装置汇集而成的小型发配电系统，是一个能够实现自我控制、保护和管理的自治系统，既可以与外部电网并网运行，也可以孤立运行。

储能是微电网中的必要元件，在微电网的运行管理中发挥重要作用：实现微电网与电网联络线功率控制，满足电网的管理要求；作为主电源，维持微电网离网运行时电压和频率的稳定；为微电网提供快速的功率支持，实现微电网并网和离网运行模式的灵活切换；参与微电网能量优化管理，兼顾不同类型分布式电源及负荷的输出特性，实现微电网经济高效运行。

相对于传统的集中式发电、远距离输电构建的大电网，分布式能源与储能系统构建的微电网能够接入配电网就地平衡，从根本上改变传统的应对负荷增长的方式，同时在节能减排、提高电力系统可靠性和灵活性等方面具有优势，是解决电力供应不足和提高供电安全性、可靠性的有效途径。储能应用于分布式发电和微电网，实现了稳定太阳能、风能等可再生能源的平滑输出；还可以作为调峰电源，削峰填谷，并缓解新的发电机组和输配电设备的建设投资；作为备用电源，提高了供电的质量和安全可靠性，在大电网发生故障时，可以持续供电。

7.6.2 分布式发电的商业运营模式

目前，在不同国家，分布式发电的应用重点各不相同，美国加州在工商业领域的分布式项目居多，澳大利亚和德国市场的重点在户用储能领域，中国的分布式光储发电则主要集中在海岛和偏远微电网。不同国家的应用重点和发展程度各不相同，与各个国家的电力负荷结构、电价水平、市场政策、补贴机制、市场参与者和商业运营模式等息息相关。

美国尽管已经投运的项目不多，但加州拥有强有力的 SGIP 补贴和税收政策、创新的商业模式和强大的投融资市场的支持，商业和户用光储市场潜力大，在推广模式上值得借鉴。德国是拥有大量的户用光伏的国家，出台储能补贴政策后，大量储能产品投放市场，但由于补贴机制设计得过于繁琐，导致将近一半的光储项目不愿申请补贴。澳大利亚虽然户用光储市场潜力较大，但目前也仅处于项目试验 / 示范阶段，一无补贴，二无成型的商业运营模式。中国已经投运了较多的分布式光储发电项目，但这些项目大部分都是示范或具有特殊目的（如解决无电人口）的项目，没有成型的商业运营模式，也没有储能 / 光储相关补贴。

2001 年启动的 SGIP 是美国历史最长且最成功的分布式发电激励政策之一，自 2011 年起，储能纳入 SGIP 支持范围。SGIP 由 CPUC 管理实施，每年为储能分配合计约 8300 万美元的补贴预算，一直持续到 2019 年。针对 1MW 以下的储能系统，SGIP 的补贴标准为 1.46 美元 /W。另外，针对 2015—2019 年期间的项目补贴，评估标准进行了一些改进：①在系统有效生命周期内温室气体减排的成本有效性将决定着该系统是否合格以及补贴的水平；②系统必须能够减少客户在不同时段的高峰用电需求，以及提高当地用电稳定度。

Tesla 和 SolarCity 是美国分布式光储发电市场上最为活跃、最具代表性的企业，两者建立的良好合作关系推动了分布式光储发电在美国市场的发展。二者共同实现的分布式光储发电商业模式主要有以下几个要点：

（1）锁定最有商机的商业和民用领域。Tesla 和 Solarcity 选择这两个领域作为目标是有其市场原因的。目前对电力用户的电费账单影响最大的主要是分时电价和需量电价。根据 Strategen 测算，在加州商业用户的账单中，通过储能系统节省的需量电费给客户带来的价值比通过节能带来的价值大 14 倍。而分时电价也推动着 SolarCity 的主要居民用户（一般为中产阶级，每月用电量较高）购买储能，一方面降低电费，另一方面提供紧急电力备用。

（2）通过 B2C 模式扩展家庭用户。美国主要的屋顶光伏开发商都开通了电商平台，SolarCity 的光储产品也可通过此方式进入户用市场。用户通过网络即可实现需求登记、提交订单、选择产品、测算成本以及申请融资等功能。项目建成后，还可通过网络平台远程监控系统状态。通过引入 B2C 模式，开发商提升了用户体验，抓住了屋顶资源和储能市场，并降低了营销和运营成本。

（3）为用户提供多重合同支付形式，促进分布式光储发电模式的应用。目前，针对包括储能系统在内的所有产品，SolarCity 为用户提供多种合同支付形式，包括买断设备、光伏租赁和购电协议（PPA），以促进光储式系统的应用。

目前，在国内主要是电网公司和发电集团牵头开展分布式储能的示范工作，项目资金来源主要为：企业自有资金＋银行融资＋科技项目支持，收入来源主要为电力出售。由于储能成本较高，单纯靠电量收入不可能存在经济性。除了海岛和偏远地区这种对储能盈利性要求不高的特定场景，其他分布式光储发电目前尚无一套成型的商业模式推动其商业化。

从分布式光储发电发展最好的美国加州来看，分布式光储项目主要依靠开发商、税务投资人和用户推动其发展。从商业运营模式上看，以 Tesla 和 SolarCity 为代表的开发商是美国分布式光储发电市场的主流。公司将来自中国质优价廉的组件、Tesla 的先进电池、美国联邦和地方政府提供的优惠政策、税务投资人的投资等各种资源转变为具有吸引力的优惠电价提供给用户，用户与 SolarCity 签订的长期协议能为公司带来长期稳定的未来现金流，是这种商业运营模式的核心资产。通过各种金融工具再将这些未来收益边线，回收的资本进入再投资。这种模式使参与分布式光储的开发商、投资人和用户都得到了期望收益。

从投融资形式来看，SolarCity 通过吸引大量税务投资基金获得项目开发资金。在获得用户的长期租赁或售电协议后，SolarCity 成功完成了将长期合约打包后在资本市场发行 ABS 的运作，从而开创了光伏发电资产证券化的新模式。

对比美国，我国分布式光伏正面临融资困难、投资回收期长等问题，储能产业面临技术不成熟、成本太高等问题，要推动分布式光储发电的规模化发展，必须一方面解决分布式发电的商业模式问题，一方面解决储能技术经济性问题。

7.6.3 微电网的商业运营模式

目前，我国电力市场改革稳步推进。《关于进一步深化电力体制改革的若干意见》以"管住中间、放开两头"为导向，将实现售电市场开放，以期售电环节独立，倒逼形成独立的输配电价，从而形成存在多元化售电竞争主体的开放售电市场。在电力市场改革的背景下，微电网将具有新的发展动力和盈利模式。

1. 微电网形成售电主体的商业运营模式

在电力市场环境下，以微电网为主体的售电公司将可能成为微电网的一种新型运营模式。微电网直接联系用户终端,其运营商通过兴建微电网重新组合需求侧,从而形成售电主体,充分参与售电侧市场竞争。购售电价差是影响项目经济效益的重要因素,并网型微电网的经济性对购售电价差十分敏感。若其组成售电主体,当存在较小的购售电价差时,即可提高其内部收益率,从而实现盈利。考虑到未来微电网的投资成本将进一步下降,以微电网形式组建的售电公司将具有很强的市场竞争力。

在开放的售电市场中,微电网运营商可形成售电公司,参与电力零售环节,通过微电网的建设运营,优化能源消费方式,提供更加高效、多样化的能源服务。微电网主体的售电公司可将自发的电力售给微电网内的用户,微电网内不够的电力差额则从电力市场购买,再以自定的售电价格售给用户以此获利。开放电力市场的核心在于竞争,微电网运营商还可以充分利用分布式能源,提供差异化电力服务、冷热电联供、能源综合降耗管理等多样化的手段来拓展业务类型,提高其竞争力。微电网运营商组建的售电主体以提供优质可靠的能源保证为基础,通过充分的市场竞争,可为微电网内的用户提供更为优质、高效的能源供给方式,从而降低能源供给成本,提高能源利用效率。

以微电网为主体组建的售电公司可根据用户的能源消费习惯和不同需求定制各种用户能源管理软件系统,为用户提供切实有效的能源解决方案,使其与用户的设备、舒适性、偏好及其他个性化要求保持一致。在未来,这种售电主体公司有可能改变经营模式,不在以千瓦时为单位向用户收费,转而以热量单位、光线单位或者其他服务为单位向用户收费,可称之为"价值计费"。随着分布式发电及微电网技术的发展,在售电领域,服务供应模式可能取代商品销售模式,成为未来发展的主流。

2. 微电网组成虚拟电源商的商业运营模式

在电力市场中,通过建设微电网可以组成虚拟电源商并以此形式参与到电力市场竞争中去,从而获利。微电网运营商会主动跟踪电力市场的电价变化,发现并利用各种盈利机会;同时根据参与电力市场竞争的需求,来改变微电网的配置及控制方式,进而制造盈利机会。其具体可能的盈利方式有以下几种:

(1)在高电价时,向电网供电。微电网运营商通过投资微电网系统能够直接对微电网进行管理和控制。微电网可以根据对电网需求和电价的预测,在低电价时储能,在高电价时供能,利用电价差来获利。在考虑微电网内供需平衡的情况下,使可控的分布式电源参与批发市场的供应竞价,不仅能获取利益,还有利于缓解电网的供需紧张状况,提高整个电网的可靠性。

(2)在高电价时,降低用电负荷。微电网运营商可通过对负荷进行分类,使非关键、可停电的负荷组成一组,在便于实现微电网离网运行功率平衡的同时,还为通过减负荷参与对电价的响应创造条件。微电网通过其内部负荷的调节,降低高电价时段的高峰负荷用电量，这样不仅能够降低用电成本，也有利于降低对电网发电、输电和配电设施的要求，提高整个电力市场的运行效率。

（3）提供辅助服务。对于由系统运营商采购的、共系统实时运行使用的辅助服务而言，微电网及其具有的可控分布式电源和储能装置的运行灵活性和反应速度能够满足大多数电力市场对功率平衡、容量储备和黑启动等辅助服务的竞标和运行要求。与常规的大型发电设备相比，可控分布式电源和储能装置具有成本低的优势，能够从提供这些服务中获取更多的利润。

目前，许多国家已经形成了开放的电力市场机制，存在可供借鉴的经验。比如，瑞典国家电力公司 Vatterfall 通过将多个微电网聚合起来形成虚拟发电厂参与到电力市场竞争，具体做法为：利用无线通信技术，将柏林的多个小型燃气三联供、风电场、蓄热电站等发电和用电设施联系起来，构成微电网虚拟发电厂。此模式可通过实时调节负荷和储能，在微电网系统内部平抑间歇性电源的出力波动，有助于提高间歇性可再生能源的渗透率。同时采用此形式将形成足够容量的微电网架构，便于参与电力市场的电量市场和辅助服务市场。

微电网的小容量特点，便于不同机构参与其投资和运行。在电力市场背景下，虚拟电源商的运营方式将成为一种新的微电网商业运营模式。但该模式相较于直接通过微电网组成售电主体参与售电侧市场的形式而言技术壁垒较高，技术成本投入较多，且专业性强，可能主要作为一种有力补充或拓展业务形式存在。

7.6.4 典型案例分析

岛屿供电是新能源微电网应用的一个重要领域。通过建设光伏发电、风力发电、潮汐能发电等可再生新能源，可以为岛屿提供源源不断的无污染的能源供应。对于已有柴油发电的岛屿，可以配合使用，减少柴油的消耗量，提高经济效益，减少环境污染和碳排放。

岛屿微电网在国外已有多个案例，如美国夏威夷卡哈拉岛（Kohala）微型电网、希腊爱琴海基克拉迪群岛（Kythnos）微型电网示范系统、澳大利亚 King Island 离网风柴储能项目等。我国现已建成或在建多个岛屿新能源微电网系统，包括浙江的东福山岛、南麂岛、鹿西岛，福建湄洲岛，广东东澳岛，海南三沙永兴岛，山东长岛等。这些项目为新能源微电网在岛屿供能上的推广应用，作了积极的应用示范。

福建省莆田市湄洲岛原由岛外两回 10kV 馈线供电，常会发生海缆遭受破坏的情况，供电能力缺乏，故障风险高，台风灾害出现故障时抢修难度大，旅游区用电特性更是导致负荷波动大、供电能力不足、电能质量差等。一直以来，岛上重要保供电任务不断，每次保供电压力巨大。为此，福建湄洲岛建成了 1MW/2MWh 电池储能系统示范工程，用于改善岛内供电可靠性。利用储能电站稳定湄州岛配电网末端节点电压水平，提高配电变压器运行效率，增强配电网对新能源及分布式电源的接纳能力，并在电网故障或检修时提供应急电源。

福建湄洲岛储能电站示范工程建于湄洲岛海底电缆进岛处的变电所旁边，接入变电所内 10kV 母线。该项目于 2014 年 7 月 2 日投运，占地面积 400 多 m^2，主要由 1MW/2MWh 的磷酸铁锂电池储能系统、两台 500kVA 双向变流器、系统监控及接入系统组成。储能电站紧邻湄洲岛海底电缆进岛开关站，遥望大海对侧 110kV 忠门变电站，储能电站出线接至开关站 10kV 母线，与海底电缆一起为岛上供电。

福建湄洲岛储能电站示范工程是国内首个直接接入 10kV 配电网的海岛储能工程项目。该项目是国家电网公司重点科技项目，总投资约 2400 万元，2013 年 3 月份启动建设，由国网莆田供电公司和福建电科院共同组织实施。2014 年 9 月 25 日，国家电网公司科技部组织验收专家到莆田湄洲岛，通过现场观摩、听取工作汇报以及查看资料等形式，验收组一致认为该项目达到国际先进水平，予以评审通过。

该项目将引入国际新能源技术的新标准，在储能电站的基础上研发建设海岛微电网，将湄洲岛建成以风能、太阳能等可再生能源利用为特征的智能电网综合集成示范工程，保障海岛稳定供能。

湄州岛储能电站就是湄洲未来能源互联网的一个重要组成部分。为此，莆田供电公司提出利用微网建设方案，建设集发电、配电、用电于一体的"智慧生态海峡岛"。近期规划，拟在储能电站附近规划建设微电网保证妈祖庙、灯塔等重要负荷供电，岛上的分布式发电为居民提供能源供给。中期规划，扩充可再生能源接入，包含光伏、风电等可再生能源发电和电动汽车的绿色、经济的供用电系统为海岛、大陆提供清洁绿色能源，计划中期可再生能源接入将达到风电接入 24MW，光伏发电接入 8MW。远期规划，最终将建成包括可再生能源、清洁智能电动汽车能源补给中心、智能用电、智能家居等在内的综合智能生态岛，其中可再生能源将达到风电 48MW，光伏 16MW。

7.7 大规模可再生能源并网领域

7.7.1 储能应用场景

风电、光伏等可再生能源发电具有波动性和不确定性的特点。根据功率波动的持续时间，可再生能源发电波动可分为频率波动（数秒到数分钟）、短时间波动（十几分钟到数小时）、较长时间波动（24h 内）。为满足可再生能源发电平稳并网，电网调度需要配置更多的备用容量以在可再生能源出力下降时及时弥补发电功率不足，减少可再生能源接入对电网的影响。

储能系统应用于集中型可再生能源大规模并网，可实现可再生能源的电量转移、发电容量固化和平滑出力三种价值。在夜间负荷较低电网无法消纳风电的情况下，将原本需要弃掉的风电储存起来。当线路负荷超出小路容量时，通过储能装置减少线路阻塞。在发电端有峰谷电价的情况下，将夜间电价较低的风电储存起来，在电价高的时候向电网发电，提高风电收益。在电网负荷尖峰时，向电网提供功率支持。减少其他电源的调峰压力，在我国调峰主力电源为煤电机组，储能可减少煤电机组的动态运行，提高机组效率，延长机组使用寿命。减少备用电源预留量。储能可使间歇性的风电的输出变得可控、可预测、可调节，大大增加可再生能源的并网率，减少系统备用容量机组的使用。

7.7.2 市场应用状况

可再生能源企业作为电力系统内几大主体之一，其并网运营大致分为两种，即接入输电网的大规模集中型可再生能源机组以及接入配电网的分布式可再生能源机组。当前电力体制政策下储能系统在可再生能源并网领域的应用主要是储能技术与集中型可再生能源机组结合，如图 7-6 所示。

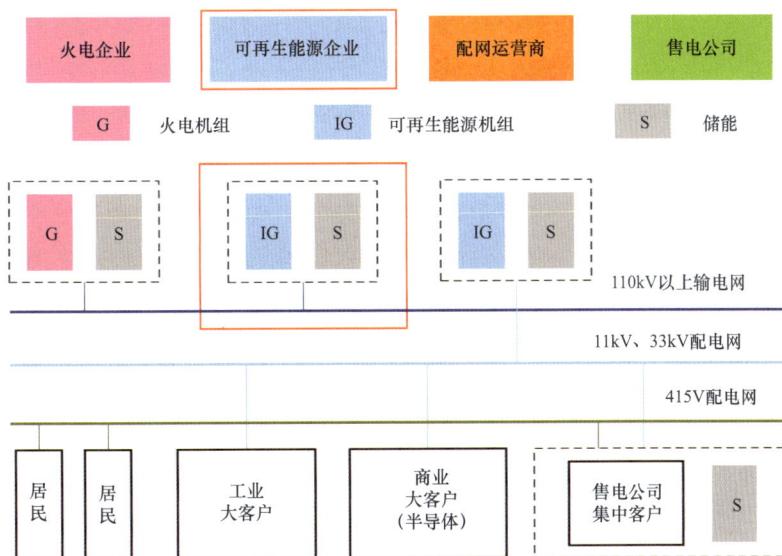

图 7-6 储能系统应用于大规模可再生能源并网领域运营模式图

利用储能技术帮助可再生能源机组跟踪电网 AGC 计划、平抑机组出力以及削峰填谷，将弃风弃光电能储存在储能系统中以增强可再生能源消纳能力，进而争取更多上网电量和补贴优惠。未来随着对于可再生能源上网电量的考核愈发严苛、电力市场的开放以及涉及可再生能源配额的交易模式出现，可再生能源企业自身机组的"被消纳能力"会越发得到重视，这将极大促进储能系统在可再生能源发电领域的推广与应用。

根据 CNESA 储能项目数据库的不完全统计，截至 2017 年底，中国集中式可再生能源并网领域已投运的电化学储能项目总规模为 93.5MW，占中国已经投运的电化学储能项目总装机规模的 24%。

从规模增速来看，自 2010 年以来，应用在可再生能源并网领域的储能项目呈现稳步增长趋势。2016 年，由于西北地区多个储能示范项目的投运，储能的装机容量较比2015 年实现了翻番。2010—2016 年可再生能源并网领域的储能项目累计装机规模如图7-7 所示。

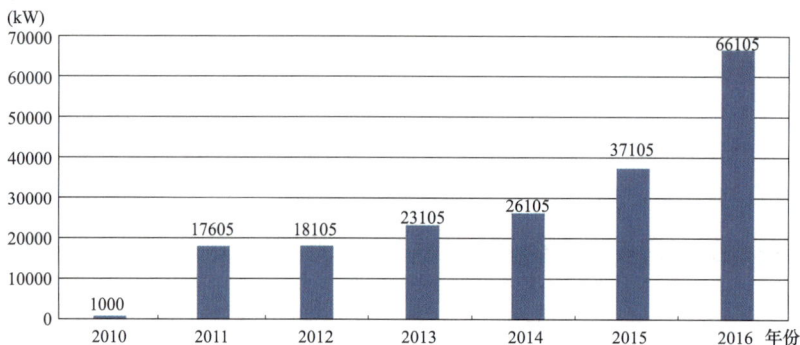

图 7-7　2010—2016 年可再生能源并网领域的储能项目累计装机规模

从应用区域来看，由于"三北"地区可再生能源的快速发展以及弃风弃光等问题日益突出，应用于可再生能源领域的储能项目主要集中在"三北"地区。

从应用技术来看，根据 CNESA 储能项目数据库的不完全统计，截至 2017 年底，在集中式可再生能源并网领域，锂离子电池的已投运项目规模最大，占比 83%，其次为铅酸电池和液流电池,另有少部分项目超级电容器,满足其对储能技术的功率、能量互补应用需求。

从已经开展的项目来看，配合新能源发电站建设的储能项目数量比较少，被业内较为熟知的这类项目主要有：张北风光储输一期项目、卧牛石风电场项目、和风北镇风电场储能项目、科陆玉门风光储电网融合示范项目、青海格尔木光储电站项目等。这些项目均属于示范项目，主要用于验证技术、功能示范、数据收集和经验积累，尚没有明晰的投资回报机制和商业运营模式。

7.7.3　商业运营模式

在我国当前市场及政策形势下，风储系统联合运行还处于示范阶段，也没有成型的商业运营模式。多数安装储能的风电场是为了获得项目审批"路条"，并在技术验证、团队打造、支持新能源的灵活接入等方面积累经验，进行战略业务储备。而造成这种现状的根本原因是，在现有电力体制下，储能的多重价值没有得到合理补偿，导致储能的生命周期内获得的实际收益无法覆盖成本，造成各方不愿意投资的现象。

未来随着《可再生能源电力配额及考核办法》的推广，可再生能源发电配额模式将在全国推出，各地区、省的可再生能源企业均被需要承担相应可再生能源上网电量配额，对于未达标企业必须强制向其他企业以购买可再生能源电力证书（即先前非强制性的"绿证"）的途径完成指标考核。在全国尤其"三北"地区电源、电网灵活性仍不足以支撑可再生能源全额消纳的背景下，新的商业运营模式势必将会出现：可再生能源发电企业购入储能设备，发挥其最基本优势——促进可再生能源消纳，从而更容易完成配额指标，并使其具备向其他消纳困难企业交易"证书"资本，增强盈利能力。

若要推动储能在可再生能源并网领域构建成熟的商业运营模式，短期内应考虑以下需求并予以满足：

（1）无论储能的投资主体是新能源发电商、电网公司还是第三方，在项目运行期间，都应将储能纳入电网多时间尺度的调度体系，充分发挥储能多尺度、多场景的杠杆作用，实现水—火—风—光—储在不同时间尺度的协调运行，解决电网的全局消纳瓶颈问题，实现增量消纳的效果；

（2）和风北镇风电场储能项目的优惠政策来源于一定程度的优先调度承诺，但这种模式存在较大不确定性，且承诺的风电多发效益仍不足以弥补储能的成本。且当安装储能的风电场达到一定的数量和规模之后，优先调度就没有了实施的意义。因此，通过给予风电场被优先调度的权益来帮助其回收储能成本的方式不具备复制推广的可行性；

（3）目前，储能业内外认同度较高的一个政策需求是为电储能出台类似于抽水蓄能电站的两部制电价。在两部制电价政策中，电量电价部分体现储能电站的"电量效用"，容量电价反映储能电站的"系统效用"。储能两部制电价的制定原则应技术中立，且电量电价应反映出储能对电网灵活性的贡献，并依据储能对电网调节的贡献程度适度调整储能充放电的峰谷价差。

7.7.4 典型案例分析

本文将以和风北镇风电场为例，分析风电场对储能的需求、所需的技术与配置，以及储能系统安装之后带来的效果等。

1. 项目目的

随着风电快速发展和装机增大，并网消纳和弃风限电的问题也随之而来，并成为阻碍产业进一步发展的迫切需要解决的问题。据相关统计，2013—2016 年，全国平均弃风率分别为 10.7%、8%、15% 和 17%。弃风问题得不到有效缓解和改善，不仅大大损害了投资者利益和热情，更是严重稀释掉了风电作为绿色能源本应取得的社会经济效益。

要解决（改善）风电弃风限电问题，如果说着眼供需平衡，加强大型基地外送通道建设是基于资源禀赋和经济发展的宏观视角；那么着手储能技术结合，建设储能型风电场则是立足自身特性和技术演变的微观视角，是提高风电运行质量的根本出路所在。

由于储能系统具有动态吸收能量并适时释放的特点，能有效弥补风电的间歇性、波动性缺点，改善风电场输出功率的可控性，提升稳定水平。储能系统的合理配置还能有效增强风电机组的低电压穿越能力、增大电力系统的风电穿透功率极限、改善电能质量及优化系统经济性。这样，电网系统受风电并网冲击降低，在不新增容量的情况下电网公司可以提高风电上网电量，甚至优先调度风电，可以大大增加风能的利用率，符合国家的大力发展新能源战略。

基于此，国电和风北镇风电开发有限公司于 2014 年安装了不同技术类型的先进储能系统，探索高效储能装置及其配套设备，与风电发电机组容量相匹配，支持充放电状态的迅速切换，提高风电输出质量，同时减少弃风的可行性。

2. 项目内容

和风北镇风电场位于 I 类资源区，已安装 1500kW 风力发电机组 66 台，装机规模 99MW，风电场建有 66kV 升压站 1 座。该地区典型风电场的弃风情况见表 7-10。

表 7-10　　　　　　　典型风电场的弃风情况（2013 年 1—12 月）[①]

时间	2013 年 1 月	2013 年 2 月	2013 年 3 月	2013 年 4 月	2013 年 5 月	2013 年 6 月
发电量（万 kWh）	480	446	814	998	852	816
弃风量（万 kWh）	177	309	419	31	74	34
弃风率（%）	27	41	34	3	8	4

时间	2013 年 7 月	2013 年 8 月	2013 年 9 月	2013 年 10 月	2013 年 11 月	2013 年 12 月
发电量（万 kWh）	514	479	682	791	602	709
弃风量（万 kWh）	33	36	51	173	201	188
弃风率（%）	6	7	7	18	25	21

该风电场在升压站旁安装了 5MW×2h 的磷酸铁锂电池、2MW×2h 的全钒液流电以及 1MW×2min 的超级电容器。整个系统包括电池组、电池管理系统、逆变器以及相应的储能电站联合控制调度系统、功率预测系统等，与风电场原有的风力发电机组、升压站构成集成的发电系统。和风北镇风电场磷酸铁锂储能系统示意图如图 7-8 所示。

---

① 资料来源：国电新能源研究院。

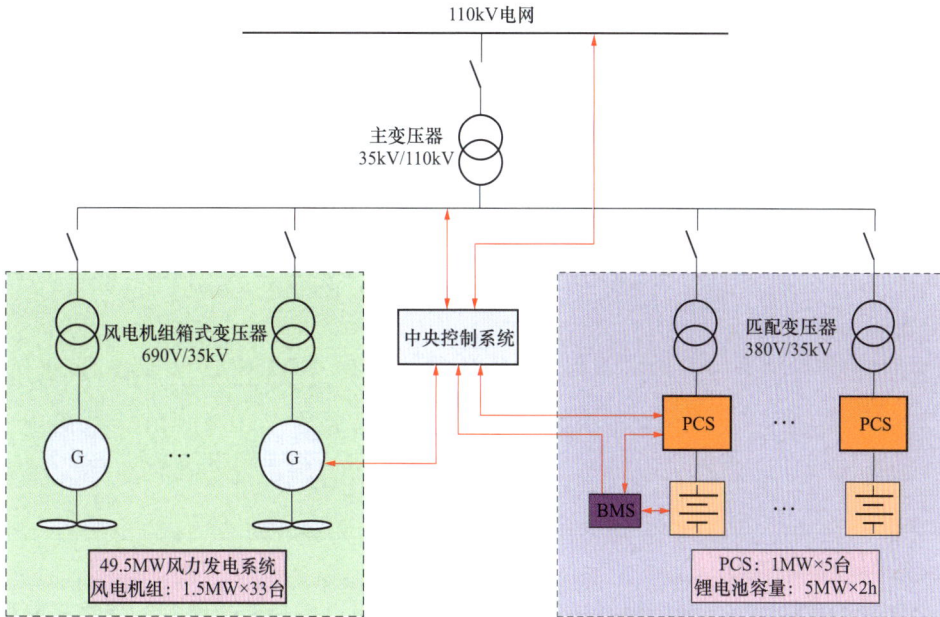

图 7-8 和风北镇风电场磷酸铁锂储能系统示意图

储能系统接入风电场 35kV 母线，磷酸铁锂电池分 5 组，每组通过 1MW PCS 接入 35kV Ⅰ段；全钒液流电池通过 4 个 500kW 的 PCS 接入 35kV Ⅱ段，超级电容器通过 1MW PCS 接入 35kV Ⅰ段，两段设计了联络开关，即可分段投入也可联合叠加作用。

储能系统分两期建设，其中一期工程于 2014 年初开工，完成储能站、磷酸铁锂电池和液流电池安装调试后于同年年底通过辽宁电网公司验收并网运行。二期工程于 2015 年 11 月完成超级电容器装置的加装，也已正式投入示范运行。整个储能项目总投资 10460 万元。

该项目由国电和风北镇风电开发有限公司投资，中央控制系统及磷酸铁锂电池储能系统由北京华电天仁电力控制技术有限公司研发、生产，大连融科提供液流电池系统。

3. 项目分析

国电和风北镇风电场的混合储能系统在常规的风力发电运行的基础上，主要实现如下四项示范应用功能：

（1）平抑出力波动，使风电场总出力波动得到明显改善，最优输出波动 <3%；

（2）跟踪计划出力，风电场跟踪计划曲线运行的能力得到较大改善；

（3）电网支撑，能够根据调度指令向电网及时输出有功/无功，辅助电网安全稳定运行；

（4）削峰填谷，能够在弃风限电时段存储少量电量，在非限电时段上网，获得更多发电收益。

储能系统采用的三种储能介质，因其在特性上有所互补，如图 7-9 所示，故在应用领域也有所倾向。本项目当中磷酸铁锂电池更多地应用于跟踪计划曲线，而超级电容器和液流电池更多地用于平抑出力。

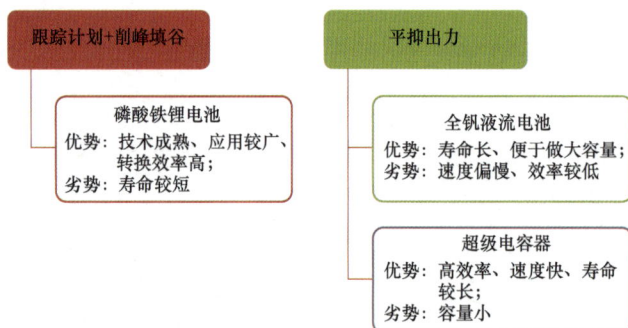

图 7-9　和风北镇风电场储能项目电池特性及应用领域

4. 应用收益分析

在弃风限电时段，利用储能进行弃电量存储是风电场目前开展的、能够获取利润的主要来源。若没有储能，限电时段风力发电的所有电力价值为零。配置储能系统后，电池系统可以存储一定容量的风电，在实际风电出力低于出力计划下限时，按照国家规定的上网电价向电网公司售电。这部分收益可以通过式（7-8）进行评估：

$$R_{弃风} = 风电场上网电价 \times \eta \times \Delta Q \qquad (7-8)$$

式中：$R_{弃风}$ 为储能削峰填谷、减少弃风带来的年收益；η 为电池储能系统的能量转换效率，%；ΔQ 为安装储能前后每年弃风量的变化量，MWh。

在帮助风电平抑出力方面，风电场安装储能之后，通过储能平抑风电场的波动出力后，可以降低由于风电场有功功率变化超出功率变化率限值而导致的考核罚款，同时还可以减小火电旋转备用容量，节省火电旋转备用容量成本。但根据和风北镇项目的项目经验来看，减少考核罚款的量较少且难以有效评估，也没有相应的回报机制来补偿储能带来的火电旋转备用容量成本的减少。和风北镇风电场储能项目应用收益分析如表 7-11 所示。

在帮助风电跟踪计划出力方面，由于实际运行中，国网调度部门并未依据风电场上报的发电预测进行调度，考核指标也仅考虑上报率（有的地区也考核合格率）。因此，通过安装储能系统，提高风电跟踪计划出力的特性，使发电曲线尽量靠近风功率预测曲线，进而减少关于发电预测准确率的考核所带来的这部分收益没有相应的补偿机制。

在辅助服务方面，风电安装储能后，由于储能在响应速度、准确率等方面的优越性，使其可单独参与辅助服务市场。风储联合系统在调频方面尚有一定的应用机会，在联合调峰方面几乎完全没有必要。

在环境效益方面，利用储能系统提高风电接纳规模，减少火电备用容量具有一定的环境效益。这里的环境效益主要指的是促进风电多并网以及储能系统本身充电能量带来的减排收益，目前尚没有价格机制和补偿机制来体现储能带来的这部分收益。

表 7-11　　　　　　　　　和风北镇风电场储能项目应用收益分析

储能的功能	理论上储能实现的价值及应获得的收益	项目是否获得该收益的补偿	备注
弃电存储	弃风限电时段的弃电量存储	√	主要收益来源
平抑出力	减少有功功率的考核费用	√	难以评估且很少
	火电旋转备用容量减少	×	现有电力调度体系中，风储系统带来的这部分收益没有得到补偿
跟踪计划出力	减少风功率预测考核费用	√	受储能容量及风功率预测系统自身准确率的影响，这部分收益难以有效评估，且总体很少
	优先调度带来的风电多发	√	仅个别电厂能够享受此优惠，如和风北镇储能电站项目
	火电旋转备用容量减少	×	现有电力调度体系中，风储系统带来的这部分收益没有得到补偿
辅助服务	调频和电网深度调峰补偿	×	尚没有开展，且没有先例
环境效益		×	在现有电力调度体系中，风储系统带来的这部分收益，没有得到补偿

总体来看，结合目前的市场机制以及电池储能电站在示范项目阶段的容量，直接经济效益还无法达到电力行业基准收益率，但是在技术验证、经验积累、团队打造、支持新能源的灵活接入等方面均有不小收获，具有较高的战略储备意义。

本 章 小 结

储能技术所具备的诸多功能效应和优良特性使其在电力系统的发、输、变、配、用及调度等各个环节的不同应用场景均能得到广泛应用。本章结合典型项目案例，分析了储能在发电侧、电力辅助服务、输配侧、工商业用户侧、分布式发电与微电网、大规模可再生能源并网等电力系统典型应用领域不同应用场景下储能应用状况、应用价值和商业运营模式。

随着可再生能源调峰消纳压力不断增加、电力系统智能化建设和升级改造需求愈发迫切、用户侧智慧用能和分布式能源网络发展趋势日益显现，储能在电力系统中的应用场景日渐清晰，应用价值被社会广泛接受和认可。不论全球还是中国，辅助服务和用户侧都是储能应用价值最高、商业化进程最快的领域。但现阶段我国储能仍然面临着项目盈利模式单一、价值回报空间有限等问题。我国储能产业的商业化发展还需要建立储能等灵活性资源市场化交易机制和价格形成机制，通过市场化方式切实保障储能应用的经济效益，推动储能产业朝着商业化的方向快速迈进。

根据《储能指导意见》的规划，从应用出发，储能促进可再生能源消纳、发展分布式电力和微网、提升电力系统灵活性、加快建设能源互联网等四个方面都成为我国未来储能产业发展的重点任务。因此，结合当前电力业务方向，有选择性地在可再生能源场站、调频辅助服务、发电机组灵活性改造、独立式储能电站、用户侧能源互联网等方面布局储能试点示范工程，大力提升储能在能源业务中的应用水平和效果，成为部署储能业务的重要方向。

储能技术经济性和应用前景分析 8

8.1 规模化储能技术评价指标

不同应用领域和场景所关注的储能技术评价指标的重要程度是不一样的。比如电动汽车领域，由于汽车空间十分有限，因此衡量动力电池更重要的指标是储能技术的能量密度。对于电力系统储能领域，由于土地资源和安装空间不是问题，对储能技术能量密度指标的要求就大大降低，而对规模化水平、经济成本、安全可靠性等指标要求更高。

如何判断一种储能技术能否在电力领域规模化应用以及在何种条件下规模化、商业化应用，成为急需研究解决的问题。当前制约储能技术规模化推广的因素，主要包括：规模化水平、技术水平、经济成本、设备形态和相关支持政策五个要素指标，构成判断适宜规模化发展的储能技术评价体系。储能技术能否在电力系统中得到推广应用，取决于是否能够达到一定的规模等级、是否具备适合工程化应用的设备形态以及是否具有较高的安全可靠性和技术经济性。

8.1.1 储能技术的规模化水平

未来广泛应用于电力系统的储能技术，至少需要达到兆瓦级/兆瓦时级的规模化水平。对于现有储能技术水平来说，抽水蓄能、压缩空气储能、化学电池储能等能量型储能技术以及氢能存储和热能存储等具备规模化应用的可能，因此这些储能技术将成为规模化储能技术发展的首选，而飞轮储能、超导磁储能及超级电容器储能等功率型储能技术则很难达到兆瓦时量级。

安全与可靠是电力系统运行的基本要求，兆瓦级/兆瓦时级规模的储能系统对安全与可靠性提出了更高的要求。能否在此及更大规模下安全、可靠地运行，将是评价一种储能技术能否规模化应用的指标之一。储能系统的安全问题，与储能系统本身的材料体系、结构布局以及系统设计中所考虑的安全措施等因素相关，尤其对电池储能系统而言，由于在应用过程中往往需要通过串并联成组设计将电池单体组成、电池模块及电池系统才能满足应用需求，因此，电池系统内部各单体电池的性能一致性问题也成为影响电池系统安全与可靠性的又一重要因素。可见，储能系统的规模和安全性有着必然联系。

对于电池储能技术而言，电化学反应机理是安全问题第一影响要素。针对锂离子电池，虽然其反应机理存在安全问题，但随着材料技术和电池成形制造工艺水平的提高，其单电池一致性将有大幅改进空间；同时，锂离子电池的无极电解液研究及其成组技术研究的进步，也为其规模化应用带来曙光；目前国内外已有数兆瓦至 10MW 级的示范工程建成或投运，可见锂离子电池储能系统兆瓦级规模化应用很有前景。全钒液流电池凭借其特有的体系特性，具有良好的一致性保持能力，而且其电化学反应机理上也不存在安全问题，运行特性稳定可靠，适合于规模化应用。钠硫电池的明显缺陷则在于其存在安全隐患，并且技术壁垒和经济成本过高。

8.1.2 储能技术的技术水平

规模化储能技术在全球尚处于发展初期，尚未形成主导性的技术路线。一些影响储能技术规模化应用的技术瓶颈还有待突破，包括储能技术规模化之后的效率、安全性、可靠性、循环使用寿命和动态响应等，要评判一种储能技术能否长久地规模化应用，首先应看该技术在主要技术指标上能否实现突破。

首先，能量转换效率和循环寿命是两个重要参数，它们影响储能系统总成本。低效率会增加有效输出能源的成本，低循环寿命因导致需要高频率的设备更新而增加总成本。抽水蓄能、压缩空气储能、飞轮储能、超级电容器储能、液流电池储能等具有较长的循环寿命；超导磁储能、钠硫电池储能、锂离子电池储能等具有较高的储能效率；铅炭电池作为在传统铅酸电池基础上发展起来的新型铅酸电池，有望在循环寿命上实现较大的突破。

其次，在具体应用中，影响储能系统能量密度的储能设备体积和质量也是考虑因素。体积能量密度影响占地面积和空间，质量能量密度则反映了对设备载体的要求。在对土地资源要求不高的场合，如风电场，能量密度不是主要考虑因素，那么具备频繁充放电切换响应能力的全钒液流电池就可以胜任；但在电动汽车及城市商业设施等土地资源紧张的应用场所，能量密度就是重要的参考因素。锂离子电池和钠硫电池具有较高的能量密度，其他化学电池次之，而超导磁、超级电容器、飞轮储能则偏低。

总体来说，规模化储能技术目前还处于发展阶段，一些影响其推广应用的重大技术瓶颈还有待突破。一是关键材料的生产制造上，二是从单体或单元到规模化储能系统的稳定性、安全性等问题还有待于进一步验证。

技术因素在某种程度上也影响着储能技术的成本。一是由于尚未进行规模化生产和应用，使得生产成本较高，而成本较高反过来又制约了规模化应用；二是从单体到规模化应用，由于控制管理复杂、需要容量大量超配等原因，显著增加了应用成本。

8.1.3 储能技术的经济性分析

在现有电价机制和政策环境下，单就储能技术的成本来讲，尚不能满足商业应用。以风电应用为例，配套的储能设施单位千瓦投资成本几乎就超出了风电的单位投资成本，同时规模化的储能系统还要考虑相应的运行维护成本。因此，规模化推广的储能技术必须具备经济前瞻性，即具备大幅降价空间，或者从长期来看具有一定显性的经济效应，否则很难推广普及。对于隐形经济效应，由于缺乏具体实例而暂时无法给出定量分析。对于显性效益分析，如果是削峰填谷应用，可以采用峰谷价差收益与单位循环寿命造价两者之间的差值关系衡量该储能技术的经济性。单位循环寿命造价由单位千瓦时储能系统造价、储能系统全周期循环寿命、储能系统的能量转换效率、储能系统运营成本及储能系统外围平衡费用等构成。

根据初步估算，当储能系统的初始投资降到 1500 元 /kWh 及以下、全周期循环寿命 5000 次、峰谷价差达到 0.5 元 /kWh 或更高时可以达到盈亏点。如果是针对新能源接入，以风电为例，那么显性效益可以通过因配置储能系统而减少弃风量所带来的风电场发电收益与单位循环寿命造价两者之间的差值关系衡量该储能技术的经济性。

对于液流电池，随着国产化进程包括对国外公司的收购，全钒液流电池的成本在 2015 年降至 8000 元 /kW，全周期寿命可大于 15000 次，而每千瓦时的成本会随着容量规模的增大而下降得更快，预期目标为 600~1000 元 /kWh。近 2 年锂离子电池成本下降较快，随着技术进步和规模化应用，2015—2020 年的预期目标为初始成本降至 1500 元 /kWh，全充放电循环寿命不小于 5000 次。铅酸电池具有产业链完整、回收价值高、原材料丰富等优势，因此，铅炭电池等新型铅酸电池一旦技术成熟，预期未来在经济性上将具备一定的优势。对于钠硫电池，考虑到生产厂家很少，不利于形成竞争格局，因此很难判断其成本的变化趋势，预计短期内价格不会有太大的降幅。

8.1.4 储能技术的设备形态

衡量一种储能技术能否得到规模化推广应用（含应用场合和单系统容量）的另一项指标储能系统能否以设备形态运用在电力系统中。也就是说，投入应用的储能系统应易于批量化和标准化生产，便于控制与维护，可以作为电力系统中的一类设备，而不是以工程形态出现。

在众多储能形态中，电池储能是契合设备形态需求较好的储能技术类型。原因是：①电池单体可在工厂里批量化、标准化规模生产；②模块化组成设计应用使得电池储能可以灵活地规模化扩容；③其结构形式紧凑，便于选点布点，应用范围广，贯穿电力系统各个环节，满足随时随地、按需使用的需求；④系统安装工期短，便于维护与操作。

8.1.5　相关支持政策

储能技术作为新兴行业，在其起步阶段相关的政策支持、激励措施和市场环境是当前储能技术市场化发展和规模化应用的核心驱动力。

规模化储能设备在现有电价机制和政策环境下还不能满足商业化应用的需要。现在电网侧、发点端、用户侧越来越认识到储能技术的独特作用，储能产业也引起了诸多投资者的关注。但是由于两方面的价格政策不到位，储能产业还缺乏投资回报机制。

一是峰谷电价。由于储能是在低谷时"蓄电"、高峰时"供电"，峰谷价差是投资储能基本的收入来源。当前中国经济发达省份工业电价的峰谷价差基本都大于 0.7 元 /kWh，如果将储能应用于用户侧可实现峰谷差价套利，那么锂离子电池和铅酸电磁储能系统目前已经接近其技术经济拐点。

二是储能电价。由于储能技术提高了发电设备（企业）的利用小时数和电能质量，增强了电网调峰能力，节省了系统投资，促进了新能源发展，又有显著的减排效果，对储能应该制定单独的电价政策，以补偿储能所产生的巨大经济效益和社会效益。但目前我国还没有专门的储能电价，储能的建设和运行成本在现有电价体系中还找不到疏导渠道。

当前我国储能产业发展需要完善储能相关支持政策体系，加快推进政策机制建设。加强《关于促进储能技术与产业发展的指导意见》的宣贯和深入落实，国家和地方政府应进一步细化支持储能产业发展或技术应用的激励政策和市场机制，明确储能项目建设和管理流程，督促相关机构加快评估储能价值，厘清储能技术在发、输、配、用各个环节的多重应用价值，通过开放的电力市场和灵活的市场化价格机制明细储能的商业化价值收益，建立合理的补偿机制，推动储能商业化进程。

8.2　储能技术成本及经济性发展趋势

8.2.1　电化学储能成本及性能前景

评价电化学储能技术的经济性需要参考电池本体的电极材料本体成本、循环寿命和充放电效率等性能参数，电极材料本体成本直接决定单一电池单元的制造成本，而循环寿命和充放电效率则直接决定电池组的使用、维护成本。由于不同的储能技术有各自适用的应用场景，且不同的应用场景对储能的成本影响很大，因此，评估一个储能项目的成本和经济性，不仅要考虑其生产成本，还应结合储能系统的运行工况，对储能系统的投资、运维、收益、折旧等作出全面评估。根据 CNESA 对各主流电化学储能技术的长期跟踪，综合国内厂商和技术专家的意见，主要电化学储能技术市场成本状况如表 8-1 所示。

表 8-1   主要电化学储能技术的市场成本状况

储能技术	功率成本（元/kW）	能量成本（元/kWh）	运维成本*（元/kW）
传统铅酸电池	500~1000	500~1000	15~50
铅炭电池	6400~10400	800~1300	192~520
磷酸铁锂电池	3200~5000	1600~2500	96~290
钛酸锂电池	9000	4500	270~450
镍钴锰酸锂电池	4000~5800	2000~2900	120~250
全钒液流电池	17500~19500	3500~3900	175~585
锌溴液流电池	12500~15000	2500~3000	375~750
钠硫电池	13200~13800	2200~2300	390~690

    注   铅酸电池：放电深度为 60% DOD，充放电倍率范围为 0.2~1C，传统铅酸电池为 1h 系统，不含 PCS；铅炭电池为 8h 系统，不含 PCS。
    锂离子电池：放电深度为 80% DOD，充放电倍率范围为 0.5~5C，2h 系统，不含 PCS。
    钠硫电池：放电深度为 90% DOD，6h 系统，不含 PCS。
    液流电池：5h 系统，含 PCS。
    * 运维成本一般占系统成本的 3%~5%。

结合目前电化学储能技术在国内市场的应用现状，主要以锂离子电池、铅酸电池和全钒液流电池的应用为主，通过对国内这三类电化学储能技术厂商的成本数据进行跟踪与调研，发现目前国内市场上所能提供的储能技术（除铅酸电池外）成本与商业化应用的目标成本还存在一定差距，仍需要不断探索、研究降低成本的途径。

1. 锂离子电池的成本及性能前景

锂离子电池的寿命取决于电池的设计和运行条件，锂离子电池的寿命一般介于500~20000 个充放电周期。锂离子电池成本近年来呈下降趋势，锂离子电池各组成部分的成本差异较大，其中电极材料（阳极、阴极和电解质）占总成本的一半，占比最大的是阴极材料，占电池总成本的 31%~39%。在未来发展中，随着能源密度的提高，降低材料成本是大幅降低锂离子电池成本的重要手段。

锂离子电池成本在整个电化学储能系统成本中的比例受储能系统规模的影响，随着系统规模的增加，电池成本组件成本的占比降低。不同应用场景下，锂离子电池成本占大规模大型储能系统中总成本的 35%，而在用户侧系统中则提高到 46%，如图 8-1 所示。

降低锂离子电池储能系统成本的主要措施是改进系统性能，并降低安装成本。在电

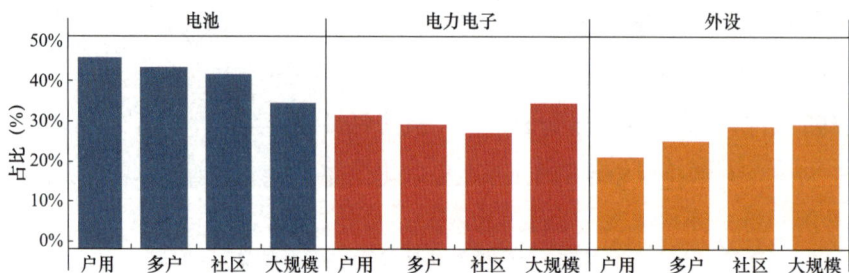

图 8-1 不同存储容量的锂离子电池储能系统的成本分量分布（2016 年）

池组件方面，通过提高充放电效率、电池稳定性和充放电深度，有助于提高整个锂离子电池系统性能。

大规模锂离子电池储能系统安装成本预计将从 2016 年的 1200~7560 元 / kWh 之间下降到 2030 年的 460~3450 元 /kWh，预计锂离子电池初投资将从 2016 年的 2100~6300 元 /kWh 下降至 2030 年的 870~3450 元 /kWh。图 8-2 显示了 2016—2030 年，磷酸铁锂（LFP）、镍钴铝（NCA）、镍钴锰（NMC）/锰酸锂（LMO）和钛酸锂（LTO）等五种锂离子电池的成本及化学性能参数对比。到 2030 年，磷酸 LFP、NCA 和 NMC/LMO 成本预计将介于 480~2040 元 /kWh 之间；LTO 电池成本仍高于其他技术路线，预计到 2030 年可降至 2880 元 /kWh，同时 LTO 电池性能优势仍高于其他锂离子电池。综上，预计到 2030 年，锂离子电池成本将降低 55%~60%。

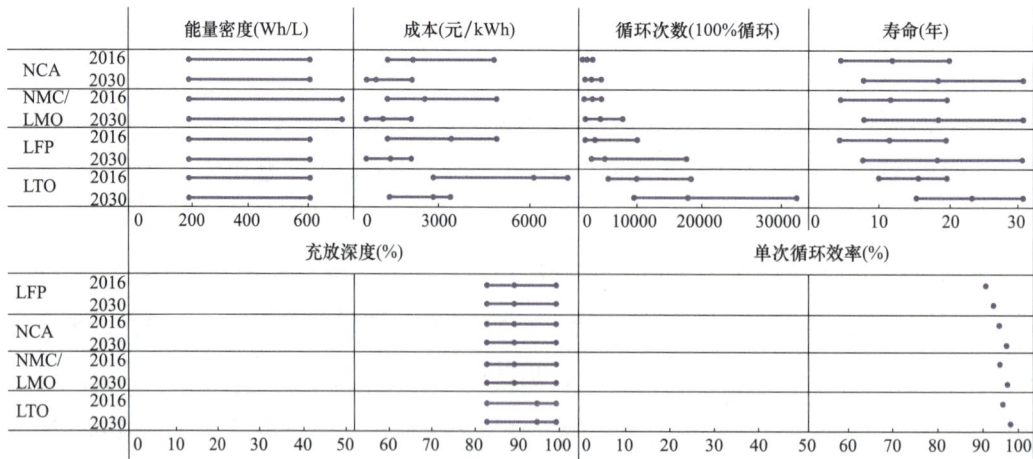

图 8-2 锂离子电池储能系统成本与性能参数对比（2016 年与 2030 年）

到 2030 年，锂离子固定系统的能量密度预计在 200~735 Wh/L，循环效率将从 2016 年的 92%~96% 增加至 94%~98%。影响整个系统效率和经济性的另一个因素是自放电率，预计未来十几年，锂离子电池自放电率仍维持在 0.05%~0.20%，不会有大的改进。

2. 铅酸电池的成本及性能前景

固定式铅酸电池凭借较低的价格，适用于规模化电储能系统建设。通过优化工艺设计、开发高效添加剂可进一步提高电池性能和寿命，降低生产成本。但随着储能技术的不断发展，固定式铅酸电池面临激烈的竞争，尤其是锂离子电池，由于其寿命更长、效率更高、能量密度更大，在许多应用中取代了传统铅酸电池，市场份额稳步上升。固定式铅酸电池近些年发展速度明显滞后锂离子电池和固体氧化物电池，未来不是投资热点。铅酸电池储能系统成本与性能参数对比，如图 8-3 所示。

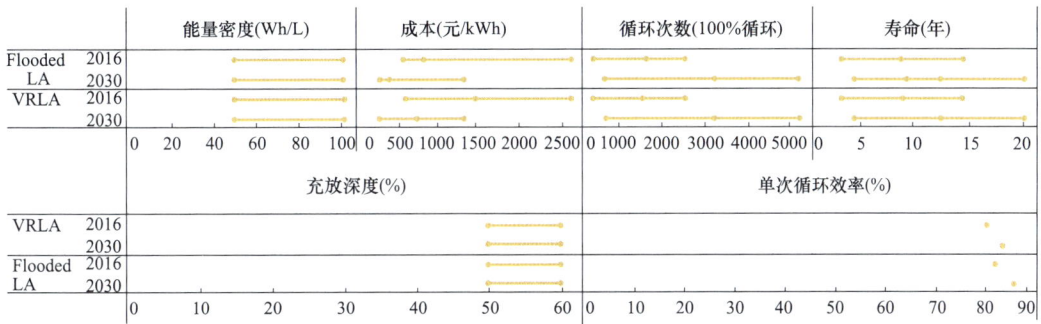

图 8-3　铅酸电池储能系统成本与性能参数对比（2016 年与 2030 年）

铅酸电池储能系统具有相对较低的自放电率，其范围为每天 0.09%~0.4%，略高于锂离子电池，能量密度在 50~100Wh/L 之间，预计铅酸电池自放电率及能量密度到 2030 年不会有明显改进。目前铅酸电池储能系统寿命在 3~15 年之间，而循环次数介于 250~2500 个充放电周期。到 2030 年，预计循环次数将发展至 540~5400 个充放电周期。同时，生产加工工艺的不断优化促使该技术在未来一段时间内，保持较大的竞争优势。预计到 2030 年，铅酸电池储能系统的初投资将从 2016 年的 630~2850 元 /kWh 下降至 300~1440 元 /kWh。

3. 液流电池的成本及性能前景

液流电池具有可扩展性并且适用于大规模应用，在过去十年中一直是研究热点。2016 年液流电池初投资成本在 1890~10000 元 /kWh 之间，预计到 2030 年，初投资将降至 660~3450 元 /kWh 之间，减少约三分之二。

液流电池技术的当前能量密度范围为 15~70W/L，预计到 2030 年系统设计能量密度不会有大的变化。通过对电极材料、电解液流动和关键膜材料的开发，全钒液流电池（VRFB）和锌溴液流电池（ZBFB）的转换效率将从 2016 年的 60%~85% 提高到 67%~95% 之间。液流电池储能系统成本与性能参数对比，如图 8-4 所示。

图 8-5 显示了当前 10kW/120 kWh 的 VRFB 的典型成本构成，预计到 2030 年，VRFB 成本可控制在 1200 元 /kWh。

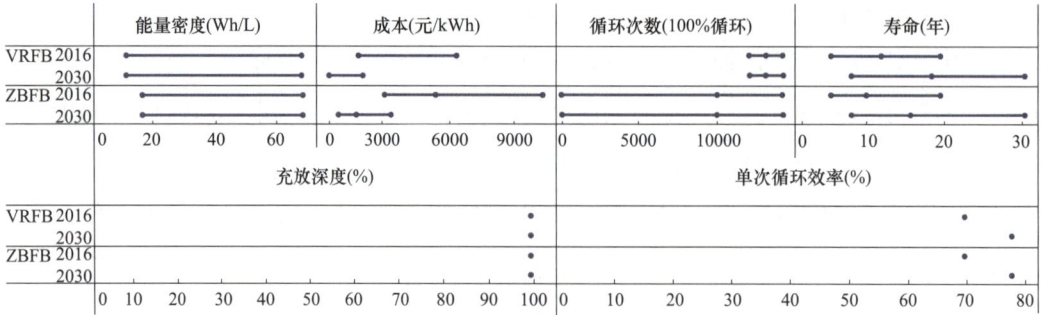

图 8-4　液流电池储能系统成本与性能参数对比（2016 年与 2030 年）

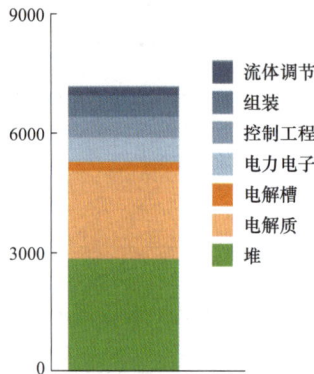

图 8-5　全钒液流电池系统的成本构成（2016 年，元 /kWh）

8.2.2　物理储能成本及性能前景

物理储能不同技术路线下的应用场景差异较大，例如，抽水蓄能以及压缩空气储能主要针对大规模集中式能量储能技术，其响应时间较长，一般应用于调峰，而飞轮储能、超导磁储能则偏向高功率、快速反应的调频应用场景。衡量二者优劣的技术参数本就不同，因此在比较物理储能成本经济型时，不仅要考虑 kW/kWh 成本，还要综合考虑应用场景。

1. 抽水蓄能电站的成本及性能前景

集中式能量储能方面，抽水蓄能已经是非常成熟的技术，目前抽水蓄能的单位千瓦总投资大部分处于 3500~5000 元 /kW 之间，过去 30 年，投资成本降低仅约 5%，未来十几年抽水蓄能电站的成本、结构及转化效率都不会出现重大技术改进。因此，预计抽水蓄能系统的技术性能和经济性在当前至 2030 年期间基本保持不变。抽水蓄能技术成本与性能参数对比，如图 8-6 所示。

目前建设抽水蓄能电站受地理位置限制，同时日益严格的环境要求使得抽水蓄能电站建设周期变长、成本变高。因此，在未来一段时间内为抵消环保投入，需不断提升工

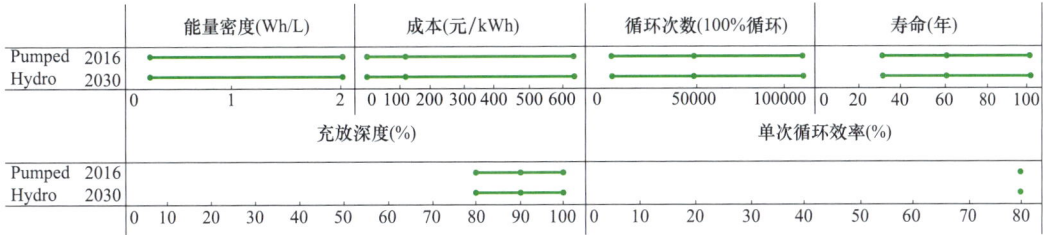

图 8-6　抽水蓄能技术成本与性能参数对比（2016 年与 2030 年）

程实施技术，确保抽水蓄能建设成本在至 2030 年期间内不会大幅增加。新的抽水蓄能技术及利用废弃地下矿井可以提升抽水蓄能工程实施的经济性。

表 8-2 显示了利用现有湖泊或河流作为下储水库的抽水蓄能项目的成本结构。但是，鉴于抽水蓄能系统各具特点，不同项目间的成本存在较大差异。

表 8-2　　　　　　　　　　　　抽水蓄能电站系统成本组成

类别	成本占比（%）
电厂	37
上水库	19
工程，采购，施工和管理	17
业主费用支出	17
隧道	6
挖掘费用	4

2. 压缩空气储能系统的成本及性能前景

由于现实环境情况的差异，准确估算压缩空气储能的开发成本有一定难度，如果利用现成的气体洞穴，总成本较低；相反，如果洞穴需要从坚硬的岩石中挖掘出来，那么土建成本会上升一个数量级。2016 年压缩空气储能的安装成本估计为 320 元 /kWh，到 2030 年可能降至 260 元 /kWh。压缩空气储能系统可以达到高达 100000 个等效完整循环的循环寿命，但具有相对较差的放电深度潜力。预计到 2030 年，压缩热的有效利用将提高整体平均循环效率。压缩空气储能技术成本与性能参数对比，如图 8-7 所示。

表 8-3 显示了压缩空气储能系统的成本结构，洞穴、涡轮和压缩机的成本通常超过压缩空气储能系统总成本的 80%。

针对典型的 200MW 压缩空气储能系统配置，通过对各种空气存储介质及其相关的成本估算可以看出，最具竞争力的项目依然是依托现有天然水库，在硬岩中建造洞穴的压缩空气储能项目,其安装成本要增加 80%。不同压缩空气储能配置成本,如表 8-4 所示。

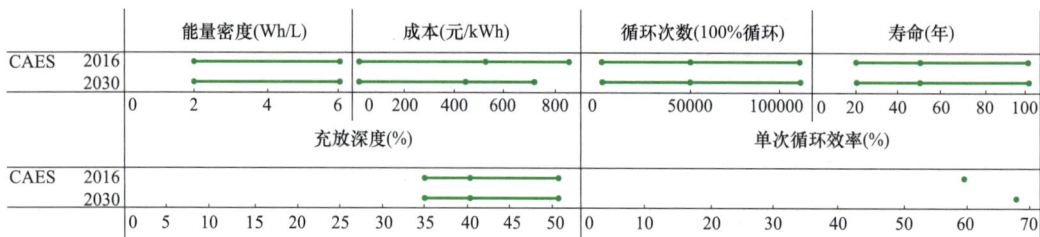

图 8-7　压缩空气储能技术成本与性能参数对比（2016 年与 2030 年）

表 8-3　　　　　　　　　　压缩空气储能系统成本组成

类别	成本占比（%）
洞穴	40
涡轮	30
压缩机	14
业主费用支出	7
电厂平衡	6
工程，采购，施工管理	3

表 8-4　　　　　　　　　　不同压缩空气储能配置成本

空气存储介质	规模（MWe）	电力部分电厂组件成本（元 /kW）	能量部分电厂组件成本（元 /kW）	典型存储小时数	总成本（元 /kW）
盐	200	2100	6	10	2160
多孔介质	200	2100	0.6	10	2106
硬石	200	2100	180	10	3900

3. 飞轮储能系统的成本及性能前景

高功率调频储能技术路线中，飞轮储能系统安装成本较高，介于 9000~36000 元 /kWh 之间，自放电率高达每小时 15%，因此，飞轮储能系统不适合中长期储能应用。但是随着飞轮储能系统技术革新，其安装成本预计将降至 6000~23400 元 /kWh。飞轮储能运行简单，过程中需要的人工维护量很低。飞轮储能系统成本与性能参数对比，如图 8-8 所示。

提高飞轮储能系统性能的主要研究包括：

（1）新材料：开发具有高强度和低密度的新材料，用以提高能量密度。

（2）超导轴承：减少摩擦损失是飞轮系统研究和开发的重点，目的是提高转速并降低自放电率；使用高温超导材料制造轴承可以通过减少摩擦损失，并显著提高飞轮的性能，同时最大限度地降低冷却成本。

（3）电机：通过开发降低永磁体使用量的电机可以降低对稀土等材料的依赖，进一步降低成本。

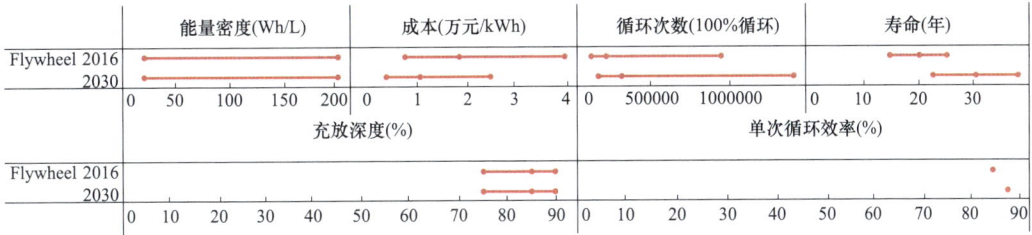

图 8-8　飞轮储能系统成本与性能参数对比（2016 年与 2030 年）

飞轮储能系统的研究和开发途径，如表 8-5 所示。

表 8-5　　　　　　　　　飞轮储能系统的研究和开发途径

研究方向	是否降低生产成本	是否提升系统性能
高强度，低密度转子材料	是，可提升能量密度	是，可提升能量密度
超导轴承	否	是，可降低自放电率
使用开关磁阻电机	是，减少永久磁铁	是，减少维护

8.2.3　储热技术的成本经济性分析

1. 相变储热技术

综合国内主要相变储热设备生产厂商的成本数据，目前相变储热装置本体的成本为 220~250 元 /kWh，其中相变换热器和相变材料合计约占储热装置总成本的 80%，是影响储热装置成本的关键因素。

目前，相变储热技术主要应用于居民采暖和热电厂热电解耦项目。在储热项目中，储热装置是成本占比最高的部分，约占整个项目的总投资的 60%~70%。此外，综合考虑电锅炉、管道、水泵、自控系统、配电柜等附属设备以及设备设计、安装和调试等费用，整个相变储热项目的初投资成本为 350~400 元 /kWh。

2. 高温固体蓄热技术

综合国内主要高温固体蓄热设备生产厂商的成本数据，目前高温固体蓄热本体的成本约为 200~250 元 /kWh。考虑到高温固体蓄热虽然技术较为成熟但市场规模有限，未来随着市场应用规模增加，有望依靠规模效应带动成本下降。

目前，高温固体蓄热技术主要用于居民采暖和风电消纳项目。考虑管道、水泵、自控系统、配电柜等附属设备以及设备设计、安装和调试等费用，整个高温固体蓄热项目的初投资为 260~300 元 /kWh。项目的单位储热量投资与项目的规模大小密切相关，单位储热量投资随项目规模增加而减小，当储热总量超过 5000kWh 时，单位储热量投资趋于稳定。

3. 热水蓄热罐技术

综合丹麦和国内热水蓄热罐供热项目的数据，单罐斜温层储热技术的建造成本为 80~120 元 /kWh。考虑到热水蓄热罐技术目前国内公司还未全部掌握，随着国内应用规模的增加，国内公司会逐渐在技术上取得突破，进一步降低成本。

目前，单罐斜温层储热技术主要应用于火电灵活性调峰和风电供暖领域。项目的单位储热量投资与项目规模的大小密切相关，单位储热容量随着项目规模增加而减小，受到水储热密度较小的影响，当储热总量达到 500MWh 时，单位储热量投资趋于稳定。

4. 熔盐蓄热技术

综合国内外熔盐蓄热系统的成本数据，熔盐蓄热系统的建造成本为 150~300 元 / kWh。目前大多数的熔盐蓄热系统都应用在槽式光热发电站中，受运行参数限制熔盐蓄热系统的储热密度并不高，储热温度区间只有 100℃，导致熔盐蓄热系统的建造成本接近 300 元 /kWh。塔式光热电站的熔盐蓄热温度区间是 270℃，熔盐蓄热系统的建造成本可接近 150 元 /kWh。熔盐蓄热供暖的温度区间若做到 300℃，可进一步降低熔盐蓄热系统的造价。另外，熔盐泵和熔盐电加热器的国产化可使熔盐蓄热系统的投资进一步降低。

目前，熔盐蓄热技术主要应用于光热发电领域，在煤改电、弃风电供暖领域也将会有大规模的应用。项目的单位储热量投资与项目的规模大小密切相关，单位储热量投资随着项目规模的增加而减小，但是由于熔盐泵和储罐的限制，当储热容量达到 1500MWh 时，单位储热投资趋于稳定。

8.2.4 储氢技术的成本经济性分析

为解决可再生能源并网消纳问题，氢能存储被给予厚望。氢能存储在可再生能源领域的利用方式主要为利用可再生能源（主要为风电）生产的清洁电力，采取电解水制氢的方式大规模地制取氢气，产生的氢气经过压缩存入储氢装置，并利用车辆运输到周围的用氢部门或直接以一定比例注入天然气管道中。

氢能存储的利用方式包括可再生能源（风力）发电、电解水制氢和氢气储存运输等三个主要环节。考虑到电力主要来自于弃风电力，因此电解水制氢环节和氢气储存运输环节的技术性能和成本成为决定储氢技术经济性的关键。

1. 电费成本

碱性电解水技术是目前大规模商业化应用最主要的电解水制氢技术。碱性电解水技术成熟，工艺过程简单，易操作，电解水制氢的效率一般为 75%~85%，能耗约为 4.5~5.5kWh/m^3H$_2$（标况）。若以 0.325 元 /kWh 的低谷电力计算，则制取 1m^3H$_2$（标况）的电费开支为 1.69 元。因此电费成本成为决定电解水制氢经济性的关键因素。

2. 用水成本

标准状态下电解水制氢的耗水量为 0.804kg/m³H₂（标况），以 20% 的用水损耗估算，制取 1m³H₂（标况）的实际耗水量为 0.965kg。按照工业用水价格 3 元/t 计算，制取 1m³H₂（标况）的用水成本为 0.0029 元。

3. 设备成本

根据 CNESA 对电解水制氢设备生产企业的走访调研，目前 5MW 电解水制氢系统的报价约 700 万元。综合考虑氢气压缩设备和现场储氢罐的成本，以及土地占用、厂房设计施工、设备安装集成等因素，参考国家可再生能源实验室（National Renewable Energy Laboratory，NREL）在核算风电制氢成本时的数据，假设这部分成本相当于电解水设备成本的一倍，即系统总投资为 1400 万元。此外，风电耦合制氢系统在实际运行中还会产生运行维护、人员工资、保险、燃料动力等费用，预计年运营成本约 30 万元。假设电解水制氢设备的使用寿命为 10 年，则平均到每 1m³H₂（标况）的成本约为 0.485 元。

4. 输氢成本

目前我国氢气输送主要采用输氢规模为 5000m³ 的管式拖车，每 100km 的成本为 0.200 元/m³H₂（标况）（含油费、人工费、车辆折旧费、过路费等）。

8.3 规模化储能技术经济效益评估

8.3.1 经济效益评估方法

杨裕生等人提出有 7 项指标与规模化储能技术的经济效益有关：储能装置的电能"进价"（R_{in}）、"出价"（R_{out}），能量转换效率（输出电能与输入电能之比，η），输出 1kWh 电能的初投资（C），输出 1kWh 电能的运行成本（C_0），储能装置的充放电深度（DOD）和相应 DOD 下的循环寿命（L），由它们推导出"规模储能装置的经济效益指数"（YCC，Yang–Cheng–Cao）关系式：

$$YCC = (R_{out} - R_{in}/\eta)/[C/(L \times DOD) + C_0] \qquad (8\text{-}1)$$

并得出储能装置运行的利润率（P_m）：

$$P_m = (YCC - 1) \times 100\% \qquad (8\text{-}2)$$

式中：R_{in}、R_{out} 的单位为元/kWh；L 的单位为次，与 η、DOD 一样，为无量纲量；C 与 C_0 的单位为元/kWh。当 $YCC>1$ 时，则 $P_m>0$，表示储能企业盈利。

以上仅以电池系统在常规条件（常压、常温或规定温度、适宜的充放电倍率及充放电制度、不考虑充放过程中的自放电等）下的性能作为输入条件，而未考虑维持电池系统外环境（厂房及其常规水电配置、用地、环境温度及湿度保持等）、电池对于外环境的特异要求（如锂离子电池防火、防爆设计；有机系超级电容器防火、防爆设计；钠硫电池防火、防爆设计；全钒液流电池台架结构及电解液防泄漏设计等）。这些外环境等条件对储能投资与收益的影响没有确定指标化数据，因此没有考虑。

以铅酸电池为例，100% DOD 的循环寿命约 800 次，一般出厂价（即 C）约 1000 元/kWh（进口电池约为国产电池的 3 倍）。若企业以该铅酸电池储能，设 R_{in}、R_{out} 分别为 0.15 元/kWh、0.80 元/kWh，C_0 为 0.05 元/kWh，η 为 75%。可得到 YCC=0.46，P_m=−54%，表示该储能企业亏本。如欲保本（P_m=0），在其他指标不变的情况下，则 C 应降为 360 元/kWh（寿命为 100% DOD 下 800 次）；或循环寿命升为 100% DOD 下 1818 次（C 为 1000 元/kWh）。日本开发了 70% DOD 下循环寿命达到 4500 次的铅酸电池，若以上面提到的条件估算，用于储能的利润率为 63%，储能企业能够盈利。以上的讨论中，未考虑采用蓄电装置储能带来的间接经济收益和社会效益。

由 YCC 关系式可得到明确的启示：循环寿命和成本是规模化储能装置能否获得经济利益的关键因素。必须提高储能装置的循环寿命和降低成本，才能适应规模化储能需求的发展。当然，拉开峰谷价差也是必须的。

8.3.2　技术应用成本及收益比较

为综合比较不同储能技术的应用成本和效益，这里选择当前储能最主要的应用形式，即削峰填谷的能量型应用进行比较测算。假设安装一套 500kW/4MWh 的储能系统，通过峰谷价差进行套利。一般工商业 10kV 用户的峰谷分时电价为：高峰时段电价为 1.3782 元/kWh；平时段电价为 0.8595 元/kWh；谷时段电价为 0.3588 元/kWh，峰谷价差约为 1 元/kWh。

选取目前国内主流的四类储能技术路线，即以铅炭电池、锂离子电池、全钒液流电池和超临界压缩空气储能技术进行比较。从技术本身来看，由于铅炭电池和锂离子电池属于功率型储能技术，适合用户侧或中小容量规模场景的应用，而全钒液流电池和超临界压缩空气电池属于能量型储能技术，适合大规模可再生能源或电网规模场景的应用。因此，当模拟假设为用户侧应用场景时，液流电池和压缩空气储能技术在投资成本上不占优势。在收益来源固定的情况下（仅有峰谷价差套利），液流电池和压缩空气储能的投资回收期较长是显而易见的。但应注意的是，这两种储能技术的循环寿命比前两种技术的循环寿命长，依据投资回收期来评估寿命长度差异较大的不同技术显然是不合理。

目前业内采用的评估各类储能技术效用相对公平的一种方法是比较每千瓦时电能成本这一指标。每千瓦时电能成本代表的是在储能系统的全生命周期内，储能系统充放一千瓦时电能所产生的成本。峰谷价差与每千瓦时的电能成本之差即是全生命周期内，储能系统充放 1kWh 的收益。铅炭电池、锂离子电池、全钒液流电池和超临界压缩空气储能技术等四类技术的每千瓦时的电能成本和收益比较如表 8-6 所示。通过计算，在全生命周期内，四类储能技术的储能充放成本由高到低分别为：全钒液流电池>锂离子电池>铅炭电池>超临界压缩空气储能。当峰谷价差为 1 元 /kWh 时，储能充放收益分别为：超临界压缩空气储能 0.65 元 /kWh，铅炭电池 0.51 元 /kWh，锂离子电池 0.43 元 /kWh，全钒液流电池 0.42 元 /kWh。

表 8-6　　　　　　　不同储能技术的每千瓦时电能成本和收益比较

项目	单位	铅炭电池	锂离子电池	液流电池储能	压缩空气储能
电池容量	kWh	4000	4000	4000	4000
放电深度	%	60	90	50	100
电池配置容量	kWh	6667	4444	8000	4000
电池价格	元 /kWh	1000	2500	3500（系统）	2000（系统）
电池残值	%	15	—	40	5
逆变器价格	元 /kW	1000	1000	1000	—
AC/DC 充电器效率	%	98	98	—	—
DC/AC 逆变器效率	%	98	98	—	—
电池充放电效率	%	90	95	75（系统）	55（系统）
循环次数	次	3500	5500	10000	10000
储能充放成本	元 /kWh	0.49	0.57	0.58	0.35
峰谷价差	元 /kWh	1.00	1.00	1.00	1.00
储能充放收益	元 /kWh	0.51	0.43	0.42	0.65

8.4　规模化储能技术发展路线图

根据以上对规模化储能技术的应用现状和发展趋势的分析，以及适合规模化应用的储能技术评价指标和选择依据的阐述，本文总结出了规模化储能技术在中国发展及应用的路线图，如图 8-9 所示。

对于电化学电池储能技术，传统铅酸电池和镍氢电池很难满足以可再生能源发电为代表的规模化储能应用的需求。钠硫电池、钠 / 氯化镍电池、锂硫电池和锂空气电池的应用前景还不明确。而先进铅炭电池、锂离子电池和全钒液流电池等电化学储能技术在未来的 10~20 年间将逐步满足电力系统的要求，并进入广泛的工程示范应用阶段，技术路线图给出了这 3 种电池储能在当前、2020 年和 2030 年达到的寿命与成本预期目标。

对于抽水蓄能技术，国内抽水蓄能电站的土建设计和施工技术已经处于世界先进水平，机组的设备国产化进程正在加快，设备安装水平也在大幅度提高。因此，从技术、设备和材料等方面来看，已经不存在制约国内抽水蓄能电站快速发展的因素。抽水蓄能电站的技术路线主要体现在机组设备国产化制造方面。从路线图上看，中国短期内还无法掌握高水头、大容量抽水蓄能机组的制造技术，但从国内抽水蓄能电站的资源储备情况来看，只有少数几个电站涉及高水头、大容量机组设备制造技术，绝大部分电站的设备技术都已成熟。

对于压缩空气储能技术，常规压缩空气储能技术已经比较成熟，但存在对大型储气室、化石燃料的依赖等问题，必须在地形条件和供气有保障的情况下才可能得到规模化应用，未来发展主要是探索适宜建设压缩空气储能电站的地理资源。不采用地下洞穴和天然气的新型压缩空气储能系统结构简单，功能灵活，能够摆脱传统压缩空气储能系统对特殊地形的依赖，可以用于备用电源和分布式供能系统等。未来可开展相应的示范应用，对其功能、性能等作进一步探索、验证和评估。由于常规压缩空气储能系统已商业运行 30 多年，其设计、加工、安装和运行均比较成熟，其成本在未来短期内大幅下降的可能性很小，将保持在 2500~5500 元 /kW 的水平。

对于飞轮储能、超导磁储能和超级电容器等功率型储能技术，未来的发展目标主要是不断提高能量密度以及降低成本，技术路线图中重点给出了其能量密度的预期目标。

对于熔融盐蓄热储能技术，其未来发展和应用前景与太阳能热发电密切相关。目前的太阳能热电站一般都采用蓄热和化石能源发电互补的方式实现 24h 连续运行，其中，熔融盐蓄热维持满负荷发电运行的时间在 3~8h。对于一个 50MW 的槽式太阳能热电站，维持太阳下山后连续发电 7.5h 需要的蓄热量大约是 1000MWh。按照这种配置方式，结合中国太阳能热发电的相关发展规划，技术路线图给出了熔融盐蓄热在国内太阳能热电站中的应用情况：在 2020 年熔融盐蓄热量将达到 60000MWh，在 2030 年将达到 15000MWh，届时，熔融盐蓄热及太阳能热发电也将开始具备市场竞争力。

对于氢能存储技术，若要得到系统性的规模化应用，氢气的长距离大规模运输成为关键。目前我国氢气的储存主要采用高压气态方式，储存压力为 35MPa。结合能源技术创新行动计划中设定的发展目标，一方面，要实现 70MPa 级的更高压力下的气态储存，另一方面，开发液态储氢技术和固态储氢材料，实现可再生能源大规模制氢、存储、运输、应用的一体化发展。

		当前	2020年	2030年
化学储能	锂离子电池	➢ 2000次 ➢ 5000元/kWh ➢ MW/MWh至数MW/MWh ➢ 可再生能源和微电网示范应用	➢ 5000次 ➢ 1500元/kWh ➢ MW/MWh至数MW/MWh推广应用，10MW/10MWh至百MW/MWh示范应用	➢ 7500次 ➢ 1000元/kWh ➢ 不同容量和规模等级在电网各个环节商业应用
	全钒液流电池	➢ 10年（寿命） ➢ 7000元/kWh ➢ MW/MWh至数MW/MWh ➢ 可再生能源示范应用	➢ 15年（寿命） ➢ 3500元/kWh ➢ MW/MWh至数MW/MWh推广应用，10MW/10MWh至百MW/MWh示范应用	➢ 20年（寿命） ➢ 2000元/kWh ➢ 不同容量和规模等级在可再生能源商业应用
	（新型）铅酸电池	➢ 2000次 ➢ 关键技术研究突破	➢ 5000次 ➢ 1500元/kWh ➢ MW/MWh至数MW/MWh示范应用	➢ 6000次 ➢ 800元/kWh ➢ 不同容量和规模等级在电网各个环节商业应用
物理储能	抽水蓄能	➢ 65%~75%（效率） ➢ 4500~5500元/kW ➢ 已建、在建共约30GW ➢ 中低水头机组国产化，大型机组关键技术吸收引进	➢ 3500~5000元/kW ➢ 在运容量：40GW ➢ 单机容量400~500MW机组国产化	➢ 高水头大容量机组国产化
	压缩空气储能	➢ 65%（效率） ➢ 3000~5500元/kW ➢ 大型压缩空气探索地理资源条件，小型压缩空气关键技术研究突破	➢ 70%（效率） ➢ 2500~5000元/kW ➢ 大型压缩空气关键技术研究突破，小型压缩空气储能分布式能源示范应用	➢ 2500~4500元/kW ➢ 大型压缩空气削峰填谷示范应用，小型压缩空气商业应用
	飞轮储能	➢ 50~100Wh/kg ➢ 3500元/kW ➢ 100kW-MW级电能质量（UPS）示范应用	➢ 200Wh/kg ➢ 100kW-MW级电能质量（UPS）商业应用	➢ 400Wh/kg ➢ 2500元/kW
	超导磁储能	➢ 10年 ➢ 4000元/kW ➢ MJ级电能质量、电力系统稳定等示范应用	➢ 15年 ➢ 3000元/kW ➢ 10MJ级电能质量、电力系统稳定等示范应用	➢ 20年 ➢ 2000元/kW ➢ 10MJ级电能质量、电力系统稳定等商业应用
	超级电容器储能	➢ 5~10Wh/kg（能量密度） ➢ 3000元/kW ➢ 100kW级分布式电源及微电网、电能质量等示范应用	➢ 30Wh/kg（能量密度） ➢ 2500元/kW ➢ MW级分布式电源及微电网、电能质量等示范应用	➢ 50Wh/kg（能量密度） ➢ 2000元/kW ➢ MW级分布式电源及微电网、电能质量等商业应用
储热	熔盐蓄热	➢ 太阳能热发电正在和计划建设400万kW ➢ 成本1.4~2.1元/kWh ➢ 熔融盐蓄热储能关键技术引进	➢ 太阳能热发电成本0.7~1.0元/kWh，熔融盐蓄热量达到60GWh ➢ 熔融盐蓄热储能关键技术国产化	➢ 太阳能热发电与燃煤发电成本相当，熔融盐蓄热量达到150GWh，熔融盐蓄热储能具备市场竞争力
储氢	储氢技术	➢ 高压气态储氢压力35MPa	➢ 开发70MPa等碳纤维复合材料与储氢罐设备技术、加氢站氢气高压和液态氢的存储技术	➢ 开发接近PEMFC操作温度、储氢容量高于5%（质量比）的固态储氢材料，及长距离大规模氢储存运输技术

当前	2020年	2030年

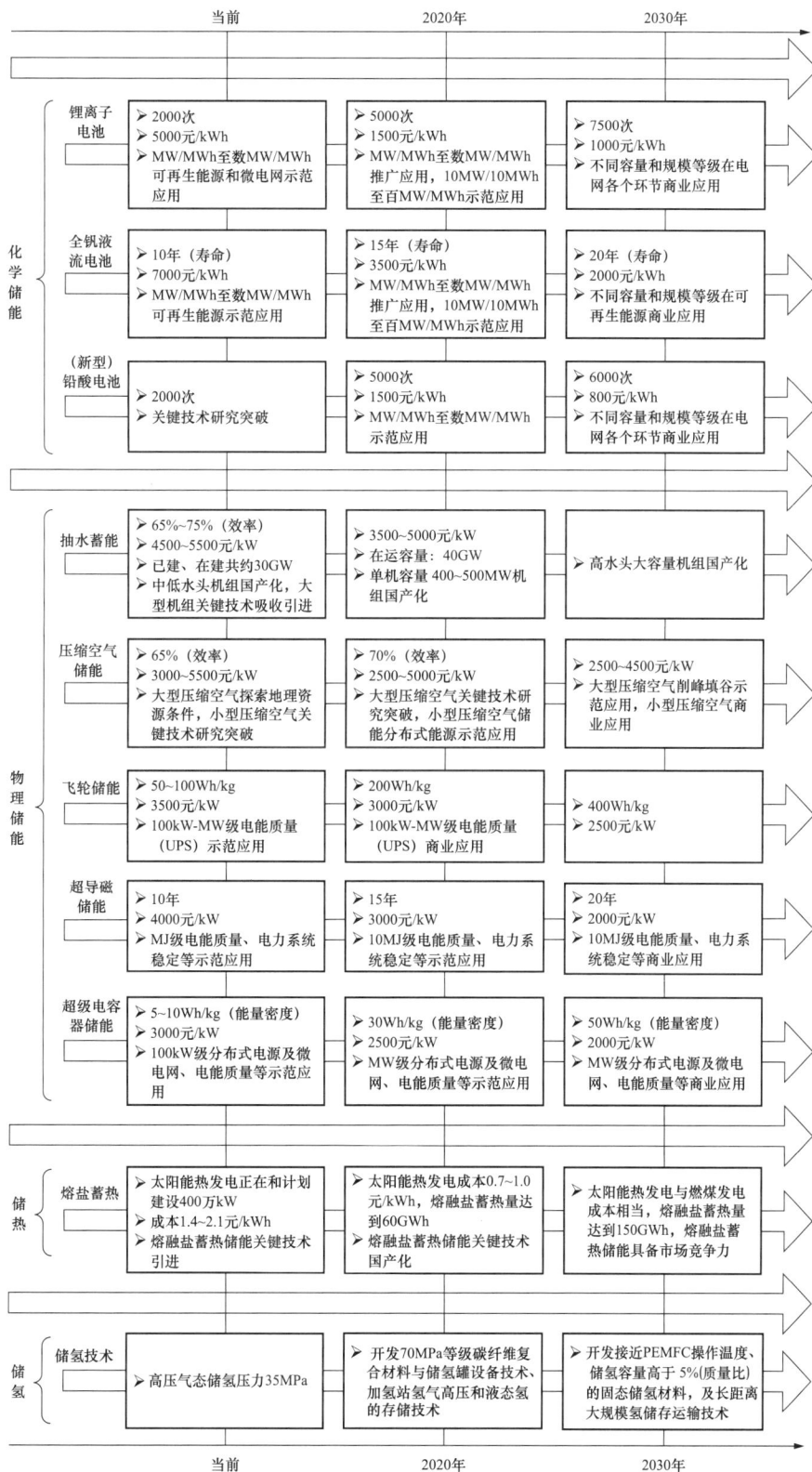

图 8-9　规模化储能技术在中国发展及应用的路线图

8.5　规模化储能技术实施路径

8.5.1　路径一：用户侧储能技术实施路径

预计在储能技术发展过程中，城镇居民将发挥主要推动作用。受环境保护、成本控制等因素影响，以及国家和地方政府政策的引导，城镇居民首先采用可实现清洁供暖的空气源热泵等清洁家庭采暖技术。在计量方面，为进一步降低能耗，提高一次能源利用率，我国在已在部分城市通过采用智能电表、智能热表实现分户用能计量。在当前阶段，环保驱动是储热技术发展的主要动力。

当前，在我国一线城市，推广电动汽车已成为控制城市雾霾的主要手段之一。随着电化学储能技术的发展，电动汽车续航能力不断提升，关键材料性能及使用寿命不断取得突破。当前电动汽车已成为城市居民购买交通工具的选择之一，预计到2020年，电动汽车占比将进一步提升。同时，为增加新能源消纳，减少弃风弃光，提升火电机组灵活性，采用制氢和储氢实现电力消纳是建设清洁社会的一个方向。氢能汽车、增加城镇天然气管网对氢气的消纳是发挥储能技术优势，平衡电网稳定，增加新能源消纳的重要选择。

预计到2030年，储能技术在我国城镇居民生活中的应用将更加多元化，微型燃料电池储能系统、电动汽车反哺电网技术等将成为日常生活储能、用能的重要方式，铅酸电池、锂离子电池、液流电池等电化学储能技术和储氢技术将得到全面推广。用户侧储能技术实施路径如图8-10所示。

图 8-10　用户侧储能技术实施路径

8.5.2　路径二：分布式储能技术实施路径

园区及楼宇等小型用能单元推动分布式储能技术的发展。分布式冷热电三联供系统一直是为小型用能单元供电、供热的主要选择，为提高能源利用效率，通过采用溴化锂机组、冰蓄冷等技术，实现余热利用，提升系统经济性。

预计到 2020 年，随着电力辅助服务市场加大投入，电力峰谷价差不断拉大，同时锂离子电池、液流电池等电化学储能技术趋于成熟、成本逐步降低，电化学储能技术成为小型热电联产机组储电、供电，提升系统经济性的重要选择。在用电低谷时段储电，在用电高峰时放电，可有效降低用电成本。

随着我国供给侧结构性改革的不断深入，因地制宜结合当地资源禀赋，建设以需求侧响应为目标的智能微网，是我国供能领域结构性改革的重要体现。整合分布式燃机、分布式新能源、储电、储热和智慧能源管理平台建设的智能微网，可根据用能实时需求，优化多能互补运行方式，让储能技术（储电、储热）参与园区用能调度，提升分布式微网供能安全，同时降低系统能源消耗。当前，电力领域正开发覆盖电、热、冷、气、水的智慧能源管理调度系统。预计到 2030 年，分布式储能系统将作为微网供能的重要补充，得到全面推广。分布式储能技术实施路径如图 8-11 所示。

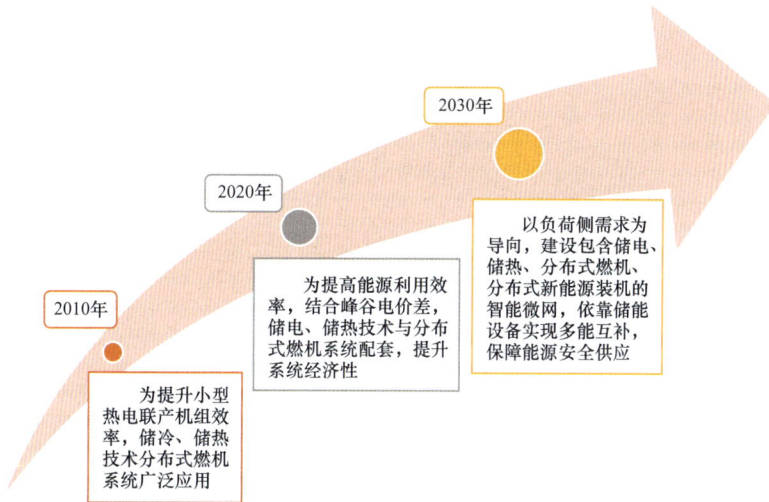

2030年

2020年

2010年

以负荷侧需求为导向，建设包含储电、储热、分布式燃机、分布式新能源装机的智能微网，依靠储能设备实现多能互补，保障能源安全供应

为提高能源利用效率，结合峰谷电价差，储电、储热技术与分布式燃机系统配套，提升系统经济性

为提升小型热电联产机组效率，储冷、储热技术分布式燃机系统广泛应用

图 8-11　分布式储能技术实施路径

8.5.3　路径三：集中式储能技术实施路径

以促进新能源消纳为目标的电力辅助服务，成为推动储能技术在大型电站领域应用的重要手段。我国从 2015 年开始，各地区陆续出台适用于调峰、调频的电力辅助服务市场机制。2016 年，国家能源局将 21 家火电企业列为机组灵活性改造试点单位，全面提升火电机组灵活性，参与电力辅助服务，开展提升火电机组调峰、调频能力建设。

在北方地区，应用储热技术是提升供热机组灵活性的重要手段。以热水蓄热罐、高温固体蓄热、蓄热式电锅炉为代表的储热技术路线，率先成为应用于大型电力、热力供应机组的储能技术。

与此同时，适用于集中式风电、太阳能发电的储电技术正在开展示范。我国已完成塔式太阳能光热发电示范，用于集中式新能源装机的电化学储能技术也正在开发过程中。预计到 2020 年，液流电池技术将在多个项目上开展示范，为储能技术在促进新能源消纳、提升新能源机组调峰能力方面奠定基础。

国家科技部当前正开展 MW 级别的储电装置技术攻关与示范，规模化、低成本、高稳定性成为技术攻关的主要目标。预计到 2025 年，将有一批储电技术在不同应用场景完成示范。到 2030 年，大型储电、储热技术完成系统优化，技术趋于成熟，具备在大型电站应用的条件。集中式储能技术实施路径如图 8-12 所示。

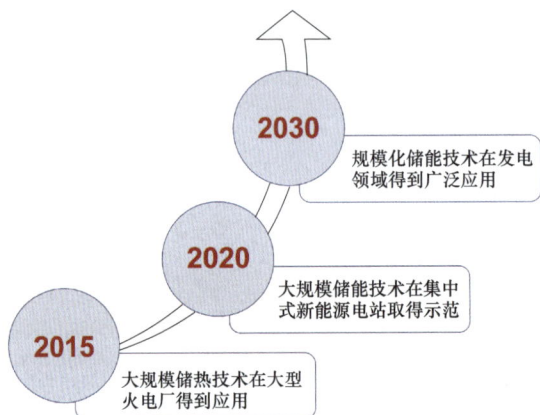

2030 规模化储能技术在发电领域得到广泛应用

2020 大规模储能技术在集中式新能源电站取得示范

2015 大规模储热技术在大型火电厂得到应用

图 8-12　集中式储能技术实施路径

本 章 小 结

本章提出了针对规模化储能技术在电力系统商业化推广应用的技术评价指标、技术成本及经济性发展趋势，并预测了规模化储能技术在中国发展的路线图和实施路径。

规模化储能技术的五个要素指标为：规模化水平、技术水平、经济成本、设备形态和相关支持政策。综合考虑各种因素，电化学储能和新型压缩空气储能是具有广泛应用前景和值得重点关注的储能技术类型。其中，先进铅炭电池、锂离子电池、液流电池和其他新型电池是应该重点攻关的大容量储能技术类型。

储能产业发展方向及建议 9

我国储能产业发展起步于 2010 年，在经历了技术验证和示范应用阶段后，现在正在朝着商业化初期快速迈进，储能产业快速蓬勃发展的稳定预期已经基本形成。加快推进储能技术创新和产业发展，对于推动我国可再生能源大规模应用、推进智能电网和能源互联网建设、确保我国在全球新一轮能源技术革命和产业变革中抢先占先机具有重要意义。

9.1 储能产业发展的机遇与挑战

现阶段我国布局发展储能产业有着良好的市场发展契机，同时也将面临诸多挑战，储能的规模化和商业化之路仍不平坦。

9.1.1 储能产业发展机遇

1. 政策方面：《储能指导意见》发布，发展储能产业得到国家政策层面的支持和统筹布局

2017 年 10 月 11 日，中国储能产业第一个国家级政策——《关于促进储能技术与产业发展的指导意见》正式发布。政策对于储能在能源行业发展中的重要作用、储能产业的发展形势、储能在不同场景中的应用价值等从官方角度给予了认可和明确。国家发改委、财政部、科技部、工信部、国家能源局联合发文，更是表明了国家主要相关部门对于发展储能产业的支持态度。

《储能指导意见》在总结储能项目实践经验的基础上，提出了未来十年中国储能产业的发展目标和五大主要任务，并从技术创新、应用示范、市场发展和行业管理等方面对相关工作进行了规划和部署。《储能指导意见》的发布，不仅加强了地方政府、电网公司、电力业主对于储能应用价值的重视，在一定程度上为项目方后续规划建设储能项目减少了障碍。

2. 技术方面：储能技术研发力度不断加大、技术性能快速提升，具备了商业化应用的基础

近年来，随着储能在可再生能源发展和电力系统运行中的应用价值逐渐显现，政府、

企业和科研机构都在加大对于储能技术的引导扶持、研发示范和推广应用力度，储能技术呈现出"百花齐放、百家争鸣"的发展局面，具备了一定的产业化基础。

一方面，压缩空气储能、飞轮储能、铅酸电池、锂离子电池、液流电池、钠硫电池等先进大容量储能技术逐渐成熟，本体性能不断优化，制造成本快速下降，装备制造和系统集成能力大幅提升，示范应用项目大规模部署；另一方面，许多在能量密度、循环寿命、成本等方面极具发展潜力的新型储能技术体系正在不断被开发出来，随着对于储能原理、关键材料、单元模块的技术攻关力度不断加大，也将很快走出实验室，进入商业化应用。

特别对于锂离子电池，作为目前应用规模最大、应用领域最广的一种储能技术，在国内新能源汽车产业快速发展的带动下，产能爆发式增长、产品价格快速下降、技术性能不断提升，也间接地为中国储能产业发展提供了强有力的技术和装备支撑。

3. 项目方面：储能试点示范工程加速部署，储能在能源系统中的应用水平不断提升

随着可再生能源调峰消纳压力不断增加、电力系统智能化建设和升级改造需求愈发迫切、用户侧智慧用能和分布式能源网络发展趋势日益显现，储能在电力系统中的应用场景日渐清晰，应用价值被社会广泛接受和认可。布局储能试点示范工程，大力提升储能在整个能源体系中的应用水平和效果，成为现阶段推动储能产业商业化发展的关键。为此，一系列相关布局已经展开：

首先，《储能指导意见》明确将"储能提升可再生能源利用水平""储能提升电力系统灵活性稳定性""储能提升用能智能化水平""储能多元化应用支撑能源互联网发展"列为未来中国储能示范应用的重点任务，布局一批具有引领作用的重大试点示范工程。

其次，2016年国家能源局下发《关于同意大连液流电池储能调峰电站国家示范项目建设的复函》，这是国家在全国范围内首次对大型化学储能项目批准建设，标志着国家对于开展储能示范应用工作给予了明确和认可。

最后，随着储能应用价值不断显现，我国在构建各类新型能源应用模式之时，也都将储能列为其中的关键支撑技术。我国在能源互联网、多能互补和新能源微电网等领域启动了一系列示范项目，这些项目在规划设计之时大都包括了储能单元。

4. 市场方面：电改推动下的辅助服务和配售电市场建设，为储能发挥灵活性资源价值创造了条件

不论全球还是中国，辅助服务和用户侧都是储能应用价值最高、商业化进程最快的领域。我国电力市场化改革在辅助服务市场建设和配售电放开等方面的快速推进，正在为储能在上述两个领域发挥快速响应、灵活调节的应用价值创造条件。

首先，在辅助服务领域，储能系统与机组联合或作为独立主体参与辅助服务交易获得政策许可，发电侧和用户侧储能参与调峰调频辅助服务受到鼓励，"按效果付费、谁受益谁付费"的市场机制正在加速构建。以东北、山东、福建、新疆、山西等地为代表，在一系列辅助服务市场化建设试点方案和市场交易规则中，都已经开始对储能参与调峰、调频的补偿方式予以明确。随着相关配套政策的不断完善，储能在调频调峰领域的应用价值将有望通过市场化方式获得回报。

其次，在用户侧领域，储能系统在提高分布式能源本地消纳比例、参与需求响应、降低用能成本、实现独立供电等方面的应用价值已经得到项目验证。随着配售电放开和能源互联网模式加速构建，具有配电网经营权的售电公司配置储能、终端用户互补利用各类储能资源实现多能协同和能源综合梯级利用，以及分时电价、需量电费等完善电价体制逐渐形成，用户侧储能将有望从多个方面发挥并获取应用价值回报。

5. 发展条件方面：配额制、绿证、碳市场等制度推进清洁能源发展逐步向市场化运行机制转型，为储能发挥灵活性调节资源价值创造条件

2016年1月国家发改委印发《关于切实做好全国碳排放交易市场启动重点工作的通知》，对全国碳市场建设作出统一部署；2017年7月可再生能源绿色电力证书核发及自愿认购交易制度开始试行；2018年3月，《可再生能源电力配额及考核办法（征求意见稿）》发布，规定了各省级行政区域水电和非水可再生能源电力消费的比重指标，并将这些指标进一步向承担配额义务的市场主体进行分配。

碳交易、绿证认购和可再生能源配额制等一系列政策的叠加，正在推进清洁能源发展逐步向市场化运行机制转型，帮助纠正此前中国清洁能源发展模式中的若干问题。对不履行义务的主体建立市场化惩罚机制，可以促进各省购入更多的清洁能源，而非仅仅依靠省内发电，从而减少可再生能源弃电现象。

随着政策驱动下的可再生能源利用水平和市场化交易规模逐渐加大，储能作为电力系统灵活性调节资源的应用价值也将不断显现。一方面，用户侧作为可再生能源电力配额义务的主要承担主体，在接入和应用分布式可再生能源时必然产生保障供电独立性、稳定性和电能质量的需求。另一方面，电网侧的大量可再生能源接入也将对其系统惯量、供电容量和区域间平衡产生冲击，储能也将在电网侧发挥更多的调节和平衡作用。

9.1.2 储能产业发展的潜在挑战

1. 储能项目的商业化应用面临来自经济性和盈利性的巨大挑战

近年来，新能源企业不约而同地看好储能产业，纷纷加强研发、积极布局。为了加快项目投资回收，国内企业在商业模式上不断进行新的探索。目前储能产业内存在三类比较典型的商业模式或模式构想：一是工商业用户侧储能项目"投资+运营"的模式，二是在新能源发电领域建设独立储能电站的模式，三是两部制储能电价机制的应用模式，也就是探索类似于抽水蓄能电站两部制电价的形成与结算机制。

目前中国储能产业发展正处在由示范应用向商业化过渡的发展阶段，尽管中国储能产业快速蓬勃发展的稳定预期已经形成，但是经济性和盈利性仍然是横亘在中国储能商业化进程中的最大障碍。

根据 CNESA 研究部对大规模可再生能源并网、调频辅助服务、工商业用户侧等领域的储能项目和企业的调研，在目前储能系统成本仍然相对较高的情况下，中国储能项目建设和运营中普遍存在着储能系统建设初始投资成本高、储能项目并网接入费用高、周期长、储能项目运营盈利点单一、项目投资回报期长、储能多重应用价值无法获得回报等困难和障碍。

2. 储能项目盈利模式单一、价值回报空间有限，储能商业化发展需要以市场机制的进一步完善为支撑

目前我国储能项目盈利模式过于单一，储能价值回报空间有限，依托峰谷价差收益不仅无法弥补项目投资，而且存在着巨大的不确定性和政策风险。

特别对于可再生能源发电侧储能应用，目前仍然以弃电存储为主，而储能最具价值的灵活性调节作用未能充分发挥，储能系统在提供调频调峰辅助服务、降低电网备用容量、改善可再生能源机组电力输出质量等方面的应用价值难以量化和获得回报。现阶段发电侧储能应用大规模系统配置所带来的高额资金成本和较低投资回报也令很多社会资本望而却步，需要依靠示范项目加以推动。我国储能产业的商业化发展还需要建立储能等灵活性资源市场化交易机制和价格形成机制，通过市场化方式切实保障储能应用的经济效益，推动储能产业朝着商业化的方向快速迈进。

3. 相关管理规则和制度的欠缺直接制约着储能市场的快速发展

随着中国储能产业朝着规模化发展快速迈进，储能在行政审批流程、并网调度规则、系统安全标准、产品检测认证等方面的制度欠缺也逐渐暴露出来。在示范试点阶段"一事一议"的方式已经无法适应储能产业商业化发展的状况。

在行政审批流程方面，目前储能项目开发过程中仍然面临着储能项目备案管理的操作流程和所属部门无明确规定，各地方政府对于储能项目管理的制度要求差异较大等问题。

在并网调度规则方面，目前对于储能系统接入电网的电压等级和电能质量要求、储能逆变器的继电保护、单个并网点的储能功率控制、储能系统并网测试验收要求等都尚无明确、统一而简化的规定。

4. 储能技术路线众多，但技术标准的缺位成为储能产业的巨大隐患

储能技术路线种类众多，虽然经过多年的示范发展，但储能技术路线仍未定型。当前主流电化学储能技术有铅炭电池、锂离子电池、液流电池和钠硫电池等，其性能特点和经济性各不相同，目前还没有某一种技术能够完全满足循环寿命、可规模化、安全性、经济性和能效五项储能关键应用指标。铅炭电池、锂离子电池是当前发展较快、有望率先带动储能商业化的电化学储能技术。

储能技术路线和技术产品众多，而行业标准的缺位，会对储能产业的健康发展造成致命障碍。储能产品品质良莠不齐，缺少自律的企业用劣质产品低价冲击市场的苗头已初现端倪。为避免"劣币驱逐良币"的情况发生，储能标准体系建设已是迫在眉睫。

在储能产品检测认证方面，考虑到储能技术路线、产品规格、应用场景复杂多样，还需要建立涵盖储能规划设计、设备试验、施工验收、并网检测、运行维护等各应用环节的产品检测和认证体系。

5. 系统集成技术尚需优化

以电站中的储能系统为例，电站中大量储能电池特性离散，电热应力分布不均，导致部分电池严重劣化，系统寿命大幅缩短，难以满足电站经济性与安全性运行的发展要求。储能集成系统是一个多学科、多领域的技术领域，包括：控制体系、集群并联、电池健康管理等等，无论哪个部分出现短板，都会影响整个系统，储能系统如何做到高安全、低成本、智能化和模块化，是目前储能产业内亟待解决的问题。能否在要素的取舍中取得最优方案是储能系统生产商占领未来商机的关键。

6. 全球储能安全准则体系尚未形成

当前，全球储能市场正迎来高速发展阶段，特别是户用储能紧随分布式光伏而快速发展，在澳大利亚、德国等国家和地区受到追捧，且市场潜力巨大，包括 Tesla、Sonnen 等在内的全球储能服务提供商都在加紧布局，全球储能规模化商业发展一触即发。但任何一项新技术的普及都要面临安全评估，显然在这一问题上，政府和相关行业管理部门要提前做好约束。

在美国纽约，计划到 2020 年完成 100MWh 的储能建设目标（目前只有 4.8MWh 完成安装），但进展相对缓慢，消防安全问题成为主要阻力之一，特别是建筑物中锂离子电池的应用还需要经过繁杂的审批手续才能实现。在德国，尽管政府并没有限制储能系统应用于室内，但也明确提出德国储能市场虽趋于成熟，但安全规则的标准化工作仍在同步进行。在澳大利亚，包括户用在内的离网电池系统安装标准已经形成，但仍有人担心这些标准已远落后于快速发展的储能技术本身。可以说，随着储能产业的发展，全球储能安全准则体系正在形成，但仍存在一定缺失。

9.2 储能产业发展建议

为促进我国储能产业健康、可持续地发展，建议从储能产业发展规划、技术投资方向、项目布局方向和业务发展模式等方面作进一步规划和部署，协调好储能产业政策、技术和资本之间的关系。

9.2.1 储能产业发展规划建议

在我国关于储能发展规划和技术部署的基础之上，结合国内外储能产业市场政策环境，建议从产业机构设置、机制建立、创新扶持、项目布局、示范先行和标准提出等方面从总体上细化储能产业发展规划，助力核心竞争力持续提升。

1. 设置储能产业机构

作为影响未来能源大格局的前沿技术和新兴产业，储能技术及产业的发展已经引起我国高度重视。在储能商业化发展初期，建议各企业设立储能规划与管理机构，统筹规划和协调推进储能产业发展；同时设立专门的储能技术研发中心，承载储能技术的吸收、引进、创新、设计和实施任务，着力储能创新技术和自主品牌产权建设。

2. 建立储能产业机制

储能产业的发展对我国能源革命具有深远的战略意义，建议加强政策引导，将新能源产业优惠政策延伸到储能环节，鼓励采取储能技术路线参与地方电力辅助服务市场。

储能技术对于新能源发展的重要性毋庸置疑，建议从系统的角度考虑，在企业制度和规划文件中加入对储能技术和产业的支持政策、发展目标、科技创新规划以及相应的管理办法，有序推进储能技术和产业发展。

3. 加大储能科技创新扶持

储能已经成为未来能源体系的关键技术，建议加大科技创新政策扶持和资金支持力度，先于需求开展技术研发工作，积极创新开发具有知识产权的关键材料和装备，降低储能系统投资和运营成本。同时加大储能仿真控制系统研发投入，在仿真设计基础上，结合项目开发推进相关技术解决方案落地实施。

规模化储能技术研究和应用是一个多科学交叉的复杂体系，需要不同学科和单位的联合攻关与实施。在研发、验证、示范项目和配套工程、市场推广等过程中都需要大量资金投入，因此应鼓励各种形式的技术、商业和运营模式创新，广泛吸引社会、企业资金投入，拓宽资金来源，不断增强产业发展后劲。

做好人才储备，搭建沟通学习平台，加强国内外优势科技力量和各高校、科研院所等研发机构以及储能厂商的沟通交流，取长补短，让机构、人才、装置、资金、项目充分活跃起来，形成推进储能科技创新发展的强大合力。通过联合创新，突破储能产业关键核心技术，形成一批自主知识产权，为储能产业发展提供系统解决方案，并不断催生新技术、新产品、新业态，引领储能创新发展。

4. 精心布局储能产业发展

随着能源互联网、分布式能源和先进可再生能源快速发展，储能行业面临前所未有的发展机遇，市场需求庞大，储能产业发展初期也是投资布局的好时机，因此结合企业业务现状和未来规划，伺机布局储能产业项目，加强对储能产业发展的支持力度，推进规模化储能系统的研发和示范，对企业完善产业布局、占据储能领域技术制高点具有重要的意义。

此外还需要开展储能产业梳理诊断，对国内外储能主要应用市场和机制疑惑进行深入分析，厘清储能产业现状，明确产业发展定位，找准储能产业发展转型升级方向，发挥企业产业结构的优势和竞争力，保障储能的长期繁荣发展。

5. 开展储能示范项目

针对不同储能技术的特点和所适用的应用场景，分领域、有重点地部署规模化储能技术在传统火电、新能源、综合智慧能源等各个领域的试点和示范项目，开展储能电站的示范应用。针对储能技术在典型应用场景下系统容量和技术路线的选取，开展优化配比工作，提升供能稳定性和系统经济性。

以应用目标为导向，鼓励、引导和推动同科研院所和企业合作开展新型储能技术研发及示范，大力支持储能应用技术的发展。充分发挥示范工程的试点作用，总结国内外储能示范电站运营经验，推进储能新技术与新模式先行先试。

6. 启动储能标准编制工作

我国储能产业尚处于发展初期，标准化工作也处于起步阶段，不仅标准的制定存在着散乱、覆盖面不全、交叉重叠等状况，而且规划设计、设备试验、施工验收、并网检测、运行维护等各应用环节的标准体系都需要随着技术发展和市场需求不断完善。

企业可以重点围绕储能示范工程，结合项目建设运行经验，有序开展与储能项目设计、接入大容量储能设备的技术规范、试验方法、工程验收、运行和维护等方面的技术研究工作，支撑标准制定。一方面可以参与国家、行业标准的制定工作；另一方面制定企业标准，并提升已发布标准的等级，开展企标升行标、国标的相关工作。

9.2.2 储能技术投资方向建议

结合业务状况和储能技术发展应用趋势，建议重点关注与提高储能应用水平相关的系统性技术解决方案和优化调度控制策略，包括与可再生能源发电业务相关的"可再生能源＋储能"系统性技术解决方案、与供热业务相关的发电机组热电解耦和弃风供暖技术解决方案、与多能互补项目开发业务相关的包含储能的多能互补系统性技术解决方案、与能源互联网业务相关的分布式储能集成与管控的技术解决方案。

1. "可再生能源＋储能"系统性技术解决方案

在可再生能源领域，储能可实现平滑风光功率输出、跟踪发电计划出力、根据调度指令向电网及时输出有功／无功，辅助电网安全稳定运行、削峰填谷等多重功能。若要充分实现上述功能，需要开展储能与可再生能源相结合的系统性技术研究工作，在储能功能验证、容量配置优化、调度策略控制等方面储备相关技术并积累经验。目前国内多家大型电力集团也已布局其中，例如华能清洁能源技术研究院在青海格尔木光伏电站中探索开发应用直流侧光伏储能技术方案。华电天仁在国电和风北镇风电场项目中探索风电场储能的系统建设和控制策略。

在储能技术投资方面，建议重点开展可再生能源与储能相结合的系统性技术解决方案研究，包括交流侧／直流侧光伏储能技术方案。储能容量优化配置、风储／光储／风光储联合调度管理监控系统及方案等，为改善弃风弃光问题、促进可再生能源消纳提供技术储备。

2. 基于储能的发电机组热电解耦和弃风供暖技术解决方案

为解决冬季弃风严重和热电机组"以热定电"导致调峰能力有限的问题，国内发电企业正在积极从火电灵活性改造和弃风消纳等方面开展技术研究和项目示范工作，储能在其中也扮演了日益重要的角色。

目前储能主要在两类技术解决方案中扮演重要角色，一类是基于蓄热技术的供热机组"热电解耦"方案，代表性项目为华电集团丹东金山热电有限公司 260MW 固体电蓄热调峰锅炉示范项目。一类是基于蓄热和电储能的风电清洁供暖方案，代表性项目是吉林电科院和欣旺达共同开发的吉林蓄热式电锅炉融合储能的风电消纳优化控制示范项目。

在储能技术投资方面，建议结合已有热力发电业务和风电业务，挖掘利用不同储能技术路线、不同储能技术组合解决热电解耦／弃风供暖的可能性，针对系统集成方案、储能容量优化配置、多类储能技术的控制策略及协调运行等开展研究和试验。

3. 包含储能的多能互补系统性技术解决方案

目前，国家正在大力推动多能互补集成优化，包括面向终端用户电、热、冷、气多种用能需求的一体化供能系统和基于大型综合能源基地的风光水火储多能互补系统。在这两种模式中，储能都起着调节、支撑和缓冲的作用，是多能互补项目中必不可少的组成部分。

在储能技术投资方面，建议针对上述两种多能互补应用模式，充分考虑储能对于系统的关键作用，研究包括储电、储热、储冷、储气等广义储能形式的多能互补系统性解决方案，进一步开展风光水火储的系统优化设计技术、多能流综合能量管理与优化控制技术等相关技术的投资与研发，形成具有可复制性的多能互补技术解决方案。

4. 分布式储能集成与管控的技术解决方案

用户侧储能系统能够为用户提供峰谷价差套利、需量电费管理、需求响应补偿、提高供电可靠性以及提高电能质量等服务。虽然峰谷价差套利仍然是国内用户侧储能技术应用的主要获益来源，但是随着电力市场的逐步开放，售电公司运用储能技术整合其拥有的不同类型用户侧资源，根据电力现货市场价格信号进行负载侧响应调节，以降低自交易风险。同时售电公司还可利用储能技术为用户提供额外增值服务，同时增强自身在电力现货以及零售市场竞争力。

在储能技术投资方面，建议以分散式储能集成与管控技术为研发方向，加强数字化、智能化软件控制技术的研发，探索如何确保储能与其他分布式资源高效协调运行、如何实现不同负荷曲线的统一管理、如何充分发挥分布式储能的灵活性价值等方面的技术解决方案。逐步加大对于供需联动预测及调度、云监控平台、智能管理系统等在内的关键技术的研发投入。

9.2.3 储能项目布局方向建议

考虑到国内外储能市场发展的机遇与挑战，建议企业在可再生能源场站、调频辅助服务等方向优先布局储能项目。在发电机组灵活性改造、独立式储能电站、用户侧能源互联网等方向，追踪储能商业化发展和市场机制建设过程，伺机布局储能项目。

1. 优先在弃电严重的区域布局可再生能源场站侧储能项目

未来，随着可再生能源装机比例的提高，可再生能源设施的盈利性将对整个电力业务的总利润产生越来越重要的影响。

在储能项目部署方面，建议在弃电严重的地区，选取上网电价较高的可再生能源发电设施，配套安装储能系统，一方面帮助解决弃电上网、增加发电收益，另一方面降低可再生能源场站被考核的风险，同时还可以在风光兼备的区域，尝试制定风光储协调运行的策略，实现风光互补。此外，除了电储能，还可以尝试在弃风严重的区域，通过在用户侧安装供热蓄热装置，开展合约式弃电供暖。

2. 优先在基于调频效果付费机制和调频资源紧缺的区域布局调频辅助服务储能项目

燃煤发电机组在我国依然是最主要的发电业务形式。燃煤发电机组的经济运行情况、节能减排情况、煤耗情况等指标的改善对我国火电产业的发展有着重要作用。

与火电机组长期承担繁重的 AGC 调节任务相比，储能技术与火电机组绑定联合参与 AGC 调频能够：①提高火电机组的 AGC 调节速率和调节精度，降低考核罚款；②显著增加火电机组的日补偿数额，提高电厂的调频收益；③帮助减小传统机组因频繁改变出力造成的机组磨损，提高机组运行稳定性，降低运行成本，延长机组运行寿命。

在储能项目部署方面，建议优先在已经采取了基于调频效果付费机制的区域，或者调频资源紧缺且先行建设辅助服务市场的区域布局调频储能项目。基于调频效果付费机制的区域，如华北区域的"两个细则"设计了"按效果"补偿的公式，在考虑了调节性能补偿，使得调节性能更优的储能电站可以获得更多的收益。在调频资源紧缺的地区，即使没有按效果付费补偿机制，未来随着电力市场改革推进以及辅助服务市场建立，资源的稀缺度将体现在调频资源的出清价上，储能调频电站仍然可以通过参与竞价的方式获得合理的补偿。

3. 伺机在调峰补偿力度较大的区域布局基于储能的发电机组灵活性改造项目

受国家电力行业发展布局和装机结构的影响，燃煤发电机组正面临着电价下调、利用小时数下降的压力。与此同时，我国"十三五"期间也将计划实施 2.2 亿 kW 燃煤机组的灵活性改造，使机组具备深度调峰能力。

目前，各个电力区域监管机构已经或正在着手制定针对火电灵活性改造后参与调峰辅助服务的补偿标准。在以东北为代表的调峰资源严重匮乏地域，补偿标准相对较高。《东北电力辅助服务市场运营规则（试行）》已经针对东北区域内负荷率不高于 40% 的全部火电机组，制定了不高于 1 元 /kWh、不低于 0.4 元 /kWh 的调峰补偿机制。

在储能项目部署方面，建议在调峰补偿价格较高的区域，伺机利用蓄热技术以"热电解耦"方式增强机组深度调峰能力。在电力市场先行区域，伺机利用电储能技术，探索通过参与电力市场交易，提供调峰、备用以及其他服务获取多样化收益的可能性。与此同时，也应注意对比各种火电灵活性改造方案的经济性，评估现有较高调峰补偿标准的政策可持续性，考量电力市场交易价格机制的完备性。

4. 伺机在"储能作为独立主体参与电力市场"的试点地区或政策先行区域布局独立储能电站项目

《关于促进电储能参与"三北"地区电力辅助服务补偿（市场）机制试点工作的通知》和《关于促进储能技术与产业发展的指导意见》，均明确提出"允许储能系统与机组联合或作为独立主体参与辅助服务交易"。推动独立储能电站参与辅助服务已经成为大势所趋。

在储能项目部署方面，建议考虑在山西等试点区域或其他政策先行区域伺机建设独立储能电站。一方面，可提高其调频资源的市场竞争力，并进一步分摊"资金池"的调频收益；另一方面，与发电机组和储能系统绑定联合提供服务的形式相比，独立储能电站产权清晰，容易评估考核。此外，独立式储能电站易于接受来自储能厂商、电网公司、系统集成商、可再生能源开发商、社会资本的投资或技术参与，便于引入多元化投融资或开发模式，最大限度的发挥各参与方优势，实现储能调峰电站在项目开发、建设、运营、调度、管理等各个环节的专业化开发。

5. 伺机在用户侧布局区域能源创新应用或能源互联网储能应用项目

与电力系统其他环节相比，安装在用户侧的储能系统具有实现多元化应用价值的最大潜力。实现储能的多重收益叠加已经成为目前全球储能商业化的重要方向，而用户侧储能项目已经被证明是实现效益叠加最多和最成功的领域。

在储能项目部署方面，建议围绕未来售电公司这一载体，将储能技术与售电公司电力现货市场交易结合，通过用户负荷智能控制、负载侧响应以及负载侧管理，发挥储能技术优势以增强自身市场竞争力。将储能技术与用户增值服务结合，面向主体用户围绕新城镇、新产业园区等，结合区域内的电动汽车、可再生能源资源、智能负荷等，优化布局储能项目，通过发挥储能的串联和纽带作用，在为用户供电的同时提供增值服务。例如制定融合电、气、热等多种能源形式的高效、智能的能源供应方案。

6. 结合雄安新区能源发展规划，部署配网侧和用户侧储能项目

设立河北雄安新区，是以习近平同志为核心的党中央深入推进京津冀协同发展作出的一项重大决策部署，是继深圳经济特区和上海浦东新区之后又一具有全国意义的新区。因此，有必要结合《河北雄安新区规划纲要》中提出建设绿色智慧新城、坚持绿色低碳的发展目标，将部署储能项目与参与雄安新区建设相结合，统筹布局、先行先试，发挥战略引领作用。

首先，结合雄安新区优化能源结构、推广绿色低碳的生产生活方式和城市建设运营模式的发展目标，可以构建电动汽车与储能相结合的储能应用模式，包括电动汽车光储充电站、电动汽车需求响应充电、充换储一体化电站等，利用储能优化电动汽车的充电负荷管理，提高清洁电力在新能源汽车中的利用水平。

其次，结合雄安新区保障供电系统，增强区域电力供应，引入风电、光电等可再生能源作为电力供应重要来源的发展目标，可以通过投资建设新区增量配电网、分布式光伏和风电项目、区域微电网等方式参与到雄安新区电力系统建设中，同时选择在配网侧部署储能项目，发挥储能在提高高峰时段供电可靠性、平抑可再生能源波动、维持系统电压稳定等方面的作用。

9.2.4 储能业务发展模式建议

在全球大力推动新能源发展的局面下，传统能源企业都在积极寻求业务转型。开辟储能业务，建设储能项目，扩大在可再生能源和储能市场的能力，为客户交付更加清洁、可靠、经济可行的能源解决方案已经成为大型能源企业未来业务发展的共识。以法国电力公司（EDF）、意大利电力公司（Enel）、德国意昂集团（E.oN）、韩国电力公司（KEPCO）、瑞典大瀑布电力公司（Vattenfall）等为代表的国际能源巨头均已在储能市场中表现日益活跃。

各能源企业有必要抓住中国储能产业快速迈向商业化和五部委部署促进我国储能技术与产业发展的契机，在火电、核电、新能源、输变电等领域现有全产业链业务的基础上，规划部署储能业务、储备技术能力、开展项目应用。

结合国内外储能产业发展形势和国际综合性能源集团储能业务部署经验，相关企业可以从以下几个方面着手部署发展储能业务：

1. 抓住国家部署储能应用示范契机，开展储能示范项目探索

我国储能市场正处在由示范应用向商业化初期过度的发展阶段。开展储能示范项目、积累建设运营经验、探索经济性和商业运营模式已经成为现阶段储能产业发展的主要方向。一方面，《储能指导意见》将部署开展储能提升可再生能源利用水平应用示范、储能提升能源电力系统灵活性稳定性应用示范、储能提升用能智能化水平应用示范、储能多元化应用支撑能源互联网应用示范等列为发展储能产业的重点任务。另一方面，在多能互补集成优化、"互联网+"智慧能源、新能源微电网等领域已公布的首批示范项目征集中，大多数项目都配套了储能技术单元。

现阶段，企业可以抓住国家推进储能示范项目建设的契机，积极申报国家和地方储能示范项目，申报多能互补、能源互联网、新能源微网等示范项目。同时紧跟地方政府储能政策的制定步伐，寻求地方层面的储能项目支持。在项目方向上，可以首先结合自身业务优势和实际需求，在可再生能源场站和传统火力发电等业务基础上部署储能示范项目。探索储能在提高可再生能源并网效益、多能互补集成应用、参与电力调频调峰辅助服务市场、提高传统机组灵活性等方面的应用价值和技术能力。同时配合分布式能源、能源互联网等业务的发展需求，选择具有电价条件和负荷特征的工商业园区部署用户侧储能项目，构建一体化智慧用能模式。

发展大规模熔盐蓄热供暖技术，可以在冬季供暖季利用谷（弃）、调峰电对居民进行供热。一方面满足了北方地区清洁供暖的需求，另一方面可以实现可再生能源的消纳以及火电（核电）机组的深度调峰。既符合国家发展清洁、绿色、低碳能源的号召，又

为企业困境找到有效的解决途径，是实现用户和能源企业双赢的技术创新。

熔盐蓄热供热正是利用熔盐蓄热的低成本、大容量、高效率、高可靠性、长寿命等特点，采用低谷电、弃风电等作为加热热源，为居民采暖或工商业用热提供连续稳定的清洁热能。煤改电的政策推广和风电供暖项目的实施都为大规模熔盐蓄热带来了机遇。

大规模熔盐蓄热的投资成本为 150 元 /kWh，储能效率在 95% 以上，安全可靠，使用寿命超过 30 年，最大单机储热容量可以做到 3000MWh，满足 600 万 m^2 的供热需求。随着大规模的应用，国产化设备会越来越成熟，会进一步降低投资成本。

建议企业在风电供暖项目投资大规模储热设施，解决风电间歇性和不可调的问题，实现对用户的平稳供热。从而使得风电全额上网，减少弃风率，增加风电收益。

2. 广泛建立储能业务合作，优化储能项目开发模式

储能具有技术路线多、应用范围广的特点，任何一种储能技术都不能满足所有应用需求，单一公司也无法提供全部解决方案。考虑到不同业务板块对储能解决方案的要求各异，在发展储能业务时，可以结合各个应用领域的商业化程度和技术需求，选择适当技术提供商和项目开发伙伴。

在项目开发方面，企业可以在与现有业务结合紧密的领域，以项目开发商身份投资、建设、运营储能项目，帮助提高现有发电资产的运行收益。另一方面对于技术门槛高、投资回报期相对较长的领域，还可以开放相关电场资源，寻求与储能项目投资运营商合作，通过构建合同能源管理的模式，共享项目的示范运营效益。

在储能技术方面，近年来我国以锂离子电池和铅酸电池为代表的电池产业和以熔盐蓄热为代表的大规模储热技术快速发展，专业化储能系统集成企业纷纷成立，为开展储能业务提供了强有力的技术和产能基础。企业在部署储能业务时，可以侧重于在储能与发电场站的协同管控和优化运行、储热供暖对可再生能源消纳等方面进行技术积累，而在储能技术本体、逆变器、系统解决方案、EPC 等方面广泛寻求与专业厂商进行合作。

我国已经在熔盐蓄热供热领域进行了综合且有深度的研究，在技术发展、技术痛点，国家政策导向都积累了一定的基础。另外，科技创新和关键技术攻关能力是研究院的核心竞争力。因此，可继续深化在该领域内调查研究，提供战略支持；整合关键技术、挖掘整合产业链，高品质高效助推项目落地；关键技术集成创新，利用科技创新降低成本，优化资源集成。研究机构能够为企业在该领域出谋划策，进行规划编制等工作。为企业在技术方案设计优化、项目关键环节协同、投资建议决策等方面提供专业的咨询服务。

3. 探索储能商业化应用，推进储能与企业业务的有机融合

可再生能源装机规模的快速增加正在驱动电力系统朝着低碳化、灵活化和数字化方向转型，以电力市场为媒介，发电侧、输配侧和用户侧储能应用的相互融合渗透不断加强。

197

为此，全球大型能源集团和电力用户都在各自业务的基础上，积极探索储能商业运营模式创新，提高储能应用收益。一方面，以 AGL Energy、Southern California Edison 等为代表，电力公司和公用事业公司正在与储能系统集成商合作，构建分布式储能系统集成平台，整合用户侧分布式储能、电动汽车、蓄冷蓄热等资源，通过统一调度参与电力市场服务。另一方面，以美国夏威夷和澳大利亚等国家地区的电力公司为代表，正在利用兆瓦级可再生能源电站与储能共同构建电力系统供电主体，并以电力购买协议（PPA）的模式长期购买电力，满足当地稳定用能需求。

企业在部署储能项目时，可以与国内外储能项目开发商和智能能源管控技术提供商等进行合作，共同创新商业运营模式，重点在与企业布局结合紧密并且商业化程度较高的储能领域，探索发挥储能在用户侧和电网侧的多重应用价值，实现储能的商业化开发和应用。

4. 战略收购成长型储能企业，快速提高储能市场能力

为快速提高储能市场影响力、业务拓展能力和技术服务能力，以股权投资、战略融资等方式收购全球领先的储能解决方案提供商、储能软件系统服务商、储能项目开发商，也已经成为大型能源集团在部署发展储能产业的初期主要采取的业务模式之一。

意大利电力公司（Enel）收购 Demand Energy，德国莱茵能源公司（RWE）领投，完成对 Stem 公司的 C 轮融资，法国能源巨头 Engie 收购 Green Charge Networks 80% 股权等一系列案例都已经表明，全球最活跃的成长型储能解决方案提供商正在成为国际能源巨头部署储能产业的重要抓手。

现阶段，各能源企业可以重点关注在国内外储能市场中具有较强项目开发能力、先进技术解决方案和成熟商业运营模式的储能软件系统服务商和储能解决方案提供商，选取适当时机、配合企业整体业务布局，进行战略收购或股权融资，帮助企业进一步丰富并巩固其在能源领域的地位和优势。

9.3 储能技术路线和运营模式建议

我国幅员辽阔，不同区域的资源禀赋和用能负荷特点差异较大，导致各地区的储能应用需求不尽相同。企业应结合产能业务分布、各区域的储能市场状况、电力市场政策和能源供需特点，因地制宜地部署开展储能项目。

1. 结合各地辅助服务市场建设，因地制宜部署调峰、调频储能示范项目

2017 年以来，各地辅助服务市场建设工作持续推进。东北、山东、福建、新疆、山

西、河南先后发布辅助服务市场建设方案和运营规则，分别结合当地电力发展特点，进一步对电储能的补偿方式进行了明确。储能可以通过市场化的方式发挥其在参与电力系统调峰调频、提高系统灵活性稳定性等方面应用价值并获取经济回报。

未来企业可以结合各地区辅助服务市场的发展特点和区域性战略布局，重点在东北、西北、东南沿海等地区部署调峰储能应用示范项目。采用电储能或储热技术，以与火电机组联合或独立参与市场的方式，探索通过实时深度调峰交易、可中断负荷调峰交易、电储能调峰交易等市场获取应用收益。在华北、珠三角等地区，部署调频储能应用市场项目，采用高功率型储能技术，以与火电机组联合或独立参与市场的方式，通过发挥储能响应能力强、调节速率快的优势，获取 AGC 调频应用价值回报。

2. 结合区域电力能源供需特点，多元化部署发电侧和用户侧储能示范项目

在东北地区，储能应用领域主要集中在发电侧的火电灵活性改造和弃风消纳等方面。目前东北地区已经投运的储能项目主要应用于支撑风电场并网、缓解弃风消纳问题。火电灵活性改造方面，已投运的电储能项目还比较少，大部分发电企业都处于对利用储热技术开发火电"热电解耦"的技术方案进行论证和项目规划阶段。未来可重点关注储能技术在新能源消纳和电力系统调峰中的应用，推荐技术路线和运营模式为：①在发电侧重点应用热水蓄热罐、熔盐蓄热技术及蓄热式电锅炉，提升机组供热和调峰能力，增强企业在辅助服务市场的竞争力，获得更多补贴收益；②重点关注电制氢技术及弃风蓄热等技术，促进新能源消纳，强化火电机组在多能互补领域的支撑作用。各区域储能运营模式和技术路线建议如表 9-1 所示。

在华北地区，储能应用领域主要集中在以北京为主的工商业用户侧和面向华北电网的调频储能应用。以北京为代表的一般工商业用户侧，已经具备安装储能进行峰谷价差

表 9-1 各区域储能运营模式和技术路线建议表

区域	市场政策环境	储能运营模式建议	储能技术路线建议
东北地区	（1）新能源消纳困难；（2）供热需求大；（3）地区有电力辅助服务市场政策	（1）在火电企业配置储能系统，提升机组供热和调峰能力，增强企业在辅助服务市场的竞争力，获得更多补贴收益；（2）在新能源企业配置储能系统，提高机组利用小时数，进而增加收益	（1）热水蓄热罐、熔盐蓄热技术及蓄热式电锅炉；（2）重点关注电制氢及弃风蓄热等技术，强化火电机组在多能互补领域的支撑作用
华北地区	（1）电网有较大的调频需求服务；（2）用户侧具备峰谷价差套利的市场空间	（1）在火电、新能源、微电网系统中部署储能项目，发挥火储联合调频辅助服务作用，获得调频补贴收益；（2）在工商业用户侧部署储能装置，智能化管理用户负荷，实现峰谷价差套利；（3）基于电厂资源，与储能项目投资运营商合作，通过构建合同能源管理模式，共同参与调频储能项目的开发运营	（1）铅炭电池、锂离子电池、超级电容器；（2）开展液流电池等电储能技术示范工程建设

区域	市场政策环境	储能运营模式建议	储能技术路线建议
西北地区	（1）集中型可再生能源装机规模大；（2）可再生能源企业易受电网"两个细则"考核；（3）偏远地区有微网供电需求	（1）在集中型可再生能源企业部署大型储能系统，平滑新能源出力，提升机组跟踪计划能力，减少甚至避免电网"两个细则"考核损失；（2）选取部分上网电价较高的光伏电站/风电场，与储能厂商合作，共同投资部署大规模储能系统解决弃风弃光问题；（3）偏远地区用户侧部署基于微网储能项目，保证偏远地区用户电能质量以获得供电收益	（1）重点关注压缩空气储能、铅炭电池、锂离子电池、液流电池等大容量储能技术；（2）关注基于微电网的储电（铅炭电池、锂离子电池等）、储热（熔盐蓄热等）项目
华中、华东、南方、地区	（1）经济发达，工商业用户负荷大；（2）高科技用户对电能质量要求高；（3）售电市场开放，市场活力高；（4）用户侧具备峰谷价差套利的市场空间；（5）工业蒸汽市场需求大	（1）针对工业园区微电网部署储能系统，结合综合智慧能源、能源互联网、电动汽车等领域为用户能源智能管理系统提供技术支撑，实现峰谷价差套利；可以开放部分园区资源，与储能投资运营商合作，由后者进行项目开发，共享运营收益；（2）在经济发达地区，重点关注适用于综合智慧能源的储能系统优化，提高冷、热、电供能质量；（3）针对发电机组配置储能系统，通过峰谷电价机制实现电能–蒸汽热能转换，提升机组工业蒸汽供给水平，增强电厂盈利能力；（4）以售电公司为载体为工商业用户配置储能系统，满足用户对于高电能质量需求，提高售电公司差异化增值服务能力，扩大售电公司盈利方式；（5）在项目开发过程中，结合当地经济水平，推动用户侧储能设备应用；（6）探索综合智慧能源、能源互联网、电动汽车等领域的新型储能应用模式	（1）铅炭电池、锂离子电池、液流电池等电化学储能技术；（2）熔盐蓄热、固体蓄热等储热技术；（3）关注清洁火力发电制氢技术路线

套利的市场空间。华北区域"按照效果付费"的调频辅助服务补偿机制，也为储能与火电机组联合参与调频辅助服务提供了收益支撑。未来可重点关注储能技术在工商业用户侧和调频辅助服务中的应用，推荐技术路线和运营模式为：①在工商业用户侧部署储能应用项目，智能化管理用户负荷，实现峰谷价差套利；②重点关注铅炭电池、锂离子电池等电化学储能技术在火电、新能源、微电网系统中的应用，发挥火储联合调频辅助服务作用，获得调频补贴收益；③基于电厂资源，与储能项目投资运营商合作，通过构建合同能源管理的模式，共同参与调频储能项目的开发运营；④开展液流电池等电储能技术示范工程建设，提升微电网稳定性及供电质量。

在西北地区，储能应用领域主要集中在偏远地区的微网供电和解决大规模可再生能源发电的弃风、弃光问题。由于目前储能在该应用领域的仍然以示范为主，收益有限，未来储能在该领域的发展还要依赖于西北区域电力市场建设的不断推进。未来可重点关注储能技术在可再生能源并网、微电网等领域的应用，推荐技术路线和运营模式为：①重点关注压缩空气储能、铅炭电池、锂离子电池、液流电池等大容量储能技术在大规模可再生能源并网领域的应用；②在集中型可再生能源企业部署大型储能系统，平滑新能源出力，提升机组跟踪计划能力，减少甚至避免电网"两个细则"考核损失；③选取部分上网电价较高的光伏电站 / 风电场，与储能厂商合作，共同投资部署弃风 / 弃光消纳和多能互补大规模储能应用项目；④在偏远地区用户侧部署微电网储电（铅炭电池、锂离子电池等）、储热（熔盐蓄热等）项目，保证偏远地区用户电能质量以获得供电收益。

在华中、华东和南方等经济发达地区，工商业园区较多且用电负荷大，储能应用领域主要集中在工商业用户侧。在未来，随着储能技术成本降低，工商业用户通过安装储能实现峰谷价差套利的经济性逐渐显现，项目布局将进一步扩大。此外，随着电力市场改革的逐步深入，未来配售电公司利用储能提升其效益和服务质量的空间不断增大，储能通过发挥多重价值获得更多回报的新型、多元化的商业运营模式有望出现。未来可重点关注锂离子电池、铅炭电池等灵活性储能技术在工商业用户侧的应用，推荐技术路线和运营模式为：①针对工业园区微电网部署铅炭电池、锂离子电池、液流电池等电化学储能应用项目，结合综合智慧能源、能源互联网、电动汽车等领域为用户能源智能管理系统提供技术支撑，实现峰谷价差套利。可以开放部分园区资源，与储能投资运营商合作，由后者进行项目开发，共享运营收益；②在经济发达地区，重点关注适用于综合智慧能源的储能系统优化，提高冷、热、电供能质量；③针对发电机组配置储能系统，通过峰谷电价机制实现电能 – 蒸汽热能转换，提升机组工业蒸汽供给水平，增强电厂盈利能力；④以售电公司为载体为工商业用户配置储能系统，满足用户对于高电能质量需求，提高售电公司差异化增值服务能力，扩大售电公司盈利方式；⑤关注清洁火力发电制氢技术路线，促进发达地区氢能利用和新能源消纳；⑥在项目开发过程中，结合当地经济水平，推动用户侧储能设备应用；⑦探索综合智慧能源、能源互联网、电动汽车等领域的新型储能应用模式。

本 章 小 结

本章从储能产业发展面临的机遇和挑战出发，从储能产业发展规划、技术投资方向、项目布局方向和业务发展模式等方面对我国储能产业的规划和部署提出建议。凝练出了储能产业发展方向、技术路线和运营模式建议。可为促进我国储能产业快速、健康和市场化发展，推进能源技术革命、完善产业布局和占据储能领域技术制高点提供参考。

参 考 文 献

[1] Dunn B, Kamath H, Tarascon J M. Electrical energy storage for the grid：a battery of choices[J]. Science, 2011, 334（6058）：928-935.

[2] Gil A, Medrano M, Martorell I, et al. State of the art on high-temperature thermal energy for power generation. Part I-concepts, materials and modellization[J]. Renewable and Sustainable Energy Reviews, 2010（14）：31-55.

[3] Lin M C, Gong M, Lu B A, et al. An ultrafast rechargeable aluminium-ion battery[J]. Nature, 2015, 520：325-38.

[4] Lux KH. Design of salt caverns for the storage of natural gas, cmde oil and compassed air：Geomechanical aspects of construction, operation and abandonment, underground gas storage：worldwide experiences and future development in the UK and Europe[M]. Bodmin, UK：MPG Books Ltd, 2010.

[5] Luzzi A, Lovegrove K, Filippi E, et al. Techno-economic analysis of a 10MW solar thermal power plant using ammonia-basis thermochemical energy storage[J].Solar Energy, 1999（2）：91-101.

[6] US Department of Energy Office of Electricity Delivery & Energy Reliability. Energy storage program planning document[R/OL]. [2011-02-16]. http：//www.doe.gov.

[7] Ter-Gazarian A G 著；周京华, 陈亚爱, 孟永庆译. 电力系统储能：第二版[M]. 北京：机械工业出版社, 2015.

[8] Thaller L H. [P]. US：3996064, 1974-09-24.

[9] Toussaint G, Stevens P, Akrour L, et al. Development of a rechargeable zinc-air battery[J]. Ecs Transactions, 2000, 28（32）：25-34.

[10] Yang Z, Zhang J, MC K M, et al. Electrochemical energy storage for green grid[J]. Chemical Reviews, 2011, 111（5）：3577-3613.

[11] Ye D, Luo B, Lu G M, et al. Will new aluminum-ion battery be a game changer?[J]. Science Bulletin, 2015, 60（11）：1042-1044.

[12] 安琪. 中国储能市场机制与监管现状、问题与建议[J]. 中国能源, 2017（12）：23-27.

[13] 柏明星，宋考平，徐宝成，等 . 氢气地下存储的可行性、局限性及发展前景 [J]. 地质论评，2014，60（4）：748–754.

[14] 陈冬，刘皓，相佳媛，等 . 活性炭孔结构对铅酸电池负极性能的影响 [J]. 电源技术，2017，41（10）：1441–1445.

[15] 陈东辉 . 钒产业 2016 年年度评价 [J]. 河北冶金，2017（10）：8–17.

[16] 陈海生，刘金超，郭欢，等 . 压缩空气储能技术原理 [J]. 储能科学与技术，2013，2（2）：146–151.

[17] 陈建斌，胡玉峰，吴小辰 . 储能技术在南方电网的应用前景分析 [J]. 南方电网技术，2010，4（6）：32–36.

[18] 陈剑，高素军，刘景开，等 . 大功率全钒液流储能电池的研究 [C]// 中国储能与动力电池及其关键材料学术研讨会与技术交流会 . 2007：240–241.

[19] 陈亚爱，甘时霖，周京华，等 . 飞轮储能技术 [J]. 电源技术，2016，40（8）：1718–1721.

[20] 戴少涛，王邦柱，马韬 . 超导磁储能系统发展现状与展望 [J]. 电力建设，2016，37（8）：18–23.

[21] 杜晨，陶维青，孙雯 . 微网中储能技术比较及应用 [J]. 电源技术，2013，37（4）：703–706.

[22] 方彤，王乾坤，周原冰 . 电池储能技术在电力系统中的应用评价及发展建议 [J]. 能源技术经济，2011，23（11）：32–36.

[23] 国家电网公司"电网新技术前景研究"项目咨询组 . 大规模储能技术在电力系统中的应用前景分析 [J]. 电力系统自动化，2013，37（1）：3–8.

[24] 顾大明，张传明，顾硕，等 . 锂 – 空气电池性能的影响因素及研究进展 [J]. 化学学报，2012，70（20）：2115–2122.

[25] 何海斌 . 不同铅酸电池在微网中的储能性能对比 [J]. 电源技术，2017，41（10）：1455–1458.

[26] 洪为臣，马洪运，赵宏博，等 . 锌空气电池关键问题与发展趋势 [J]. 化工进展，2016，35（6）：1713–1722.

[27] 侯玉婷，李晓博，刘畅，等 . 火电机组灵活性改造形势及技术应用 [J]. 热力发电，2018，47（5）：813.

[28] 胡春雨，陈强，李武峰，等 . 大容量电池储能技术在风电中的应用 [C]// 中国科协年会 – 大规模储能技术的发展与应用研讨会 . 2011.

[29] 胡娟，杨水丽，侯朝勇，等 . 规模化储能技术典型示范应用的现状分析与启示 [J]. 电网技术，2015，39（4）：879–885.

[30] 胡学浩 . 智能电网——未来电网的发展态势 [J]. 电网技术，2009，33（14）：1-5.

[31] 胡雪峰，杨卓，谭向宇，等 . 智能电网中大规模储能技术研究 [J]. Smart Grid，2013，3（1）：8-13.

[32] 黄培东，詹红霞，彭光斌，等 . 促进风电消纳的需求响应与储热 CHP 联合优化模型 [J]. 电测与仪表，2017，54（14）：1-6.

[33] 霍现旭，王靖，蒋菱，等 . 氢储能系统关键技术及应用综述 [J]. 储能科学与技术，2016，5（2）：197-203.

[34] 蒋凯，李浩秒，李威，等 . 几类面向电网的储能电池介绍 [J]. 电力系统自动化，2013，（1）：47-53.

[35] 金虹，衣进 . 当前储能市场和储能经济性分析 [J]. 储能科学与技术，2012，1（2）：103-111.

[36] 科技部 . 新型氧化还原液流电池诞生，适用于大型储能电站 [J]. 储能科学与技术，2016（1）：105-105.

[37] 冷光辉，曹惠，彭浩，等 . 储热材料研究现状及发展趋势 [J]. 储能科学与技术，2017，6（5）：1058-1075.

[38] 李传，葛志伟，金翼，等 . 基于复合相变材料储热单元的储热特性 [J]. 储能科学与技术，2015，4（2）：169-175.

[39] 李泓，李晶泽，师丽红，等 . 锂离子电池纳米材料研究 [J]. 电化学，2000，6（2）：131-145.

[40] 李华，高颖，隋旭磊，等 . 金属 – 空气电池的研究进展 [J]. 炭素，2017，（2）：5-9.

[41] 李建林，惠东，靳文涛，等 . 大规模储能电池 [M]. 北京：机械工业出版社，2016.7.

[42] 李建林，马会萌，袁晓冬，等 . 规模化分布式储能的关键应用技术研究综述 [J]. 电网技术，2017（10）：3365-3375.

[43] 李军，陶熏，黄际伟 . 锂 – 空气电池的研究进展与展望 [J]. 电源技术，2013，37（4）：686-689.

[44] 李星国 . 储氢材料研究现状和发展动态 [J]. 无机材料学报，2008，23（5）：1000-1000.

[45] 李永亮，金翼，黄云，等 . 储热技术基础（Ⅰ）——储热的基本原理及研究新动向 [J]. 储能科学与技术，2013，2（1）：69-72.

[46] 李永亮，金翼，黄云，等 . 储热技术基础（Ⅱ）——储热技术在电力系统中的应用 [J]. 储能科学与技术，2013，2（2）：165-171.

[47] 廉嘉丽，王大磊，颜杰，等 . 电力储能领域铅炭电池储能技术进展 [J]. 电力需求侧管理，2017，19（3）：21-25.

[48] 梁尚超，白恺，陈豪，等 . 小规模储能技术在微网中的应用前景分析 [J]. 华北电力技术，2013（11）：36-40.

[49] 廖强强，方陈，吴梦婕，等 . 储能技术大规模应用的前景分析 [J]. 上海节能，2013（11）：8-13.

[50] 刘冰，张静，李岱昕，等 . 储能在发电侧调峰调频服务中的应用现状和前景分析 [J]. 储能科学与技术，2016，5（6）：909-914.

[51] 刘畅，徐玉杰，胡珊，等 . 压缩空气储能电站技术经济性分析 [J]. 储能科学与技术，2015，4（2）：158-168.

[52] 刘冠伟 . 能源转型背景下的储能技术发展前景 [J]. 中外能源，2017（12）：69-78.

[53] 刘坚 . 储能技术应用潜力与经济性研究 [M]. 北京：中国经济出版社，2016.9.

[54] 刘英军，刘畅，王伟，等 . 储能发展现状与趋势分析 [J]. 中外能源，2017，22（4）：80-88.

[55] 刘玉平，李彦光 . 二次化学电池家族的新成员——铝离子电池 [J]. 科学通报，2015，60（18）：1723-1724.

[56] 鲁宗相，李海波，乔颖 . 高比例可再生能源并网的电力系统灵活性评价与平衡机理 [J]. 中国电机工程学报，2017，37（1）：9-19.

[57] 吕泉，陈天佑，王海霞，等 . 配置储热后热电机组调峰能力分析 [J]. 电力系统自动化，2014，38（11）：34-41.

[58] 吕慎刚，蒋书运 . 储能飞轮径向磁轴承的 H ∞ 鲁棒控制器 [J]. 太阳能学报，2007，28（5）：558-562.

[59] 吕泽伟，韩敏芳 . 光伏、光热联合 SOC 制氢、发电系统设计 [J]. 储能科学与技术，2017，6（2）：275-279.

[60] 马通祥，高雷章，胡蒙均，等 . 固体储氢材料研究进展 [J]. 功能材料，2018，49（4）：4001-4006.

[61] 梅生伟，薛小代，陈来军 . 压缩空气储能技术及其应用探讨 [J]. 南方电网技术，2016，10（3）：11-15.

[62] 潘尔生，王新雷，徐彤，等 . 促进可再生能源电力接纳的技术与实践 [J]. 电力建设，2017，38（2）：1-11.

[63] 彭勃，郭姣姣，张坤，等 . 液态金属电池——前景广阔的电网储能新技术 [J]. 电源技术，2017，（3）：498-501.

[64] 任建伟，廖世军，刘军民 . 规模储氢技术及其研究进展 [J]. 现代化工，2006，26（3）：15-18.

[65] 桑丽霞，赵阳博，吴玉庭，等 . 储能技术的发展现状及面临的机遇与挑战 [C]// 2014

国际清洁能源论坛 . 2014.

[66] 尚燕，张雄 . 相变储能材料的应用及研究现状 [J]. 材料导报，2005，19（s2）：265–268.

[67] 施涛，朱凌志，于若英 . 电力系统灵活性评价研究综述 [J]. 电力系统保护与控制，2016，44（5）：146–154.

[68] 宋鹏翔，赵波，杨岑玉，等 . 利用捕集 CO_2 制燃料化学品储存可再生能源电力的能效分析与评价 [J]. 储能科学与技术，2016，5（1）：78–84.

[69] 宋永华，阳岳希，胡泽春 . 电动汽车电池的现状及发展趋势 [J]. 电网技术，2011，35（4）：1–7.

[70] 宋宇宽，王俊勃，徐洁，等 . 太阳能热发电中熔融盐储热材料研究进展 [J]. 轻工标准与质量，2015（2）：59–60.

[71] 苏鹏，王文君，杨光，等 . 提升火电机组灵活性改造技术方案研究 [J]. 中国电力，2018，51（5）：87–94.

[72] 隋延波，孔令成 . 先进铅炭电池储能系统解决方案 [J]. 2016，（4）：84–86.

[73] 孙博 . 多类型储能系统在分布式发电中的应用技术研究 [D]. 南京：东南大学，2016.

[74] 孙德龙，胡晨，汪浩，等 . 活性炭物理参数对铅炭电池的影响 [J]. 电池，2017，（5）：281–285.

[75] 孙威，李建林，王明旺，等 . 能源互联网：储能系统商业运行模式及典型案例分析 [M]. 北京：中国电力出版社，2017.

[76] 孙文，王培红 . 钠硫电池的应用现状与发展 [J]. 上海节能，2015，（2）：85–89.

[77] 孙振新，刘汉强，赵喆，等 . 储能经济性研究 [J]. 中国电机工程学报，2013，33（s1）：54–58.

[78] 谭亚红 . 太阳能飞轮储能系统中的电机控制研究 [D]. 重庆：重庆交通大学，2015.

[79] 唐西胜 . 储能在电力系统中的作用与运营模式 [J]. 电力建设，2016，37（8）：2–7.

[80] 唐征歧，周汉涛 . 储能技术的发展机遇与挑战 [J]. 电源技术，2014，38（1）：185–188.

[81] 王峰，廉嘉丽，王康丽，等 . 新型炭材料在超级电容器与铅炭电池中的应用研究进展 [J]. 储能科学与技术，2014，3（6）：575–583.

[82] 王冠邦，张信荣 . 热电储能技术及二氧化碳在其中的应用 [J]. 储能科学与技术，2017，6（6）：1239–1249.

[83] 王松岑 . 大规模储能技术及其在电力系统中的应用 [M]. 北京：中国电力出版社，2016.

[84] 王艳艳，徐丽，李星国 . 氢气储能与发电开发 [M]. 北京：化学工业出版社，2017.

[85] 魏鲲鹏，汪勇，戴兴建 . 飞轮储能系统在风力发电中应用研究进展 [J]. 储能科学与技术，2015，4（2）：141-146.

[86] 吴娟，龙新峰 . 热化学储能的研究现状与发展前景 [J]. 现代化工，2014，34（9）：17-21.

[87] 吴盛军，徐青山，袁晓冬，等 . 规模化储能技术在电力系统中的需求与应用分析 [J]. 电气工程学报，2017，12（8）：10-15.

[88] 武震 . 分布式储能系统关键技术研究 [D]. 天津：天津大学，2014.

[89] 肖定垚，王承民，曾平良，等 . 电力系统灵活性及其评价综述 [J]. 电网技术，2014，38（6）：1569-1576.

[90] 肖雪葵 . 我国先进储能产业现状——机遇与挑战并存 [J]. 企业技术开发，2012（z2）：20-24.

[91] 谢卫华 . 常用储能特性及其应用研究 [J]. 通信电源技术，2017，34（3）：90-95.

[92] 徐海卫，常春，余强 . 太阳能热发电系统中熔融盐技术的研究与应用 [J]. 热能动力工程，2015，30（5）：659-665.

[93] 许守平，李相俊，惠东 . 大规模储能系统发展现状及示范应用 [J]. 电源技术，2015，39（1）：217-220.

[94] 许守平，李相俊，惠东 . 大规模储能系统发展现状及示范应用综述 [J]. 电网与清洁能源，2013，29（8）：94-100.

[95] 严晓辉，徐玉杰，纪律，等 . 我国大规模储能技术发展预测及分析 [J]. 中国电力，2013，46（8）：22-29.

[96] 杨建林，黄一超，费斐，等 . 不同商业运营模式下储能技术经济效益分析研究 [J]. 电气技术，2018，19（3）：80-84.

[97] 杨裕生，程杰，曹高萍 . 规模储能装置经济效益的判据 [J]. 电池，2011，4l（1）：19-21.

[98] 姚鑫，栗文义，赵振兴，等 . 风 / 柴 / 储能风力发电系统储能装置控制与仿真 [J]. 电网与清洁能源，2011，27（8）：88-93.

[99] 叶飞鹏，王莉，连芳，等 . 钠离子电池研究进展 [J]. 化工进展，2013，（8）：1789-1795.

[100] 叶锋，曲江兰，仲俊喻，等 . 相变储热材料研究进展 [J]. 过程工程学报，2010，10（6）：1231-1241.

[101] 衣宝廉，梁炳春，张恩浚，等 . 铁铬氧化还原液流电池系统 [J]. 化工学报，1992（3）：330-336.

[102] 俞恩科，陈梁金 . 大规模电力储能技术的特性与比较 [J]. 浙江电力，2011，30（12）：4-8.

[103] 袁建丽，周勇，张晓辉，等 . 350MW 火电供热机组灵活性改造可行性研究 [C]// 中国电机工程学会年会 . 2016.

[104] 袁小明，程时杰，文劲宇 . 储能技术在解决大规模风电并网问题中的应用前景分析 [J]. 电力系统自动化，2013，37（1）：14-18.

[105] 张贺磊，方贤德，赵颖杰 . 相变储热材料及技术的研究进展 [J]. 材料导报，2014，28（13）：26-32.

[106] 张华民 . 液流储能电池发展现状与挑战 [C]// 中国储能与动力电池及其关键材料学术研讨与技术交流会 . 2009.

[107] 张建兴，张宇，曹智慧，等 . 电网大规模电池储能技术的发展机遇与挑战 [J]. 电力与能源，2013，34（2）：182-186.

[108] 张静，李岱昕 . 物理储能技术的市场现状及发展前景 [J]. 储能科学与技术，2015，4（2）：153-157.

[109] 张军，戴炜轶 . 国际储能技术路线图研究综述 [J]. 储能科学与技术，2015，4（3）：260-266.

[110] 张坤，彭勃，郭姣姣，等 . 化学储能技术在大规模储能领域中的应用现状与前景分析 [J]. 电力电容器与无功补偿，2016，37（2）：54-59.

[111] 张磊 . 压缩空气储能系统效率分析 [D]. 北京：北京交通大学，2013.

[112] 张新敬，陈海生，刘金超，等 . 压缩空气储能技术研究进展 [J]. 储能科学与技术，2012，01（1）：26-40.

[113] 张叶龙，宋鹏飞，周伟，等 . 基于复合相变储热材料的电热储能系统 [J]. 储能科学与技术，2017，6（6）：1250-1256.

[114] 张永东，金晶 . 储能技术在电力系统中的应用现状与前景 [J]. 信息系统工程，2018（1）：102-102.

[115] 张媛媛，赵静，鲁锡兰，等 . 有机液体储氢材料的研究进展 [J]. 化工进展，2016，35（9）：2869-2874.

[116] 赵韩，杨志轶 . 飞轮储能装置设计初探 [J]. 太阳能学报，2002，23（4）：493-497.

[117] 赵倩，王俊勃，宋宇宽，等 . 熔融盐高储热材料的研究进展 [J]. 无机盐工业，2014，46（11）：5-8.

[118] 周玉洁 . 飞轮储能技术在含大规模风电系统频率控制中的应用研究 [D]. 武汉：华中科技大学，2012.